JN100970

経営学総論

Business Administration

日隈信夫 《編著》

村田大学

長田芙悠子

白石弘幸

上池あつ子

八千代出版

はしがき

　本書は、経営学をこれから学ぼうと考えている方、学び直しを考えている方、もっと専門的に学ぼうと考えている方など、基礎から応用まで、広く一般的な読者を対象としたテキストである。なお、経営学総論というタイトルも、経営学全般についてバランスよく解説されていることを表している。

　本書では、まず、企業の発展過程や株式会社の仕組みに関連した経営学の基礎理論としての企業形態論について解説され、つぎに、企業の経営に関連した経営学の各論としての企業統治論や経営財務論について解説されている。その後、経営学の標準理論としての経営管理論、経営組織論および経営戦略論について解説され、最後に、学際的な経営学の応用理論としてのマーケティング論や国際経営論について解説されている。たとえば、第1章の「企業の発展と社会」が経営学の基礎理論としての企業形態論に対応しており、第2章の「企業統治」および第3章の「経営財務と会計情報」が経営学の各論としての企業統治論と経営財務論に対応している。つぎに、第4章の「経営管理」、第5章の「経営組織」および第6章の「経営戦略」が経営学の標準理論としての経営管理論、経営組織論および経営戦略論に対応しており、第7章の「マーケティング」および第8章の「国際経営」が経営学の応用理論としてのマーケティング論と国際経営論に対応している。

　本書を通して、読者の皆様が、経営学の理解を深め、現実の経営問題について議論し、経営理論では説明できない新たな事実を発見していただければ、筆者にとってはこの上ない喜びである。

　本書は、本学経営コースの白石弘幸教授、上池あつ子准教授、日隈信夫（准教授）、本学会計コースの長田芙悠子准教授、大原大学院大学の村田大学准教授という大学やメイン学会での身内の研究メンバーによって執筆されている。白石教授は、先進的な経営分析の大家であり、前任校を含めて教職員歴30年以上の大先輩の研究者である。上池准教授は、インドの製薬産業の研究を中心に、単著、査読論文を含め、国内外で多数の論文を発表し、科研費をはじめとする研究助成金を獲得するなど精力的に活動している研究者である。日隈（准教授）

は、ポスト・ケインジアン経済学をベースとして、経営財務論（コーポレート・ファイナンス）から経営戦略論、企業統治論（コーポレート・ガバナンス）まで幅広い領域を研究している研究者である。長田准教授は、会計学からコーポレート・ガバナンス並びに環境問題まで幅広い領域を研究している秀抜な研究者である。村田准教授は、硬式野球部で培った体力と精神力を備えた若手の研究者であり、各国のコーポレート・ガバナンスの研究を中心に、著書や論文を多数発表している10年来の学会仲間である。

このたびの『経営学総論』の刊行については、八千代出版の森口恵美子社長より、身内の研究メンバーでの著書の執筆というたいへん貴重な機会をいただいた。森口恵美子社長は、日本大学時代の先輩教員の大淵三洋先生にご紹介いただき、これまでたいへんお世話になっている。

本書の刊行に当たっては、八千代出版の森口恵美子社長・井上貴文様、先輩教員の藤本訓利先生、大淵三洋先生、学部・大学院博士前期課程時代の恩師の水谷守男先生および中山靖夫先生、大学院博士後期課程時代の恩師の東條隆進先生、また、経営理論の多くを踏襲させていただいた井原久光先生（東京富士大学第4代学長）、いつもたいへんお世話になっている学校法人中央学院教職員および学生の皆々様、そして、定職に就くまでの長い間、最後までご指導くださり、現在もたいへんお世話になっている恩師の菊池敏夫先生（日本大学名誉教授、経営行動研究学会名誉会長）、経営学関連の著書の執筆者に加えていただいた佐久間信夫先生（村田准教授の恩師）、さらには、いつも温かく懇切丁寧にご指導いただいている格闘技教室の恩師の白波瀬立先生（特定非営利活動法人カポエラジェライス代表理事）、上原トーマス義龍先生および生徒の皆々様、最後に、これまで育て支えてくれた父健壬、母眞理子をはじめとする親族家族による賜物であることはいうまでもない。この場を借りて、厚く御礼申し上げる次第である。

なお、これまでたいへんお世話になった先生方および皆々様のご芳名を記載したい気持ちでいっぱいであるが、このたびは、とくにご承認のお窺いもしていないため、個人情報の都合上、出版関係者、出身校の恩師および親族以外の固有名詞は控えさせていただいた。

天上の父健壬に捧ぐ　　　　　　　　　　　　2023年9月13日　日隈　信夫

目　　次

第 1 章　企業の発展と社会

　世の中に向けて、製品・サービスを継続的に生産し、供給する存在は概して**企業**と呼ばれる。企業は、素材からより価値があるもの（「**付加価値**（のついたもの）」という）を生み出し、これを世の中に提供し続けることで、人々の暮らしを支えるとともに、社会の進歩に貢献してきた。企業は、その生産物を販売することで対価を得るが、この対価もまた出資者や企業で働く者たち等の間で分配され（例、給与）、人々の暮らしを豊かにする。つまり、企業は、経済・社会の安定と進歩の要であり、だからこそ経営学という学問が必要とされ、発展してきたのである。本章では、この社会の要という観点から、企業の発展とその意味について学んでいく。

1　企業の分類と形態

1）公企業と私企業

　（1）**公　企　業**　企業を経営する主体には、大きく分けて、政府と民間がある。まず、政府が出資、すなわちお金を出して設立し、経営する企業は、**公企業**と呼ばれる。しかし、公企業には、政府が経営する分、決まりごとや制約も多く、また政府という強力な後ろ盾の下で危機意識も働きにくいなど、非効率な面も多く、現代ではその多くが民営化されている。他方で、生産手段の政府所有を特徴とした社会主義国、たとえば中国には、大規模な国有企業が多く存在する。なお、公企業の場合には、「経営」に代わって、「運営」という言葉が使われる場合もある。

　（2）**私　企　業**　つぎに、民間が出資をして経営する企業は、**私企業**あるいは「民間企業」と呼ばれる。私企業としては、株式会社をはじめとする営利組織が世の中に広く知られており、私企業の議論は営利組織を想定して行われる場合が多い。とはいえ、組織構成員たちの利益（「共益」という）、つまり相互

扶助のために運営される**協同組合**も私企業に含まれる。多くの人になじみがあるスーパーのコープ（CO・OP）は、協同組合である。そのほかに、世の中の利益（「公益」という）のために活動する民間組織、いわゆる**NPO（非営利組織）**も私企業に含まれる。

（3）**公私合同企業**　なお、実際には、公企業と私企業の両方の性質を併せ持った企業も多く存在する。政府は、国民・住民の利益に配慮し、状況を考慮しながら、政府介入の程度や範囲を柔軟に調節している。たとえば、NTTやJTは、民営化された国有企業の代表例であるが、民営化された今でも両社の大株主は日本の財務大臣である。

そのほかに、名の知られた施設である、東京国際フォーラム、さいたまスーパーアリーナ、札幌ドーム等も、政府と民間の共同出資会社が運営している。政府と民間の共同出資会社は、**公私合同企業**（あるいは「公私混合企業」）という。公私合同企業のうち、地方政府と民間の共同出資会社は、日本では、**第三セクター**とも呼ばれている。

２）個人企業と集団企業

（1）**個 人 企 業**　１人の個人が出資をし、経営する企業は、個人企業と呼ばれる。「個人事業主」は、個人企業である。１人で経営する分、経営の自由度は高いが、１人の資金力には限界があるため大きな事業を行うことは難しい。事業が失敗した際の責任（借金の返済など）も、１人で背負わなければならない。

（2）**集 団 企 業**　複数の個人が出資をし、経営する企業は、集団企業と呼ばれる。**会社**は、集団企業である[1]。複数の人が経営する分、意思の統一の難易度は高まる。だが、その一方で複数の人が出資をする分、個人企業よりも大きな事業を行うことができる。出資者がかなり増えれば、ビルを建てたり、橋を架けたり、鉄道を整備したりといった大事業を手掛けることさえ可能である。事業が失敗した際の責任も、出資者の皆で分担することができる。

（3）**法　　　　人**　なお、会社は、人間（自然人）ではない。そのため、社会で活動するに当たっては、人間と同じように、資産を所有したり、契約を交わ

---

[1]　ただし、会社形態によっては、個人企業の会社が存在する場合もある。個人企業の会社は「一人会社」と呼ばれる。

したりする権利を法律で認める必要がある。無論、権利だけではなく、義務があることも、法律で定める必要がある。人間と同じような権利義務を「法人格」といい、法人格をもつことが法律で認められた存在は**法人**という。集団企業は、多くの場合法人である[2]。

3）合名会社・合資会社・株式会社

　合名会社、合資会社、株式会社は、最も広く知られている集団企業の代表的な形態である。これら3つの会社の違いは、**社員**と呼ばれる出資者の責任の重さの違いから理解することができる。会社の借金の返済義務を出資者が上限なく、つまり無限に負うことを、「無限責任」という。これに対して、会社の借金の返済義務を出資者が自分の出資額を限度として負うことを、**有限責任**という。

　合名会社は、出資者が全員、無限責任を負う「無限責任社員」で構成される企業である。合資会社は、出資者が、無限責任社員と有限責任を負う「有限責任社員」の両方から構成される企業である。経営は、責任の負担がきわめて重い、無限責任社員が担当する[3]。そして、株式会社は、出資者が全員、有限責任社員で構成される企業である。

　大きな事業を行うには、多くの出資者から出資を集める必要があるが、そのためには出資者の負担を減らすことが必要である。合名会社のように、出資をすると自動的に無限責任を負う仕組みの下では、出資者を増やすことには限界がある。こうした合名会社の限界を補うべく、登場してきたのが、有限責任社員も交えた合資会社である。

　とはいえ、事業規模が大きくなるということは、会社の借金もその分大きくなり、それだけ無限責任社員の負担も大きくなる。そのため、合資会社でも、事業規模の拡大には限界がある。この合資会社の限界を補うべく、登場してきたのが、出資者全員が有限責任社員で構成される株式会社である。どんなに事業規模を拡大しても、出資者は、自分の出資額を限度とした責任しか負わないため、無限に規模を拡大することができる。

2　法人である企業は「法人企業」と呼ばれ、逆に法人ではない企業は「非法人企業」と呼ばれる。会社は法人企業であるが、組合の場合には種類によっては非法人企業もある。

3　ただし、日本では、2006年の会社法施行後は有限責任社員も経営を担当する権利を有することになった（会社法590条）。

　なお、出資者が全員有限責任社員であることは、合名会社、合資会社と比べた株式会社の大きな特徴である。ただし、企業形態は時間をかけてさまざまなものが生み出されてきた。そのため、現在の日本も含めて、出資者の全員が有限責任社員である会社は、株式会社だけではなく、この点には注意が必要である。

４）株式会社の基本的な特徴

　すでに述べた有限責任制度は、株式会社の最も代表的な特徴の１つである。だが、有限責任以外にも、**株式会社**では、出資を無限に集めることができるよう、以下のような工夫が仕組みとして取り入れられている。

　⑴　**資本の証券化**　　株式会社の資本（出資金）は、少額単位の「株式」に分割され、株式は基本的に自由に売買することが可能である。これを、**資本の証券化**という。

　株式会社の出資者になるには、株式を買う（獲得する）必要があるが、１株自体の値段は少額であるため、大金持ちではない庶民でも買うことができる。つまり、それだけ不特定多数の人から、資金を集めることができる。なお、株式を保有する者を、**株主**という。

　また、合名会社と合資会社の場合には、出資者を辞める（持分譲渡）際には他の出資者の承諾を得る必要があるが、株式会社の場合には基本的にその必要はない。株主は、株式を売却することで、株主を辞めることができる。

　さらに、株式の値段は「株価」というが、株価が上がれば、株主はその株式を売ることで、売却益を得ることができる。この売却益を、**キャピタルゲイン**という。つまり、株式会社の場合には、資産運用を目的とした投資家からも、資金を集めやすい仕組みがとられている。

　⑵　**高度な会社機関構造**　　出資者は、自らが公平に扱われるのでなければ、出資をしたいとは思わない。しかしながら、出資者の数が増えれば増えるほど、出資者１人ひとりの声に耳を傾けることは容易ではなくなる。不特定多数の人々から出資を受けるには、沢山の出資者がいても出資者を公平に扱うことができる高度な仕組みを構築する必要がある。そのため、株式会社では、合名会社と合資会社とは異なり、以下のようなとても高度な企業経営のルールや仕組みが導入されている。

　株式会社では、株主が自らの意思を表明できる場として、**株主総会**が設けられている。株主たちには**一株一票の原則**に基づいて、株主総会での投票権（**議決権**）が配分されている。株主総会は株式会社の最高機関であり、社内の主要機関のメンバーも株主総会で選出される。

　なお、合名会社と合資会社における出資者への議決権の配分は、株式会社とは異なり、「一人一票の原則」に基づいている。株式会社の場合には、出資額が数千円程度の株主と数億円にも上る株主の議決権にあえて差をつけることで、株主に対して、平等ではないが、公平な扱いを実現している。

　企業経営については、株主総会で選出された**取締役**たちで構成される**取締役会**が意思決定を行い、取締役会で意思決定された内容を経営者が業務として執行するという仕組みとなっている。経営者（業務執行の長）は、取締役会で選出され、取締役会の監督を受ける。この株主総会→取締役会→経営者という階層構造は、株式会社の基本的な会社機関構造である。

　(3)　**所有と経営の分離**　　合名会社と合資会社では出資者が企業経営を行うが、株式会社では出資者以外の者も企業経営を行うことができる。すなわち、合名会社と合資会社とは異なり、株式会社では、出資者以外の者も経営者になることができる。なお、株主は、株式会社の「所有者」とも呼ばれる。このことから、株主（所有者）以外の者が経営者になることを、**所有と経営の分離**という。

　出資者ではなく、いわば経営のプロフェッショナルとして、経営者に就任する者のことを、**専門経営者**という。大きな事業を行う株式会社の場合には、経営にはそれだけ高度な知識と技能が求められるため、出資者以外の者にも門戸を広げて、優秀な人材を経営者に登用することは大切なことである。

　(4)　**日本の株式会社からはなくなった特徴**　　株式会社は、大きな事業を行うために登場し、それゆえにきわめて多くの人を巻き込む仕組みである。そのため、かつての日本では、1000万円以上の資本金がなければ設立できない（「最低資本金制度」）、取締役が3人必要である、といったかなり厳しい規制が課せられていた。現在では、1人でも、1円でも、株式会社を設立できるように、規制が大幅に緩和されている[4]。規制緩和の影響もあって、2021年度時点で、日本の会社の90％強は株式会社で占められており、他方で合名会社と合資会

社は両社を合わせても1％にも満たない状況にある[5]。

5）公開会社と上場企業

（1）**公開会社**　株式会社の基本的な特徴として資本の証券化を挙げたが、制度上は、株式会社には、株式を自由に売買できる**公開会社**と、そうではない「非公開会社」がある。非公開会社は、「株式譲渡制限会社」ともいい、自由に売買できる株式が1株もない会社である。つまり、自由に売買できる株式が1株でもあれば、その企業は公開会社である。

（2）**上場企業**　また、ニュースなどでよく耳にする**上場企業**（あるいは「上場会社」）とは、公開会社のうち、証券取引所で株式を自由に売買できる企業のことである。「上場」とは、証券取引所で自由に株式や債券などを売買できるようにすることである。公開会社でも、（株式）上場をしていなければ、その企業は上場企業ではない。

　上場は、世間一般の不特定多数の人々から、巨額の資金を集めるために行う。そのため、すぐに倒産したり、人を騙したりするような企業が、上場することがないように、上場企業に関しては、厳しい規制が課せられている。たとえば、上場するには「上場審査」を通過する必要があり、また上場企業は上場する証券市場が定めた**上場規則**と呼ばれる厳しいルールにも従わなければならない。

　そのため、上場企業はその事業の大きさや活躍もあって知名度は非上場企業よりも高いものの、上場企業の数は非上場企業の数よりもかなり少ない。日本には現在（2023年本章執筆時）、約260万社ある株式会社のなかで、上場企業数は

4　株式会社の規制緩和の背景の1つとして、ベンチャー企業（「スタートアップ」ともいう）の設立と成長を促し、日本経済の活性化に繋げたいとの政策的意図があった。

5　日本の形態別の企業数の情報は、国税庁の歴代の『会社標本調査』から、また上場企業数は各証券取引所のウェブサイトからそれぞれ入手した。以下は、各URLである（いずれも2023年3月23日時点でアクセス可）。
国税庁の『会社標本調査』専用サイト（https://www.nta.go.jp/publication/statistics/kokuzeicho/kaishahyohon/top.htm）
日本取引所グループ『上場会社数・上場株式数』（https://www.jpx.co.jp/listing/co/index.html）
札幌証券取引所『上場会社一覧』（https://www.sse.or.jp/listing/list）
名古屋証券取引所『上場会社数』（https://www.nse.or.jp/listing/number/）
福岡証券取引所『上場会社数』（https://www.fse.or.jp/statistics/）

約4000社と、全体の0.15％（1000社に1〜2社ほど）に過ぎない[6]。

6）持分会社と合同会社

（1）**日本の会社法上の会社分類**　　日本には、会社について定めた**会社法**という法律がある。会社法では、会社は、2つのタイプの会社に分けられている。

第1は、身近な人同士での出資と経営を前提とした**持分会社**である。合名会社と合資会社は、持分会社に含まれる。いわゆる仲間内の経営が前提であるため、持分会社の場合には、株式の発行や出資者以外の者の経営参加はできない。

第2は、身近ではない人同士の出資と経営を前提とした株式会社である。株式会社は、多くの人から沢山の資金を集めて、大きな事業を行うことができる仕組みである。そのため、多くの人が出資をしても混乱が生じないように、株主総会や取締役会といった機関の設置やその運営について細かく定められている。また、株式会社には、社会における影響力やその責任の重さを踏まえて、**決算公告**（決算内容の情報開示）等の義務も課せられている。

なお、持分会社には、合名会社、合資会社のほかに、第3の形態として、**合同会社**という形態もある。合同会社は、2006年の会社法（2005年成立）の施行によって導入された日本では新しい企業形態である。つまり、整理すると、2023年現在、日本の会社法では、合名会社、合資会社、合同会社、株式会社の4つの企業形態について定められている。

（2）**合同会社**　　合同会社は、アメリカのLLC（Limited Liability Company）をモデルとしていることから、「日本版LLC」とも呼ばれる。合同会社は、株式会社と同じで出資者の全員が有限責任社員である。だが、合同会社は、あくまで持分会社であり、株式会社ではない。そのため、株式を発行したり、上場したり、出資者以外の者が経営者になったり、出資者の地位を自由に売買したりすることはできない。ただし、株式会社ではないため、決算公告の義務はなく、利益配分や会社機関の設置のルールも自由に決めることができる。つまり、株式会社よりも経営の自由度が高い。

株式会社にはないメリットがある合同会社の数は、年々増え続けている。東京商工リサーチによれば、合同会社の年間新設法人数は、2011年の8990社か

6　情報源は、注5に示した通りである。

ら2021年の３万6934社へと年々増え続けており、2021年の新設法人の４社に１社が合同会社であるという（なお一番多いのは株式会社）[7]。とくに、外資系企業の場合には、日本子会社を合同会社にすることで、経営の自由度を高めることが可能である。実際に、Google, Apple, Amazon の日本拠点は、株式会社から合同会社に変更している。

2　株式の分散と経営者支配

１）企業の大規模化の始まりとその背景

　企業は、株式会社形態をとることで、19世紀以降急速にその規模を拡大してきた。企業の大規模化は、複数の要因の影響が重なり合って起きた現象であるが、その主な背景をいくつか列挙したい。

　(1)　**事業の大規模化が技術的に可能になったこと**　　モノを大量に生産するには、人の手だけでなく、機械が必要である。企業が活動範囲を拡大し、沢山の資源を各地から調達し、そして沢山の場所に部品や製品を運ぶには、鉄道や蒸気船などが必要である。18世紀半ばの産業革命以降の機械、蒸気船、鉄道などの技術革新が起きたことで、事業規模の大規模化が技術的に可能となった。

　(2)　**事業の大規模化を組織的に可能にする株式会社制度が確立したこと**
技術革新と生産力増強を国力増強に繋げるべく、19世紀以降、株式会社制度の規制緩和や発展が急速に進んだ。政府の許認可がなくても法律の水準を満たせば、株式会社を設立することが可能となり（**準則主義**）、全株主の有限責任も制度的に確立した。無限に資金を調達し事業を経営できる株式会社制度により、事業規模の大規模化が組織的に可能となった。

　(3)　**企業が生き残るためには規模の経済を追求する必要があったこと**　　企業が生き残るには、採算がとれる形で、顧客が必要とするモノを供給する必要がある。20世紀より前は、モノが不足し人々の購買力も乏しかった時代であり、競争力の鍵は、「デザイン」等の差別化ではなく、製品を早く、安く、そして大量に市場へ供給できる能力であった。

　安さを追求しつつ大量生産をするには、重複する設備や人員をできる限り減

らしつつ、1つの設備や1人の人員がもつ生産能力を最大限に引き出すことが求められる。つまり、1億円の設備で1個の商品しか生産しない場合には1億円より高い価格をつけなければ採算がとれないが、1億円の設備で100万個の商品を生産した場合には100円より高い値段をつければ採算がとれる。また、一度の設備投資で必ずかかるコスト（最低限度の土地、建物、人員、施設等の調達・管理運営費用など）を考えれば、小さな生産設備を分散して置くよりも、巨大な設備を1か所に置いて、そして同じモノを大量生産したほうが効率的である。このように、1か所で一度にできるだけ大きな設備投資を行い、その設備の生産能力を最大限に引き出して大量生産を行うことで、生産コストを引き下げる効果のことを**規模の経済**（Economies of Scale）という。

　(4)　**大規模化が社会の発展に必要であったこと**　　事業の大規模化を可能にする仕組みがあり、またそのことが企業の出資者・経営者にとって必要であったとしても、そのことが社会にとって有益でなければ、制度的な支援は受けられない。国中に鉄道網、送電網、道路網等を張り巡らし、また生活に必要な物資を安い価格で大量供給することは、人々の生活を豊かにすることに繋がる。

　もし仮に、事業の大規模化が世の中に甚大な被害をもたらすものであったならば、事業の大規模化を禁止する措置がとられたはずである。実際に、株式会社は19世紀よりもかなり以前から存在していたが、有限責任制度の下で無責任に巨額の借金をする恐れ等を理由に、厳しく規制されていた。企業のリスクとメリットの両方と向き合いながら、世の中は発展してきた。

２）株式の分散

　(1)　**事業の大規模化と増資**　　企業の資金調達には、出資のほかに借金という方法もあるが、借金の額の大きさは返済能力を基盤とする。また、事業活動で得られた収益だけで規模を大きくしていくことには限界があり、時間もかかる。そのため、企業が事業を大規模化するには、**増資**、すなわち、新しい株式を発行し、出資額を増やしていかなければならない。

　(2)　**株式の分散**　　企業が規模の経済等、競争で生き残るために大規模化を追求する過程で、増資が繰り返され、株主の数も自ずと増えていく。さまざまな地域に住む者が株主となっていく。このように、株式が、さまざまな人やさまざまな地域へと分散していく現象を、**株式の分散**という。

　遺産相続や相続税の支払いも、株式の分散が進行する要因の１つであり、このことは創業者一族であっても変わりはない。たとえば、タイヤメーカーのブリヂストンの創業者一族（２代目）で、同社を世界的な企業にまで成長させた石橋幹一郎氏が1997年に死去した際には、日本で過去最高の1135億円もの相続税が課せられた。遺産は３人の子供に、ほぼ等分に分割して相続された。このときに相続されたブリヂストンの株式数は5000万株にも上ったが、遺族は、このうちの三千数百万株を売却し、相続税を収めた[8]。

　(3)　**所有者支配**　　株式会社の場合には、出資者ではない者でも経営者になることができるが、創業当時は株主でもある創業者が、**所有経営者**として経営をしている。

　その後、株式の分散が進み、所有と経営が分離しても、株主総会で大きな影響力を行使できるような大株主が残っている限りは、支配者は経営者ではなく、所有者（株主）である。支配者とは、経営者を任免する力や企業の最高意思決定を行う力をもつ者のことである（佐久間, 2003, p.19）。所有者が会社を支配している状態を、**所有者支配**という。

　(4)　**所有者の支配力の低下と経営者の支配力の高まり**　　ところが、株式の分散がきわめて高度に進行すると、企業経営に十分な支配力を行使することができる株主がいなくなるという事態が生じるようになる。たとえば、先述したブリヂストンの事例では、相続されたブリヂストンの株式数は5000万株にも上ったが、これは遺産総額では全体のおよそ７割を占めたものの、当時の同社の発行済み株式総数の6.2％に過ぎなかった[9]。また、松下電器産業（現パナソニック）の創業者である松下幸之助氏が亡くなった際も、松下幸之助氏の松下電器産業の持ち株比率は３％足らずであった（奥村, 2012, p.76）。

　無論、株式の分散が進めば進むほど、経営者と株主の間の情報格差（**情報の非対称性**という）も広がることになる。経営者は、会社内部のことを知り尽くしているが、普段は会社の外にいる株主の場合にはそうではない。株主が会社のことを知るには、経営者の下で作成されて、会社から伝えられる情報に頼らざるをえない。

8　『日本経済新聞』1998年６月23日付夕刊, p.16。
9　『日本経済新聞』1998年６月23日付夕刊, p.16。

　とくに、経営者は、株主総会の準備や開催のための費用を、会社の資源を用いて活動することができるが、このことのもつ意味はきわめて大きい。株主総会の開催に向けて、会社（経営者）は、各地に散らばる株主全員に株主総会の案内やその議案（会社側提案）の説明、委任状の勧誘等を行っている。これに対して、株主が1人の力で、無数の株主に経営者への反対を働きかけることはきわめて難しい。

　このようにして、株式の分散が進行すると、基本的には、株主の支配力は低下し続ける一方で、これに反比例する形で経営者の支配力が高まり続ける。

　(5)　**所有と支配の分離**　　そして、たいていの場合、株主は、株主総会の会場には来ず、会社側の提案に賛成する形で委任状を送り返し[10]、株主総会では

図表1-1．株式の分散と経営者支配

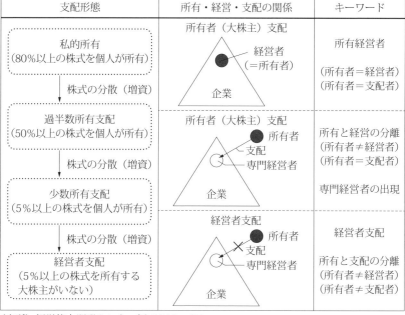

（出所）経営能力開発センター編, 2018, p.25。

10　委任状の勧誘作業自体は、経営者による会社資源の乱用などではなく、株主総会の成立に必要な定足数を確保するための正当な作業であり、株主から会社を任せられた経営者としての責任である。

会社側の提案がそのまま通る（可決）ことになる。会社側提案には取締役の選任議案も含まれている。そのため、経営者を任免する力や企業の最高意思決定を行う力は、経営者に掌握されているのと変わらない状態となる。

つまり、株式の分散がきわめて高度に進行した株式会社においては、経営者が会社の支配者となる事態が起こるようになる。経営者が会社を支配することを**経営者支配**あるいは**所有と支配の分離**という（図表 1 - 1）。

3）経営者支配が起こらないケース

経営者支配は、株式の分散が高度に進行した大規模株式会社で広く見られる現象である。しかしながら、株式の分散の進行が、必ずしも経営者支配をもたらすわけではない点には注意が必要である。

⑴ 黄 金 株　　たとえば、**黄金株**という拒否権付き株式があり、この株式をもつ者は、たとえ他のすべての株主が賛成したとしても、黄金株 1 株でその議案を否決することができる。現在の日本でも、エネルギー事業を手掛けるINPEX が、日本の上場企業として唯一黄金株を発行している。INPEX は、2023年 6 月末時点で、普通株式をおよそ14億株発行し、普通株式の株主数は25万人にも上るなかで、経済産業大臣 1 名が黄金株 1 株を保有している状況にある[11]。

⑵ 複数議決権株式　　また 1 つの株式に 1 票ではなく複数票の議決権を付与する、**複数議決権株式**（「多議決権株式」ともいう）という制度もある。複数議決権株式導入企業の実例としては、ニューヨーク・タイムズ、フォード、Alphabet（Google の親会社）、メタ・プラットフォームズ（Facebook の運営会社）などが有名である。

また、フランスでは、2014年に、長期保有株主に 2 倍の議決権を自動的に付与する、「フロランジュ法」と呼ばれる法律が制定されている。複数議決権株式を発行する理由は、「創業者のリーダーシップや経営理念、企業風土を守るため」、政府であれば「雇用を守るため」などさまざまである。

⑶ その他の体制・制度上の理由　　社会主義の国の場合など、社会全体の体制と仕組みゆえに、持ち株比率だけで企業の支配関係を測ることができない

11　INPEX, 2023。

場合もある。社会主義については、第4節で説明する。

3　CSRとステークホルダー

1）CSR

　企業は、人間と同じく社会で活動する以上、社会に対して責任を負う。企業の社会的責任は、その英語から、**CSR**（Corporate Social Responsibility）とも呼ばれる。図表1-2は、主なCSRを示したものである。

　(1)　**経済的責任**　　経済的責任は、CSRのなかでも最も重い責任の1つである。経済的責任は、経済システムの要である企業として、必ず守らなければならない責任である。株主への配当、銀行融資の返済、給与の支払い、安全な製品・サービスの提供、公正な競争・取引、納税等である。無論、これらの責任遂行に必要な収益性追求やイノベーション等も経済的責任である。

　(2)　**法 的 責 任**　　法的責任は、経済的責任と並んで、CSRのなかでも最も重い責任の1つである。人間と同じで、企業も社会のなかで活動する以上、法律を守らなければならない。経済的責任の多くは、製造物責任法、法人税法、独占禁止法等のさまざまな法律で、すでに法制度化されている。経済的責任に関するもの以外にも、男女の平等にかかわる男女雇用機会均等法や、公害の防止に関する公害対策基本法等、多様な角度からの法律が存在する。

　(3)　**倫理的責任**　　倫理的責任は、社会の一員として、世の中の常識やモラル等を守ることである。倫理的責任は、守る対象が法制度化されていないため、遵守の方法や程度についての判断が難しい場合がある。しかしながら、常識や

図表1-2．CSRの主な分類

責任の種類	責任の性質	責任の重さ	内容の例
経済的責任	経済活動に結びついた責任	最も重い	生産者、雇用者、債務者としての責任、株主への責任
法的責任	社会の一員としての法令遵守義務	最も重い	コンプライアンス
倫理的責任	社会の一員としての適切な態度	2番目に重い	常識、モラル、マナー
社会貢献的責任	社会の一員としての望ましい態度	3番目に重い	募金、ボランティア活動、寄付

（出所）Carroll（1991）や森本（1994）等より筆者作成。

モラルは、国や組織を問わず、内容や程度に差や違いはあれども、必ず遵守を求められるものである。モラルのなかには、やがて法律で義務づけられるようになるものも出てくる。法律だけ守れば、後は何でもやっていいというわけではないのである。

(4) **社会貢献的責任**　　社会貢献的責任は、社会の一員としての望ましい態度である。具体的には、募金、ボランティア活動、寄付といった慈善活動などである。社会貢献的責任は、英語の**フィランソロピー**（Philanthropy）が社会貢献活動や慈善活動を意味することから、「フィランソロピー的責任」とも呼ばれる。仮に慈善活動に取り組まないからといって、世の中から厳しい批判を受けることはなく、また活動に取り組むか否かの判断も企業側に大きな裁量がある。これらは、倫理的責任との違いである。

(5) **企業市民**　　これまで述べたCSRには重複するものも多く、またどの行動がどの責任に当てはまるかも時代や状況によって変わりうるものである。だが、企業が、世の中からCSRを果たす立派な市民として受け入れられるためには、どのCSRの遂行も必要なものである。企業が、世の中から立派な市民として受け入れられる存在になることを、**企業市民**（Corporate Citizenship）という。

(6) **グリーンウォッシュ**　　日本では、"CSR"という言葉は、21世紀に入った頃から、社会貢献的責任と同様の意味をもつ用語として広まった。そのため、企業のウェブサイトでは、植林活動や募金活動などを、CSRの例として紹介しているケースも少なくない。だが、社会貢献活動を目くらましに、裏で悪質な罪を犯している企業を立派な企業と呼ぶことはできない。

　見せかけだけのCSRに関しては、「取り繕う」を意味する「ホワイトウォッシュ」をもじった造語が、浸透している。たとえば植林活動を目くらましにして本業では工場から汚染物質を川に垂れ流すというような、見せかけだけの環境配慮を**グリーンウォッシュ**という。

２）ステークホルダーに対する責任

(1) **ステークホルダー**　　企業は、社会のなかでさまざまな人や組織とかかわり合いながら活動をしている。企業が活動をするには、融資をしてくれる銀行、働いてくれる労働者、購入してくれる消費者の助けが必要である。また、企業は、税金で運営されている施設や道路等も利用している。

図表1-3．企業とステークホルダー、そしてそれぞれの利害関係の例

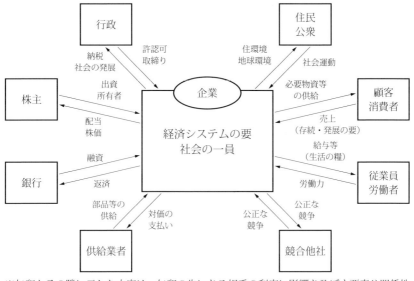

※矢印とその隣に示した内容は、矢印の先にある相手の利害に影響を及ぼす要素や関係性
　を表す。
（出所）薗出・江崎, 1979, p.55の図表より筆者作成。

　他方で、銀行、労働者、消費者は、企業がいるからこそ収入や商品を得ることができるのであり、また地域も活性化するのである。このように、企業と世の中の人々は、何でもない関係ではなく、お互いの行動がお互いの利益と損害に影響を及ぼし合う利害関係で結ばれている。

　利害関係で結ばれた人や組織は、「利害関係者」あるいはその英語から**ステークホルダー**（Stakeholder）と呼ばれる。企業側から見て、社会で活動する人々は、利害の程度の差や内容の違いはあれども、皆ステークホルダーである（図表1-3）。

　(2)　**CSRとステークホルダー**　　CSRの見方からすれば、企業の行動が、相手や第三者に影響を及ぼすのであれば、企業はその行動と影響に対して責任をとらなければならない。とくに、相手を騙して、出資をしてもらったり、お金を借りたり、人を雇ったり、取引をしたり、商品を売ったりすることは、許されるものではない。これらの内容は、すでに法的責任として制度化されている。つまり、企業は、CSRの観点から、ステークホルダーと向き合う必要がある。

(3)　**経営戦略とステークホルダー**　　他方で、企業が存続と成長を図るための経営戦略の観点からも、企業はステークホルダーとの良好な関係を築いていく必要がある。従業員の待遇がいい企業には優秀な人材が多く集まるし、顧客満足度が高い商品の売上は上がる。他方で、問題を起こす企業は、行政処分、取引停止、不買運動等に繋がり、企業の発展どころかその存続すら危うくなる。CSR、そしてステークホルダーと適切に向き合っていくことは、実利の面でも取り組まなければならない課題である。

4　資本主義の多様性と企業

1）経済体制と企業

　企業は、**経済体制**と呼ばれる、経済活動全体の大きなシステムのなかに組み込まれている。経済体制がどのような方針の下に運営されているかによって、そのなかに組み込まれた企業とその経営のあり方も変化する。

　(1)　**資本主義と社会主義**　　経済体制の基本的なモデルとして、資本主義と社会主義がある。資本主義は、民間の自由な活動を基礎とした経済体制である。この体制下では、国の介入が少なく、企業も民間企業が多い。これに対して、社会主義は、平等な社会という理想（「共産主義」という）を掲げた国の政府による計画に則った活動をベースとした経済体制である。社会主義の国では、国（共産党政府）がきわめて強い指導力を発揮し、企業も国有企業が多い。

　(2)　**混 合 経 済**　　以上で述べた内容はあくまでモデルであり、現実の経済運営は、資本主義国も社会主義国も、お互いの要素を取り入れる形（**混合経済**という）で進めている。たとえば、フランスは以前から「暗黙の社会主義」といわれるほど（吉森, 1984, p.67）国有企業が多かったし、他方で中国も「社会主義市場経済」を掲げてからかなりの年月が経ち、計画ではなく自由な活動を基盤とする市場経済の要素を多く取り入れている。

　とはいえ、現在の世界では、共産主義の理想を前面に打ち出していない国、つまり資本主義国が多い。これに対して、社会主義国は、かつては資本主義と並んで世界を二分していたが、今では中国、ベトナム、キューバなど、一部の国に限られている。

2）資本主義の多様性と企業

　一口に**資本主義**といっても、資本主義は一様ではない。資本主義の国のなかにも、株主の利益を重視する国もあれば、株主の利益と並んでその他のステークホルダー全般の利益も重視する国もある。図表1-4は、各国のビジネスマンたちに、それぞれの国における企業経営の一般的な認識について質問した調査の回答結果である。

　（1）**アングロサクソン型資本主義**　　株主の利益を重視する資本主義は、**株主資本主義**や「アングロサクソン型資本主義」などと呼ばれてきた。「アングロサクソン（人）」とは、多くのイギリス人たちの祖先の呼び名であり、イングリッシュ（英語）やイングランドの由来でもある。図表1-4でも、アメリカとイギリスでは、「企業は株主のものであり、経営者は雇用よりも配当を重視する」状況が浸透していることが窺える。

　（2）**ヨーロッパ大陸型資本主義**　　他方、ステークホルダー全般の利益を重視する資本主義は、**ステークホルダー資本主義**や「ヨーロッパ大陸型資本主義」などと呼ばれてきた。図表1-4でも、ドイツとフランスでは、「企業は全

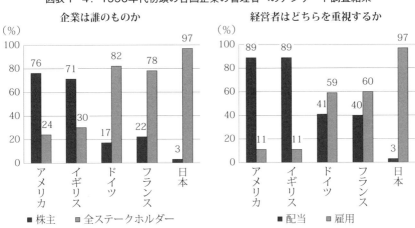

図表1-4．1990年代初頭の各国企業の管理者へのアンケート調査結果

（注1）小数点以下は四捨五入した。
（注2）各国の有効回答数：アメリカ86人、イギリス80人、ドイツ113人、フランス51人、
　　　　日本68人（出所の資料p.43）
（出所）Yoshimori, 1995, p.34（左図）, p.35（右図）。

ステークホルダーのものであり、経営者は配当よりも雇用を重視する」状況が浸透していることが窺える。たとえば、ドイツでは、企業の意思決定は、資本家（あるいは使用者）と労働者が共同で決定するという、**共同決定制度**が導入されている。

　(3)　**日本のヨーロッパ大陸型資本主義**　　なお、日本は、アジアの国であるが、以前からヨーロッパ大陸型資本主義の国として知られてきた。図表 1 - 4 では、ドイツとフランスよりもはるかにステークホルダー資本主義としての特色を有していることが示されている。日本には共同決定制度はないものの、法律上は出資者を指す言葉である「社員」が、日常的には従業員を指す言葉として広く浸透している（岩井, 2009, p.141）。また、終身雇用（解雇されない）、新卒一括採用や OJT（従業員の教育費を会社が負担する）、家族・通勤手当といった従業員への還元策が、企業による自発的な慣行として広く定着してきた[12]。

3）企業と人類社会のサステナビリティ

　(1)　**サステナビリティ**　　人類社会は、今、地球に住む人類全体が一丸となって取り組まなければならない多くの課題に直面している。地球環境問題、戦争、格差の問題等は、発生源の特定が難しく、誰もが直接的、あるいは間接的にかかわっている問題である。企業もまた、人類社会の一員として、これらの問題に取り組むことが要請されている。

　このような状況下で、国際社会は、今、資源を使い果たすこともなく、社会秩序を破壊することもなく、環境を破壊することもない、長続きする持続可能な発展（開発）を目指している。持続可能性は、**サステナビリティ**（Sustainability）ともいう。2015年には国連全加盟国（193か国）の全会一致で、サステナビリティに向けての具体的な共通目標として、**SDGs**（Sustainable Development Goals＝**持続可能な開発目標**）が採択され、取り組みが進められている。SDGs では、2030年までの達成を目指す17個の目標が掲げられている。企業もまた、SDGs 達成に向けての熱心な取り組みを求められている状況にある。

　(2)　**ステークホルダー資本主義への潮流**　　経済の次元でも、経済成長の恩

12　引野・長野編著（1982）には、日本的経営のキーワードが整理され、キーワードごとに具体例も交えた解説がある。

恵を皆で分かち合いながら、成長を目指していこうとする、ステークホルダー資本主義が、国際社会のスローガンとして強く掲げられるようになっている。株主資本主義の代表国であるアメリカでも、世界最大の資産運用会社であるブラックロック（2018年）や、主要企業の経営者団体であるビジネス・ラウンドテーブル（2019年）が、ステークホルダー資本主義の考え方を支持する姿勢を打ち出している。世界中の各界のリーダーが集う国際会議である「ダボス会議」の2020年の主題も、「ステークホルダー資本主義」であった[13]。

　最後に、本章のまとめとして、企業は、経済、そして社会の繁栄の要であり、社会に必要な存在である。人々が必要とする製品・サービスは、企業によって供給される。人々は、生活の糧である収入も、企業への投資、企業での労働、企業への販売などを通して得ている。企業がイノベーションを起こすことで、人々の生活もより快適で便利なものへと進歩してきた。

　また、企業は社会の一員として、社会に責任を負う存在でもある。企業は、不特定多数の人々の利害に影響を及ぼしている存在である。企業の活動も、多くの人々の理解と協力があって初めて成り立つものであり、無責任に好き放題な活動をすることは許されない。

　そして、企業経営は、基本的に、必要性に対処するための合理的な活動である。株式会社が普及したのは、株式会社を必要とする状況が存在したからである。同様に、企業がCSRやSDGsに熱心に取り組むのは、これを必要とする状況が存在するからである。そのため、企業経営を取り巻く状況にも目を向けなければ、企業経営の動向を十分に理解することはできない。

━　コ　ラ　ム　━

日本は本当にステークホルダー志向なのか？　ドイツとの比較から考える

　ドイツと日本はともにステークホルダー資本主義の国として知られている。
　しかし、学生や社会人にこの話をすると「信じられない」という声がよく返ってくる。とくに、いわゆる「ブラック企業」で働いている人のなかには、怒りが

13　ステークホルダー資本主義の最近の動向については、日本証券業協会（2022）内にまとめられている。

込み上げてくる人もいて、延々と反論を受けることもある。こうした怒りの背後には、長時間労働に加えて、各種ハラスメントでの辛い思いも含まれているのだろう。

　たしかに、日本は、**過労死**（Karoshi）という言葉が、そのまま海外で通じるほど長時間労働の国である。労働時間の国際比較（コラム末に資料のリンクを記載）でも、サービス残業を加味すれば、労働時間の長さは、韓国を上回って１位という状況にある。さらに、日本が人権尊重等についての海外のランキングで下位に位置することも、日本では度々報道されている。

　では、ドイツはどうであろうか。ドイツは、経営者の監督機関に労働者の代表が入り、また事業所レベルの意思決定にも労働者が参加する国である。労働時間も厳格に守られており、ドイツは名実ともにステークホルダー資本主義の国といえそうだ。先ほど紹介した労働時間の国際比較でも、最長が日本（2018年年間1986時間）、最短がドイツ（同1305時間）と、両極端に位置する、真逆の存在となっている。

　とはいえ、日本には、ドイツにはあまり見られない、ステークホルダー志向の高さもある。たとえば、「お客様は神様です」といったおもてなし接客は、ドイツにはない。また、日本の職場では珍しくない職務範囲や勤務時間をはみ出した助け合いも、契約社会であるドイツでは大して望めない。さらに、ドイツでは博士の学位をもたないと一流企業で活躍することは難しい場合も珍しくないが、日本ではそうしたことはなく、人柄採用の慣行さえある。

　世界の国々と比較した場合には、「あまり勉強が得意ではなくても採用してもらえる（人柄採用）」「正社員の給与をもらいながら仕事を学べる（新卒一括採用）」「なかなか簡単には解雇されない（終身雇用）」といったことも、日本の特徴として挙げられる。だが、これらの特徴は、日本人にとってはもはや当たり前で、あまり高評価の対象とはならないようだ。

　なお、以上は労働者の恩恵という視点からの比較であるが、経営学においては、競争力、イノベーション、経済・社会全体の繁栄という視点からの議論も大切である。たとえば、規制緩和は激しい競争や格差をもたらしたといわれるが、他方で競争のなかでつぎつぎと生み出される製品・サービスは人々の生活を以前よりもはるかにそして急速に便利なものとしている。ドイツであっても、日本であっても、世の中全体の繁栄、そして１人ひとりの幸福（満足、効用）という広い視野をもって、経済や倫理等のさまざまな角度から議論を深めていく大切さは変わらないだろう。

（引用資料）立命館大学・佐藤敬二氏ウェブサイト『労働時間の国際比較—主要国における被用者の平均年間労働時間—』https://www.ritsumei.ac.jp/~satokei/sociallaw/workinghours.html、2023年4月4日アクセス。

引用参考文献

Carroll, A. B. (1991), "The Pyramid of Corporate Social Responsibility : Toward the Moral Management of Organizational Stakeholders," *Business Horizons*, 34(4), pp.39–48.

Yoshimori, M. (1995), "Whose Company Is It? : The Concept of the Corporation in Japan and the West," *Long Range Planning*, 28(4), pp.33–44.

INPEX (2023),『株式情報（株式の状況）』https://www.inpex.co.jp/ir/shareholder/stock. html, 2023年9月11日アクセス。

岩井克人 (2009),『会社はこれからどうなるのか』平凡社。

奥村宏 (2012),「"同族会社"の悲劇」『月刊ロジスティクス・ビジネス& LOGI–BIZ』2012年2月号, pp.76–77。

経営能力開発センター編 (2018),『経営学検定試験公式テキスト①経営学の基本』中央経済社。

佐久間信夫 (2003),『企業支配と企業統治』白桃書房。

薗出硯也・江崎晃幸 (1979),「経営の基本構造」藤芳誠一編著『図説　経済学体系10　経営学』学文社, pp.30–63。

東京商工リサーチ (2022),『2021年は約3万7,000社が誕生　インボイスを控え、設立が簡易な合同会社が人気』https://onl.tw/14eYWcU, 2023年3月23日アクセス。

日本証券業協会 (2022),『ステークホルダー資本主義―企業の付加価値の分配と新しい資本主義―』https://www.jsda.or.jp/about/teigen/tougi/stakeholder.pdf, 2023年3月30日アクセス。

引野剛司・長野晃編著 (1982),『日本的経営を説明するための辞書』ダイヤモンド社。

森本三男 (1994),『企業社会責任の経営学的研究』白桃書房。

吉森賢 (1984),『フランス企業の発想と行動』ダイヤモンド社。

練習問題

1. 複数ある企業形態のなかでも、株式会社は、広く知られている代表的な形態の1つである。日本の株式会社について、持分会社と異なる株式会社の特徴について説明しなさい。

2. 株式が分散した株式会社において固有の現象に、経営者支配がある。「経営者支配はどのようにして発生するのか」について説明しなさい。

3. 企業の社会的責任には、経済的責任、法的責任、倫理的責任、社会貢献的責任がある。経済的責任の内容および経済的責任の重さについて説明しなさい。

第 2 章　　企 業 統 治

　企業は、経済・社会の要であり、人々の人生を大きく左右する存在である。多くの人々の生活は、企業で働いて得た収入で、企業が生産したものを購入・消費することで成り立っている。社会の繁栄を実現するには、企業の活動が適切に行われるように、企業をきちんと統治する必要がある。つまり、**企業統治**である。企業統治は、その英語から、**コーポレート・ガバナンス**（Corporate Governance）ともいう。

　企業統治は、どの国でも重要課題として盛んに議論され、仕組みの開発や改革が進められている。基本的には、どの国も、アメリカやイギリスといった企業統治先進国といわれる国々の取り組みを輸入し、自国の状況も踏まえて調整し、アレンジしながら、企業統治への取り組みを進めている。本章では、この企業統治について学んでいく。

1　企業統治の歴史

1）企業統治の背景

　（1）　**所有と経営の分離**　　20世紀以降の急速な経済成長は、無限に資金を調達して大規模な事業を行うことを可能にした株式会社制度の普及によるところが大きい。しかし、株式会社の場合には、**所有と経営の分離**、すなわち株主以外の者が経営者になることができる。そのため、株式会社の場合には、経営者が株主のために行動するように、きちんと監視する仕組みが必要である。

　（2）　**所有と支配の分離**　　株式会社が調達する資金を増やしていけば、出資をする人（株主）の数もまた増えていく。また、株式は、遺産相続の際に、遺族によって、分割相続されたり、相続税の支払いのために売却されたりする。こうして、株式会社が時を経て成長するに連れて、**株式の分散**もまた進行する。株式の分散の進行によって、1人ひとりの株主がもつ経営への影響力もまた分

散、すなわち薄まっていく。

　他方で、事業規模の拡大に伴い、株式会社では、株主ではなく、経営の専門家が経営者（**専門経営者**）として登用されるようになる。経営者は、株主のために、株主への報告・連絡、また、取締役選任議案の提案も含めた株主総会の準備・運営を行う役割を担っている。しかしながら、株式の分散がかなり高度に進行すると、経営者の行動を十分に牽制するだけの力をもった株主がいなくなり、経営者が株主ではなく経営者自身のために行動することが可能な事態が生じるようになる。

　株主ではなく、経営者が、経営者人事や会社の最高意思決定を実質的に掌握する状況を、**経営者支配**あるいは**所有と支配の分離**という。所有と支配の分離は、問題がある経営者を株主が解任できないことを意味するため、株主にとって所有と経営の分離よりもはるかに深刻な問題である。

　(3)　**経営者支配と民主主義・資本主義**　　社会の秩序と繁栄の土台である大企業の経営者を十分に牽制できないという状況は、社会全体にとっても危うい状態である。株主、すなわち民間の力で企業を十分に統御することができないということであれば、国家が企業を統治すべきであるという議論も力を増す恐れがある。つまり、所有と支配の分離は、個人が自由に資産を所有・管理できることを土台とした、**資本主義**や**民主主義**の体制存続とも深くかかわる問題である。

　(4)　**大企業の社会的影響力**　　そもそも、企業が社会の土台である以上、企業をきちんと統治することは、株主個人の問題ではなく、社会全体の問題でもある。そして、企業の活動は、自然環境や生活環境にも影響を及ぼしており、また人とかかわる以上、人権・安全等の観点から見ても適切なものでなければならない。とくに大企業やグローバル企業が、人々の生活や人類社会に及ぼす影響はきわめて大きい。

2）最初の企業統治活動―1960年代後半頃のアメリカ―

　(1)　**社会運動の一環としての企業統治活動**　　企業統治への活動（企業統治活動）が最初に活発化したのは、世界最大の経済大国にまで成長した1960年代後半から1970年代前半にかけてのアメリカにおいてであった[1]。当時は、反戦運動や公民権運動といった社会運動が活発化していた時期であり、企業統治活動

は、社会運動の一環として、社会運動家たちを主体として盛んに行われた。

　たとえば、ベトナム戦争への反戦運動家たちは、強力な殺傷能力をもったナパーム弾を製造していたダウ・ケミカル社に対して、この製造に反対する旨の株主提案を行った (提案は否決)。また、イーストマン・コダック社では、株主となった公民権運動家によって、株主総会の場で黒人の雇用についての質問権が行使された。

　(2)　**公益代表取締役**　そのほかに、アメリカの自動車最大手のゼネラルモーターズ (GM) に対しても、**キャンペーンGM** として知られる、CSRの実現に向けての運動が行われ、**公益代表取締役** (Public Director) の導入などの株主提案が行われた。公益代表取締役とは、マイノリティの声も経営に反映させるなど、世の中のためという視点で選ばれる取締役のことであり、当時は外国人や女性などの取締役への登用に向けた運動が盛んに行われた。

　(3)　**社会運動としての企業統治活動の成果**　社会運動の一環として行われる株主提案が株主総会で可決されたケースはほとんどなかったようである。しかしながら、社会運動としての企業統治活動は、経営者に対して強い圧力をかける形となり、結果的に一定の成果へと繋がっていった。たとえば、キャンペーンGMでの公益代表取締役の登用に向けた株主提案はすべて否決されたものの、経営者は、黒人の公民権運動家を取締役に指名している。

3）株主のための企業統治改革の進行

　(1)　**1970年代の企業不祥事と株主のための企業統治改革の本格化**　今では、株主の利益保護を目的とした企業統治活動が盛んに行われており、世の中では、企業統治を、株主の利益を守るための取り組みとして理解している者が大半であるかもしれない。この株主の利益を守るための企業統治活動が最初に活発化したのも、1970年代のアメリカにおいてであった。

　1970年代当時のアメリカでは、ペンセントラル社 (鉄道会社) の倒産や、自動車大手のクライスラーの経営危機など、大企業の倒産・経営危機が相次いで起こった。企業が倒産すれば株主は出資額をすべて失い (債務返済に充てられる)、

1　本節で取り上げるアメリカの企業統治改革の歴史については主に、佐久間 (2003)、出見世 (1997)、三和 (1999) を参照した。

企業が経営危機に陥れば株主が保有する株式の株価は大きく下落する。とくに、ペンセントラル社等では、経営者による粉飾決算（虚偽の財務状況の報告）を取締役会が見逃していた。

　以上の相次ぐ企業不祥事を受けて、アメリカでは、1970年代に、株主の利益を守るという観点からの企業統治制度の改革（企業統治改革）が本格的にスタートした。取締役会が経営者を監督するという本来の役割を十分に発揮できるようにするための改革が進められた。1977年には、ニューヨーク証券取引所が、上場企業に対して、取締役会のなかに社外取締役のみで構成される監査委員会の設置を義務づけた（監査委員会については後述）。

　(2)　**機関投資家と受託者責任**　　1970～1980年代にかけて、企業に出資する投資家サイドでも、企業統治にかかわる重大な変化が起きている。自分の資産を自ら運用する投資家を**個人投資家**というのに対して、他人の資産を預かって運用する投資家を**機関投資家**という。経済成長により多くの人が豊かになり、資産を機関投資家に預けるようになるなかで、当時のアメリカではすでに多くの株主が機関投資家となっていた。とくに、不特定多数の庶民の資産を運用する年金基金や保険会社などの運用成績が、人々の暮らしに及ぼす影響は大きい。

　このような時代の変化を受けて、機関投資家は、資産を預かる者としての責任（**受託者責任**）を強く求められるようになった。1974年には、従業員退職所得保障法（通称**エリサ法**）が制定され、年金基金の受託者責任が法律で具体的に定められた。1988年には、**エイボン・レター**と呼ばれる、株主総会での議決権行使に関しても受託者責任が適用されるとした書簡が行政から出され、議決権行使が受託者責任に含まれることが明確化された。

　(3)　**ウォール・ストリート・ルールとその転換**　　機関投資家は、従来、**ウォール・ストリート・ルール**と呼ばれる、「よくない銘柄は売却すればよい」という発想を、基本的な行動姿勢としてきた。しかしながら、機関投資家が受託者責任を果たすには、投資先企業の経営に圧力をかけるなどして、投資先の価値を高めていくことが求められる。

　こうして、機関投資家は、ウォール・ストリート・ルールから、議決権行使などを通して企業に対して積極的に「モノを言う」姿勢へと、行動姿勢を転換するようになった。企業に対して積極的に「モノを言う」株主を、**アクティビ**

図表2-1．1992～1993年頃に退任させられた著名経営者と退任理由

名前	時期	会社名（業種）	辞任理由
N・ダベンポート	1992年4月	クレイ・コンピューター（コンピューターメーカー）	創業者と意見の食い違いか
エドワード・フィンケルスタイン	1992年4月	R・H・メーシー（百貨店）	破産後、改革が進まず
ロバート・スミス	1992年10月	セキュリティ・パシフィック（銀行）	バンカメリカと合併後、社長降格に反発
ロバート・ステンペル	1992年10月	ゼネラル・モーターズ（自動車メーカー）	合理化遅れ、大幅赤字を計上
M・B・イングル	1992年12月	イムセラ・グループ（医療関連）	動物医薬品事業の立て直しに失敗
P・レゴ	1993年1月	ウエスチングハウス・エレクトリック（電機メーカー）	金融子会社が不動産投資に失敗
ジェームズ・ロビンソン	1993年2月	アメリカン・エキスプレス（金融）	クレジットカードの焦げ付きが増加
ジョン・エイカーズ	1993年3月	IBM（コンピューターメーカー）	再建遅れ赤字計上、大幅減配
P・マゴーワン	1993年5月	セーフウエー（スーパー）	米大リーグの球団経営に専念するため

（出所）『日経ビジネス』1993年4月26日号, p.18。

ストあるいは**物言う株主**という。機関投資家は、その規模の大きさから、今では企業統治活動の中心的な存在となっている。

　(4)　**グローバル・スタンダードとしての地位の確立**　　企業統治改革の進展を受けて、1990年代になると、アメリカでは、巨大企業の著名な経営者が解任される事態まで相次いで起こるようになった（図表2-1）。こうして改革を通して高度な企業統治制度を構築し、また経営者支配の問題の克服をも可能としたアメリカの企業統治への取り組みは、名実ともに、企業統治の「グローバル・スタンダード」としての地位を確立した。

4）アメリカで起こった2つの企業不祥事とその影響

　(1)　**エンロン事件とリーマンショック**　　アメリカを模範とする企業統治改革の潮流は、21世紀に入って早々に大きな企業不祥事が相次いで起こったことにより、大きな転換点を迎えた。2001年に、アメリカ最大のエネルギー（電力・ガス）会社であり、企業統治の面で国内外からきわめて高い評価を受けていたエンロン社（Enron Corporation）が倒産し、多くのステークホルダーに甚大な

被害を与えた。この事件は、**エンロン事件**として知られている。

　さらにその後、2008年に、アメリカの投資銀行大手のリーマン・ブラザーズ（Lehman Brothers Holdings Inc.）が倒産し、この倒産に端を発して世界中で経済が大混乱に陥った。この出来事は、**リーマンショック**あるいは**世界金融危機**として知られている。

　(2)　**アメリカ以外にも目を向ける近年の動き**　　リーマンショックを大きな契機として、世界各国は、アメリカ以外の国の取り組みにも目を向けるようになり、また自国の特徴も再考するようになる。とくに、イギリスの取り組みが盛んに取り入れられており、日本においても近年はイギリス制度の導入が急速に進行している（詳細は後述）。また、アメリカの企業統治改革が目指していた株主利益の保護に加えて、ステークホルダー全体の利益を志向する動きも広がっている（第1章で詳述）。

2　外部から働きかける企業統治の方法

1）企業の適切な行動を促す要素

　(1)　**政　　　策**　　企業が社会のなかで活動する以上、政府や地域社会がとる政策は、企業の行動に強い影響を及ぼしている。たとえば、日本では、2012年末に成立した安倍内閣が**アベノミクス**と呼ばれる経済政策を実行し、企業統治改革は、「成長戦略」において中心的な役割を果たすものとして位置づけられた。このことにより、日本では企業統治改革が急速に進み始め、とくに2015年は、「日本の企業統治元年」と呼ばれるほど、会社法改正、コーポレート・ガバナンス・コードの適用開始という大きな改革が集中した年であった。

　(2)　**法　規　制**　　政策同様、社会の決まりごとである法律や各種規制は、企業の行動に強い影響を及ぼしている。とくに、法律の遵守は義務であり、これに違反する企業は罰金や営業停止などの厳しい処分を受けることになる。無論、犯罪が発覚すれば、ステークホルダーからの信用も失うため、企業は、法令違反がないように常に用心している。なお、法令等を遵守することは、**コンプライアンス**（Compliance）と呼ばれる。

　(3)　**市場の規律**　　**市場**、すなわち売買が行われる現場には、利己的な行動を抑制する働きが少なからず備わっている。売買、すなわち取引は、利害の一

致によって行われる。企業が、取引するにふさわしい相手とみなされなければ、誰も取引をしてくれない。いい商品をつくるから売上が増え（財・サービス市場）、いい企業だから優秀な人材が集まり（労働市場）、お金も集まる（金融市場）のである。一方で、悪い商品をつくれば企業の売上は減り、そして悪い企業には人もお金も集まらない。見返り（対価）が得られないどころか、大きな損をする（人生の貴重な時間やこれまで築いた財産を失う）恐れがあるからである。

このように、市場には、もともと、利己的な行動が自分の利益を減らし、利他的な行動が自分の利益を増やす結果をもたらす機能が備わっている。この市場の働きを、**市場の規律**（Market Discipline）という。

このことは経営者も同様である。怠けていれば経営者を雇った株主たちから報酬が減らされたり、さらには解任されたりしてしまう。他方で、真面目に経営して業績が向上すれば、評価が上がり、報酬もアップする。政策や法規制などには、多額の税金を必要とするのであるから、企業統治の向上を考えるうえでは、市場に本来備わっている機能（つまり無料）を有効活用することはとても大切である。

　(4)　**より広い視野で見た市場の規律**　また、市場の規律は、より広い視野で理解する必要がある。社会のなかで、企業に求められているのは、経済パフォーマンスの高さだけではない。そして、経済以外の面での素行やパフォーマンスは、経済パフォーマンスとも密接に結びついている。

たとえば、経済に関する以外の法律であっても、法律を破れば何らかの処罰を受けたり、世間の信用を失ったりして、企業の活動に影響が出る。また、給与が高いものの、犯罪まがいの仕事やハラスメントが横行するようなひどい職場であれば、優秀な人材は集まらないだろう。他方で、さまざまな観点から見てよい職場であれば、優秀な人材が集まり、ブランド力も高まり、仮に何か失敗をしてもステークホルダーから見放されにくくなるといった恩恵に繋がる。

このように、市場には、もともと、悪い行いが自分の利益を減らし、善い行いが自分の利益を増やす結果をもたらす機能が備わっている。

２）法規制を活用して企業統治を向上させる方法

　(1)　ハードロー　　法規制には、**ハードロー**（Hard Law）と**ソフトロー**（Soft Law）の２つのタイプがある。

　まず、ハードローは、いわゆる法律である。会社法や金融商品取引法は、ハードローである。法律には守る義務があり、法律に違反すると罰せられる。法律は、拘束力が強く、その策定も適用も、国会（立法府）や裁判所（司法府）によって、決まった手続きとルールの下で慎重に行われる。

　法律は、資金力や政治力等の大きさで適用のされ方が変わるものではないため、巨大な権力をもつ企業や経営者を統治するうえで不可欠なものである。他方で、状況に即した適切な行動であっても、それが法律違反であれば罰則の対象になってしまう。そのため、法律には、臨機応変かつ柔軟な対処が必要な場面でも、それをできなくしてしまう恐れがある。まさしく、法律は、「ハード」（Hard）、つまり「厳しく、堅硬な」ものである。

　(2)　**ルールベース・アプローチ**　　ハードローを中心に、企業統治に関するものごとをこと細かに厳しい法律で縛っていく制度改革の方法を、**ルールベース・アプローチ**（Rule-Based Approach）という。ルールベース・アプローチの下で企業統治改革を進めてきた代表的な国は、アメリカである。アメリカでは、企業不祥事が起こるたびに厳しい内容の法律が制定されてきた。たとえば、エンロン事件の後には**サーベンス・オクスリー法**（Sarbanes-Oxley Act＝企業改革法＝SOX 法）、そしてリーマンショックの後には**ドッド・フランク法**（Dodd-Frank Act＝金融規制改革法）という法律が制定された。

　(3)　**ソフトロー**　　つぎに、ソフトローとは、法律ではないが守るべきもの全般を指す、とても幅広い対象を含む概念である。上場規則から業界ルール、各種ガイドライン、さらには世論までも対象に含まれる。ソフトローの典型的な特徴は、法的拘束力をもたないことにある。そのため、ソフトローは、解釈の仕方や適用の仕方を、その時々の状況に合わせて柔軟に変えられる性質をもつ。まさしく、「ソフト」（Soft）、つまり「やさしく、柔軟な」ものである。

　(4)　**ハードローとソフトローの境界**　　ひとくくりにソフトローといっても、そのソフトさにはものによってかなりの違いがある。法律はハードローであり、ガイドラインはソフトローであることは、誰にでも容易に区別がつくだろう。しかしながら、上場規則は、ソフトローに分類されるものの、上場企業であれば必ず守らなければならないものであり、ほとんどハードローに近い。日本では、証券取引所による取引所規則の策定と変更には、金融庁の許可も必要であ

る[2]。

(5)　**プリンシプルベース・アプローチ**　ソフトローを中心に、企業統治に関するものごとの原則を提示し、細かなことは現場の裁量に任せていくことを土台とした制度改革の方法を、**プリンシプルベース・アプローチ**（Principles-Based Approach）という。プリンシプルベース・アプローチにおいて核となるのは、**コード**（Code）と名づけられるソフトローである。コードは、遵守すべき複数の原則をひとまとめにしたものであり、いわば適用対象にとっての行動指針である。

　プリンシプルベース・アプローチの下で企業統治改革を進めてきた代表的な国は、イギリスである。プリンシプルベース・アプローチは、20世紀末にイギリスで採用され、その実効性が確認されたことを受けて、他のヨーロッパ、そして世界の各国へと広がっていったものである。

　日本でも、2014年以降、①機関投資家、②上場企業、そして③監査法人（Audit Firm）をそれぞれ対象としたコードが相次いで導入された（図表2-2）。なお、監査法人は、企業の財務情報を監査している公認会計士を中心とした組織である（詳細は後述）。

(6)　**コンプライ・オア・エクスプレイン**　法規制の実効性を確保することは、**エンフォースメント**（Enforcement）と呼ばれる。コードの場合には、法的拘束力がない分、エンフォースメントの確保がより大きな課題となる。

図表2-2．日本にある3つのコード

名称	対象	策定年
「責任ある機関投資家」の諸原則≪日本版スチュワードシップ・コード≫～投資と対話を通じて企業の持続的成長を促すために～	機関投資家	2014年
コーポレートガバナンス・コード～会社の持続的な成長と中長期的な企業価値の向上のために～	上場企業	2015年
監査法人の組織的な運営に関する原則≪監査法人のガバナンス・コード≫	監査法人	2017年

（出所）筆者作成。

2　金融商品取引所の自主規制については、温（2013）を参照した。この文献には、イギリスやアメリカの自主規制についても詳しく記載されている。

　イギリスにおいて、プリンシプルベース・アプローチが成果を上げることができたのは、**コンプライ・オア・エクスプレイン**（Comply or Explain）と呼ばれる仕組みを導入することで、コードのエンフォースメントを確保できたことが大きい。コンプライ・オア・エクスプレインは、原則を守らない場合には守らない理由を説明させるという仕組みであり、「遵守せよ、さもなくば説明せよ」とも訳される。

　コンプライ・オア・エクスプレインが、違反の罰則もないのに、エンフォースメントを発揮できているのは、市場の規律によるものである。すなわち、原則を守らない理由の説明が不適切なものであれば、投資家をはじめとするステークホルダーの反発を招き、ひいては業績の悪化や経営者の解任といった、自分たち（企業や経営者）の不利益へと繋がってしまうという懸念が、適切な遵守、あるいは適切な非遵守（そして説明）を促しているのである。

3）市場の規律を活用して企業統治を向上させる方法

　⑴　**市場の規律が機能する条件**　　市場の規律が機能するには、企業とかかわるメンバーの間で、企業の情報が十分に共有されている必要がある。悪い企業であること、危ない企業であること、成長性の乏しい企業であることを知らなければ、ステークホルダーはその企業と関係を断とうとしないし、株主も経営者を解任しようとしない。つまり、企業が適切に**情報開示**（ディスクロージャー＝Disclosure）をし、**透明性**（Transparency）を高めることが、市場の規律が機能するうえでとても重要である。

　なお、当然のことながら、経営者とステークホルダー（消費者、株主、銀行、求職者等）の間には、もっている企業内部の情報に格差がある。この情報格差のことを、**情報の非対称性**（Information Asymmetry あるいは Asymmetry of Information）という。無論、経営者のほうが多くの情報をもっており、さらにステークホルダーは経営者の下で作成され、公開される情報を主な情報源としている。そのため、市場の規律が機能するには、この情報の非対称性を解消する措置が必要である。

　また、市場にどんなに情報が提供されていたとしても、企業の力が巨大であり過ぎたり、また政策的に守られたりしていれば、市場の動きはさほど影響を及ぼさない。たとえば、世の中にたった１社しか企業が存在しない場合、消費

者も、労働者も、株主も、その企業しか選択肢がなく、企業は何をしても選んでもらえる。また、企業同士が結託して株式を持ち合えば、株主が経営者を解任することも難しくなる。そのため、市場の規律が機能するには、企業が過剰に大きな力をもつことがないようにする政策や制度が必要である。

(2) **経営情報を開示させる制度** 企業に情報を開示させる制度はとても大切であり、会社法や金融商品取引法、上場規則などでも、情報開示は求められている。財務情報の開示については、第3章を参照されたい。なお、最近は、従来以上に、人権や環境などに関する**非財務情報**の開示が注目を集めるようになっている。たとえば、人権や環境などに関する規制強化が進むなかで、これらの情報は、ステークホルダーにとってより重要な情報となってきている。

(3) **監 査 法 人** 経営情報を開示しても、ステークホルダーがその情報を十分に理解し、また情報の真偽を見極めることができなければ、ステークホルダーは企業（あるいは経営者）に騙されてしまう。そのため、法律などでは、第三者が企業の開示情報を監査することが求められている。

とくに上場企業や大企業の場合には、「会計監査」といって、**公認会計士**による財務情報の監査が法律で義務づけられている。監査法人という、会計監査を専門とする公認会計士たちの組織もある。とくに、EY 新日本、トーマツ、あずさ、PwC あらたの4社は、4大監査法人として知られている。

(4) **格付け機関** 企業を含めた組織が発行する債券のリスクをランクづけし、その結果を公表している、**格付け機関**（Rating Firm,「格付け会社」ともいう）という組織もある。債券のリスクとはすなわち、利払いや返済の危うさである。このリスクが適切に評価され、その情報を広く周知させることができれば、多くの人々が危ういものに投資する事態を回避することができる。格付け機関のなかでも、スタンダード & プアーズ（S&P Global Ratings）、ムーディーズ（Moody's）、フィッチ・レーティングス（Fitch Ratings, フィッチとも呼ばれる）は、3大格付け機関として知られている。

(5) **敵対的買収の脅威** 株式を取得して企業を買うことを「買収」（Acquisition）というが、買収先の企業が買収に反対する場合もある。買収先の企業の経営者や従業員が反対しているなかで行われる買収のことを、**敵対的買収**（Hostile Takeover）という。敵対的買収は、買収される側にとってはいわゆる

「乗っ取り」に映るが、問題のある経営者を解任するためには必要なことでも
ある。少なくとも、敵対的買収が行われる脅威がほとんどないのであれば、経
営者も従業員も危機意識をもたず、経営能率を高めることは難しい。

　なお、企業側は、敵対的買収を防ぐための施策である、**買収防衛策**を導入し
ている場合が少なくない。買収される企業側の味方として常に行動する株主を、
安定株主という。そして、親しく関係が深い企業に株式をもってもらうなど、
安定株主を増やしてくことを、「安定株主工作」という。企業同士で株式を持
ち合うことは、**株式相互保有**あるいは「株式の持ち合い」等というが、これも
安定株主工作の一種である。なお、買収防衛策や取引先の維持など、純粋な資
産運用以外の理由で保有される株式は、**政策保有株**と呼ばれる。

　安定株主工作以外にも、買収防衛策は沢山ある。とくに有名なものでは、買
収後に多額の退職金が支払われる仕組みを事前に導入しておく、**ゴールデン・
パラシュート**と呼ばれる手段がある。また、敵対的買収を仕掛けられた際に、
味方となってくれる別の第三者に代わりに買収してもらう方法もある。この第
三者は、**ホワイトナイト**と呼ばれ、狙われた企業側にとっては、まさしく窮地
で助けに駆けつけてくれた白馬の騎士である。そのほかにも、敵対的買収を試
みると、新株が大量発行されて買収成功にはより沢山の株式を買わなければな
らなくなるなど、買収者を苦しめる仕組みを導入する方法もある。これは、**ポ
イズンピル**（「毒薬条項」）と呼ばれる。

3　企業統治のための会社機関とその機能

1）株主総会が機能する条件

　(1)　**株主総会**　　株式会社では、株主が、自らの意思を表明できる場とし
て、**株主総会**が設けられている。株主総会では、株主たちが、出資比率に応じ
て配分された投票権（**議決権**）を行使し、多数決の原理に基づいて議案の議決が
行われる。経営者の監督機関である取締役会のメンバーである取締役たちの選
任も、株主総会での過半数の賛成を得ることで選出される。株主総会では、任
期途中の取締役を解任することも可能である。

　(2)　**株主総会が機能する条件**　　株主総会が機能するには、その本来のあり
方に則って、株主の意思がきちんと反映されるようにする必要がある。そのた

めには、すでに述べた情報開示に関する各制度や機関が十分に機能し、株主に対して必要な情報が十分に提供されている必要がある。無論、株主が出席しやすくなるように、株主総会の開催が集中する日を避けて、開催日を設定することも選択肢としてある。そして、株主総会自体が円滑に進行されるようにすることも大切である。

(3)　**議決権行使助言会社**　適切な議決権行使は、機関投資家の重要な受託者責任である。しかしながら、機関投資家の投資先は無数にあるため、機関投資家が自力で、投資先の議案のすべてを精査して、適切な形で議決権を行使することは容易ではない。このような状況のなかで、機関投資家に代わって株主総会に提出される議案を精査し、その賛否を機関投資家に助言している会社がある。この助言業務を行っている会社は、**議決権行使助言会社**と呼ばれる。とくに、アメリカにある ISS (Institutional Shareholder Services) とグラスルイス (Glass Lewis) の 2 社が、機関投資家の議決権行使に影響力のある会社として知られている。

(4)　**株主提案権**　株主総会の議案は、株主の側からも提出することができる。株主が株主総会の議案を提案できる権利のことを、**株主提案権**という。なお、いたずらに提案権が行使されることを防ぐために、提案には、 1 ％以上の議決権保有が必要であるなどの一定の条件はある。会社側と株主側からお互いに対立する議案が提出された場合には、票の奪い合いが行われることになる。

なお、会社側は株主総会の成立に必要な定足数を集めるために、欠席する株主に委任状の提出を事前に求めている。また、株主総会の会場に当日参加する株主よりも、委任状などにより事前に投票を済ませておく株主のほうが多いのが一般的である。そのため、対立する 2 つの議案が提出された場合には、株主総会の開催前の段階で、**委任状争奪戦（プロキシー・ファイト）**が行われることになる。

２）取締役会が機能する条件

(1)　**取締役会**　経営に参加しない出資者からも沢山の資金を集める仕組みである株式会社においては、株主に代わって企業の意思決定を行う機関として、**取締役会**が設けられている。取締役会は、株主総会で選ばれた取締役たちで構成される。取締役会は経営者を選任し、経営者は取締役会が意思決定した

内容を業務として執行する。例として、日本では、株主総会で選ばれた取締役たちが取締役会を構成し、取締役会で選ばれた**代表取締役**（あるいは「代表執行役」）が業務執行を行う。

(2) **単層式の取締役会構造と二層式の取締役会構造**　取締役会の構造には、主に２つのタイプがある。第１のタイプは、**単層式の取締役会構造**（One-Tier Board）であり、取締役会のなかに経営者が取締役として含まれているタイプである。イギリスでは、取締役会は、業務執行を行う**業務執行取締役**（Executive Director）と業務執行を行わない**非業務執行取締役**（Non-Executive Director）で構成される。

つぎに、第２のタイプは、**二層式の取締役会構造**（Two-Tier Board）である。二層式の取締役会構造は、取締役会のなかに経営者が取締役として含まれていないタイプである。ドイツでは、業務執行の監督は**監査役会**（ドイツ語"Aufsichtsrat"，英語"Supervisory Board"）が行い、業務執行は**執行役会**（ドイツ語"Vorstand"，英語"Executive Board"）が行う。執行役会のメンバーは、監査役会のメンバーを兼任することはできない。

(3) **取締役会が機能する条件その１—取締役としての能力—**　取締役会が機能するには、取締役会が、取締役としてふさわしい者たちで構成される必要がある。取締役として適格な者に求められる要件として、主なものを以下取り上げていく。

まず、取締役としてふさわしい能力を備えた者を選ぶ必要がある。ただし、万能の者はいない。そのため、技術者やマーケティング・マネジャー、法律の専門家等、個々の経歴や技能等を踏まえて、全体のバランスを見て、必要な人材を揃える必要がある。取締役たちの能力を一覧表にした**スキル・マトリックス**等を活用して、取締役たちの能力を可視化すれば、取締役を選ぶ株主たちにも理解がしやすくなる。

(4) **取締役会が機能する条件その２—取締役としての独立性—**　つぎに、取締役としてふさわしい人格を備えた者を選ぶ必要がある。とくに、経営者を監督する立場にある以上、経営者の言いなりにならない人物を登用することが大切である。圧力に屈することなく、正しいことを独立した立場から行うことができることを、**独立性**（Independence）という。

　世界では、取締役の過半数が独立性の面での基準をクリアした**独立取締役**
(Independent Director) たちで構成されるのが一般的である。独立性は、通常、経
営者や会社との利害関係に着目して判断される。つまり、経営者に厳しい態度
をとれば、生活が危うくなりかねないような立場の者は、取締役としてふさわ
しくない。そのため、経営者の親族や従業員、取引先等は、経営者（あるいは経
営者が経営する会社）から利益を得ている者たちであり、独立取締役としての要
件を満たすことができないのが一般的である。

　なお、外観として独立性が備わっていても、本当にいざというときに、経営
者に対して厳しい姿勢で臨むことができるとは限らない。人間には、個性や人
格があり、傍から見た経営者との関係性だけでは、本当の意味での独立性を測
ることには限界がある。この実際に独立して行動をとることができることを、
精神的独立性という。限界があるとはいえ、少しでも精神的独立性を高めるべ
く、ビジネスマンを養成するビジネススクールや、公認会計士などの会計のプ
ロフェッショナルを養成するアカウンティングスクールでは、倫理系の科目は
必修となっているのが一般的である。

　(5)　**取締役会が機能する条件その3―取締役会内委員会―**　　そのほかに、取
締役会として、ふさわしい体制を整えることも大切である。たとえば、取締役
会が機能するには、取締役会の職務をその専門性などに合わせて分担すること
が求められる。また、取締役会の職務にも、経営戦略のように経営者との密な
連携が求められる性質の職務もあれば、逆に経営者を監督する取締役の候補者
指名など、むしろ経営者が介入すべきではない性質の職務もある。

　以上の視点から、取締役会のなかには、取締役会の職務の一部を分担する、
専門的な委員会が複数置かれていることが多い。これらの委員会は、総称とし
て、**取締役会内委員会**と呼ばれる。

　とくに、世界では、経営者に対して強い抑止力として機能する、企業経営の
監査、取締役報酬、取締役の指名にかかわる権限は、それぞれ**監査委員会**、**報
酬委員会**、**指名委員会**と呼ばれる委員会に委ねられているのが一般的である。
さらに、監査委員会、報酬委員会、指名委員会は、メンバーの過半数が独立取
締役で占められているのが一般的である。

　(6)　**共同決定制度**　　日本には存在しない制度であるため、日本ではあまり

知られていないが、ヨーロッパでは従業員の代表者が取締役に就任する場合は珍しくない。なかでも最も高度な取締役会への従業員参加のシステムを備えているのが、ドイツである。ドイツの大企業では、基本的に、取締役会（監査役会）のメンバーの半数が、従業員が投票する選挙で選ばれた労働者側代表で占められている。この仕組みは、**共同決定制度**（ドイツ語"Mitbestimmung"，英語"Codetermination"）と呼ばれる。

4　日本の会社機関構造、また経営者による社内統治

1）日本の株式会社の会社機関構造

　⑴　**3つのタイプの会社機関構造**　　日本の株式会社の会社機関構造には、大きく分けて3つのタイプがある（図表2-3）。日本の上場企業は、これらの3つのタイプのなかから、1つを選択している。

　⑵　**監査役（会）設置会社**　　監査役設置会社は明治時代から、日本の特徴的な株式会社のタイプとして存在してきた。今も、（東証、以下同じ）上場企業[3]の6割が監査役設置会社である（東京証券取引所, 2022, p.16）。監査役設置会社の特徴は、他の2つのタイプの株式会社には存在しない機関である、**監査役**が置かれていることである。

　大会社においては、3人以上の監査役で構成される監査役会を設置しなければならない。そして、監査役会の半数以上は社外監査役でなければならない。つまり、大会社には、常に社外から登用された監査役が、2人以上いるということである。ただし、監査役は、取締役ではないため、業務執行役員（つまり経

3　日本には、2023年現在、東京以外にも、札幌、名古屋、福岡の3か所に株式市場があるが、上場会社数はそれぞれ札幌60社、名古屋276社、福岡108社と少ない。とくに、これらの多くは複数の市場で上場しており、その市場でのみ上場している会社数は、札幌17社、名古屋60社、福岡24社ときわめて少ない。
　以上は2023年5月時点で調べたデータであるが、各証券取引所の上場企業数については以下のURLから調べることができる（すべて2023年5月5日最終アクセス）。
　日本取引所グループ『上場会社数・上場株式数』（https://www.jpx.co.jp/listing/co/index.html）
　札幌証券取引所『上場会社一覧』（https://www.sse.or.jp/listing/list）
　名古屋証券取引所『上場会社数』（https://www.nse.or.jp/listing/number/）
　福岡証券取引所『上場会社数』（https://www.fse.or.jp/statistics/）

図表2-3．日本の３つのタイプの会社機関構造

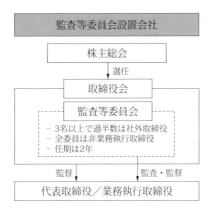

（出所）金融庁，2021，p.5を一部修正。

営者たち）の人事権を含めた取締役会での議決権をもたない。

（3）　**指名委員会等設置会社**　　監査役をターゲットとした改革の限界が指摘
されるなかで、2003年に導入されたのが、**指名委員会等設置会社**（導入当初の
名称は「委員会等設置会社」）である。指名委員会等設置会社は、指名委員会、報酬
委員会、監査委員会の設置が法的義務であり、各委員会のメンバーの過半数は
社外取締役でなければならない。各委員会は３名以上のメンバーで構成される
ため、１人で複数の委員会の社外メンバーを兼任する場合でも、取締役会には
２名以上の社外取締役が置かれることになる。指名委員会等設置会社には、監

査委員会が置かれ、監査役は置かれない。

社外取締役が大きな力をもつ指名委員会等設置会社は、企業から嫌厭されて<ruby>嫌厭<rt>けんえん</rt></ruby>きた。実際に、導入から20年が経った2022年でも、上場企業の2.3％しか、指名委員会等設置会社を選択していない状況にある（東京証券取引所, 2022, p.16）。

(4)　**監査等委員会設置会社**　　指名委員会等設置会社の普及が進展しないなかで、2015年に導入されたのが、**監査等委員会設置会社**である。監査等委員会設置会社は、社外役員の影響力という観点からは、監査役設置会社と指名委員会等設置会社の中間に位置する株式会社のタイプである。

監査役設置会社とは異なり、監査等委員会設置会社には、監査役は置かれず、その代わりに取締役会内委員会として**監査等委員会**が置かれる。監査等委員会は、指名委員会等設置会社の監査委員会と同じく、3名以上の取締役で構成され、その過半数は社外取締役でなければならない。つまり、社外役員の影響力は、監査役設置会社よりも強いのである。

一方で、監査等委員会設置会社の場合には、報酬委員会と指名委員会の設置は法的義務ではない。つまり、社外役員の影響力は、指名委員会等設置会社よりも弱いのである。役員の指名と報酬決定に関する権限は、株主総会での意見表明権という弱い形で、監査等委員会に与えられている。監査「等」委員会とされているのは、そのためである。

監査等委員会設置会社へ移行する企業は多く、2022年時点で4割近くの上場企業（36.9％）が、監査等委員会設置会社へと移行している（東京証券取引所, 2022, p.16）。2015年以降、日本においても社外取締役の選任を求める制度改革が本格化し始めたことにより、監査役設置会社では、従来の社外監査役に加えて社外取締役も置かなければならなくなったことが背景にあると考えられる。

2）経営者による社内統治

(1)　**経営者**による**社内統治**　　企業統治が目指すのは、企業をよりよくすることであり、そのためには経営者がきちんと会社内部を統治する必要がある。

社内統治においては、まず社内の事業活動が健全かつ効率的に行われるようにする必要がある。この活動を、**内部統制**（Internal Control）という。内部統制は、いわば、経営者が、組織を統治する者として、きちんとした組織をつくり上げ、まとめていく活動である。

　また、経営者は、組織を導いていく者として、先々や周囲に潜むさまざまなリスクを発見し、これらのリスクに適切に対処していかなければならない。この活動を、「リスク・マネジメント」という。リスク・マネジメントにおいては、会社全体の活動として取り組むという姿勢が大切である。これを、**全社的リスク・マネジメント**（Enterprise Risk Management＝ERM）という。とくに、同じ商品が永遠に売れるわけではない世の中では、企業は常に挑戦をしていかなければならない。リスク・マネジメントは、いわば、経営者が組織のリーダーとして、リスクをもとに組織の目的地やそこまでの道筋を設定し、実際に目的地まで到達させていく活動である。

　(2)　**社内統治が機能する条件**　　社内統治が機能するには、「体制」、すなわちきちんとした仕組みを整備する必要がある。とはいえ、内部統制が「管理態勢」とも呼ばれるように、**態勢**すなわち、普段からの身構えや心構えまで射程に入れた取り組みが必要であることはいうまでもない。トレッドウェイ委員会支援組織委員会（Committee of Sponsoring Organizations of the Treadway Commission）が作成した、内部統制の国際標準（**COSO 内部統制**等と呼ばれる）、そして ERM の国際標準（**COSO ERM** 等と呼ばれる）においても、いわゆる企業文化や組織風土、あるいは経営理念に当たる要素は、活動の土台・起点に当たるものとして位置づけられている。

　また、企業には、事業活動の健全さ・効率性を確保することも、生き残るために挑戦をしていくことも、両方とも欠かせない活動である。そして、企業の成功は、事業活動の健全さ・効率性を確保した先に築かれるものであるため、内部統制は ERM の基盤となる活動である。組織という船そのものが壊れかけていれば、事業環境という海の荒波に対処していくことはできない。ERM は、内部統制が組み込まれた活動であり、両者を包括的に捉える視点をもつことが経営者には求められる（図表2-4）。

　企業が社会の要である以上、その企業を制御しようとする企業統治の活動は欠かせない。経済活動の現場（市場）には、本来、放っておいてもある程度は、企業が適切に行動するようになる機能（市場の規律）が備わっている。誰も自分に不利益をもたらす企業と関係をもちたいとは思わないし、社会も社会秩序を

図表2-4. 企業統治、リスク・マネジメント、内部統制の関係性

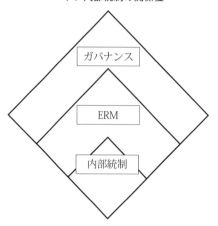

（初出）八田進二等の資料をもとに作成されたもの。
（出所）金融庁, 2021, p.16。

乱すような企業の存在を許さないからである。

　しかし、市場の規律も万能ではない。企業の力が強くて企業に従わざるをえなかったり、企業に騙されたりする場合があるからである。そのため、法律等で直接規制をしたり（ハードロー）、また市場の規律が機能するように制度を用いて助けたり（監査法人など）することが必要である。企業と経済・社会が置かれている状況は、時代や場所によって異なるため、万能薬はないものの、まずは上で述べた基本的なメカニズムや本章で述べてきたさまざまな手法を理解することが大切である。

コ ラ ム

株主のための企業統治の意味について

　「企業統治は誰のために？」という視点からの議論には、非常に長い歴史がある。株主のための企業統治とステークホルダー（全般）のための企業統治は、しばしば対極に位置するものとして議論されてきた。

　しかしながら、株主のための企業統治は、本当にステークホルダー、すなわち私たち不特定多数の庶民のためにならないものなのだろうか。株主利益を求める機関投資家は、不特定多数の庶民の資金を運用する組織である。ハイリスクは避ける必要があるが、株主利益そのものは、とくに低金利の時代において、教育資金や老後の資金など、庶民の資産形成において重要な意味をもつ。

　また、ステークホルダーのための企業統治の代表例として、従業員のための企業経営が挙げられることがある。だが、従業員とはすなわち生産者側であり、人件費という生産者側の負担は価格の上昇という形で消費者が負担することになる。自分たちの仲間や組織（つまり同僚や先輩、後輩、会社）を守るために、世の中の人々に負担を強いるリスクもある。私たちは、毎年何件も大きな企業不祥事が起き、そのたびに、「組織的隠ぺい」や「腐敗した組織風土・体質」等の言葉を耳にしている。

そもそも、会社が稼いだお金の配分は、株主以外のステークホルダーへの支払い（給与、融資の返済、税金等）から先に充てられ、株主に配分されるのは最後、しかも配分する分が残っていた場合だけである。さらに、有限責任とはいえ、会社が倒産した際には株主は、出資しているお金を失うのである。そして、企業の平均寿命が20〜30年程度といわれるように、事業で成功することは容易ではない。リスクを冒してもそれが報われないのであれば、誰も新しい事業を起こそうとはしないし、イノベーションにも繋がらず、経済・社会の発展も停滞してしまう。

株主のための企業統治が、本当に株主のためだけの企業統治なのか。そして、ステークホルダーの企業統治が、本当にステークホルダー全体の恩恵を高めることに繋がるのか。どちらが正しいにせよ、スローガンやイメージに流されることなく、ものごとの本質を見極めていく姿勢が大切である。

引用参考文献

温笑侗（2013）,「取引所の自主規制と国家権力」『ソフトロー研究』22, pp.141-168。

金融庁（2021）,『監査の信頼性の確保／内部統制・リスクマネジメントについて』https://www.fsa.go.jp/singi/follow-up/siryou/20210309/01-1.pdf, 2023年4月15日アクセス。

佐久間信夫（2003）,『企業支配と企業統治』白桃書房。

佐久間信夫（2021）,「日本の会社機関とコーポレート・ガバナンス」浦野倫平・佐久間信夫編著『[改訂版] 経営学原理』創成社, pp.27-46。

出見世信之（1997）,『企業統治問題の経営学的研究』文眞堂。

東京証券取引所（2022）,『東証上場会社における独立社外取締役の選任状況及び指名委員会・報酬委員会の設置状況』https://www.jpx.co.jp/equities/listing/ind-executive/nlsgeu000005va0p-att/nlsgeu000006jzi1.pdf, 2023年5月5日アクセス。

トレッドウェイ委員会支援組織委員会（八田進二・箱田順哉監訳、日本内部統制研究学会・　新COSO研究会訳）（2014）,『COSO　内部統制の統合的フレームワーク　フレームワーク篇　エグゼクティブ・サマリー』日本公認会計士協会出版局, https://jicpa.or.jp/news/information/docs/5-99-0-2-20160112.pdf, 2023年5月8日アクセス。

トレッドウェイ委員会支援組織委員会（日本内部監査協会・八田進二・橋本尚・堀江正之ほか監訳、日本内部統制研究学会COSO-ERM研究会訳）（2018）,『COSO　全社的リスクマネジメント―戦略およびパフォーマンスとの統合―』同文舘出版。

宮島英昭・齋藤卓爾（2019）,「アベノミクス下の企業統治改革―二つのコードは何をもたらしたのか―」『RIETI Policy Discussion Paper Series』19-P-026, https://www.rieti.go.jp/jp/publications/pdp/19p026.pdf, 2023年9月2日アクセス。

三和裕美子（1999）,『機関投資家の発展とコーポレート・ガバナンス』日本評論社。

練習問題

1. 1970年代以降、アメリカの機関投資家の間で起こった、企業統治に対する姿勢の変化について、「ウォール・ストリート・ルール」という言葉を用いて説明しなさい。

2. 市場の規律は、企業統治において重要なキーワードである。市場の規律とは何か、また市場の規律がなぜ企業統治において重要なのかについて説明しなさい。

3. 日本の株式会社には、大きく分けて監査役設置会社、指名委員会等設置会社、監査等委員会設置会社という3つのタイプがある。企業統治の観点から、指名委員会等設置会社の特徴について説明しなさい。

第 3 章 　経営財務と会計情報

1　企業活動と財務諸表

1）財務諸表の体系とディスクロージャー

　財務諸表とは、企業の経済活動及びこれに関連する経済事象を一定時点又は一定期間ごとに貨幣額で示す報告書である。企業は、外部の**ステークホルダー**（利害関係者）に対する情報提供のために財務諸表を作成し、開示する。ここで、企業内容を開示することを**ディスクロージャー**といい、その開示対象である財務諸表は、企業活動の写像である。企業のステークホルダーは、企業と多様な利害関係を有しているため、それに応じた情報ニーズを有しており、財務諸表に表示される会計情報を種々の意思決定に利用している。各ステークホルダーにおける情報ニーズ及び利害は、図表3-1の通りである。なお、図表3-1のうち従業員と経営者は内部のステークホルダーであり、これを除き、外部のステークホルダーである。

図表3-1．企業のステークホルダーと情報ニーズ及び利害

ステークホルダー	情報ニーズ及び利害
投資者	投資の決定、株式の売買、利益配当、残余財産、経営者の監視
債権者	融資の決定、元本の回収、利息の収受、経営者の監視
供給者	取引の決定、価格と品質と納期、代金の収受
消費者	購入の決定、商品・製品・サービスの価格と品質、アフターサービスの有無
国・地方公共団体	税金の徴収、規制の適否、事業への貢献（インフラ整備）
地域社会・コミュニティ	雇用、環境、社会的責任、事業への貢献
従業員	入社の決定、給与・賞与、福利厚生、労働条件、雇用保証
経営者	経営の判断・決定、業績の評価、会社との利益相反、コンプライアンス

　わが国においては、法令によって財務諸表の作成と開示を義務づけており、これを企業会計制度といい、主に会社法と金融商品取引法によって制度が形成されている。これにより、外部のステークホルダーに対するディスクロージャーを実現している。

　会社法は、会社の設立、組織、運営及び管理について定める法律であり、すべての会社が適用対象である。主として、株主や債権者の保護及び利害調整を目的としている。会社法では、財務諸表のことを計算書類といい、貸借対照表、損益計算書、株主資本等変動計算書、個別注記表の総称である。

　金融商品取引法は、公正な有価証券の発行及び金融商品の取引等、有価証券の円滑な流通、金融商品の公正な価格形成等について定める法律であり、金融商品取引所の上場企業が適用対象である。主として、投資者の保護を目的としている。金融商品取引法では、貸借対照表、損益計算書、株主資本等変動計算書、キャッシュ・フロー計算書、附属明細表の総称として財務諸表という。両者の財務諸表等の体系を対比すると図表3-2のようになる。次項では、この体系に示したもののうち、主要な財務諸表を取り上げる。

2）貸借対照表

　貸借対照表とは、一定時点（期末〔決算日〕）における企業活動の財政状態を明らかにするために、資産、負債、純資産の状況を示す報告書である。財政状態とは、資産、負債、純資産の3つの要素で示され、資金の調達源泉と運用形態のことである。

　貸借対照表では、3つの要素を資産の部、負債の部、純資産の部として、それぞれ区分して表示する。このうち、負債の部と純資産の部は、資金の調達源泉を示す。負債の部では、債権者から調達した資金が表示され、返済が必要な

図表3-2．財務諸表の体系

会社法上の計算書類	金融商品取引法上の財務諸表
貸借対照表	貸借対照表
損益計算書	損益計算書
株主資本等変動計算書	株主資本等変動計算書
個別注記表	キャッシュ・フロー計算書
	附属明細表

（出所）大阪商工会議所編、2021, p.7を一部改変して筆者作成。

資金であることから、これを他人資本という。純資産の部では、株主から調達した資金が表示され、返済が不要な資金であることから、これを自己資本という。なお、資本とは、企業活動の元手となる資金のことである。一方で、資産の部では、資金の運用形態が表示され、調達した資本の使用や投資の状況のことである。なお、貸借対照表の構造は、資産の部の合計金額と、負債の部と純資産の部の合計金額とが、必ず一致するものとなっている。

　また、貸借対照表の３つの要素の定義はつぎの通りである。**資産**とは、過去の取引又は事象の結果として、企業が支配している経済的資源をいう。**負債**とは、過去の取引又は事象の結果として、企業が支配している経済的資源を引き渡す義務をいう。**純資産**とは、資産と負債の差額をいう。

　さらに、貸借対照表において、資産は流動資産、固定資産、繰延資産に区分して表示される。流動資産とは、企業の主たる営業活動の循環過程から生じたものと、１年以内に現金化されるものをいう。固定資産とは、１年を超えて現

図表3-3．貸借対照表の基本構造

貸 借 対 照 表

○○○○株式会社　　　　　　2XX1年3月31日　　　　　　　（単位：千円）

資　産　の　部		負　債　の　部	
流動資産		流動負債	
現 金 預 金	20,000	買 入 債 務	18,000
売 上 債 権	15,000	短 期 借 入 金	6,000
棚 卸 資 産	5,000	前 受 金	4,000
固定資産		固定負債	
有形固定資産		社 債	22,000
建 物	25,000	長 期 借 入 金	29,000
備 品	10,000	負 債 合 計	79,000
土 地	30,000	純　資　産　の　部	
無形固定資産		株主資本	
商 標 権	5,500	資 本 金	75,000
ソフトウェア	19,000	資本剰余金	15,000
投資その他の資産		利益剰余金	12,500
投資有価証券	23,500	評価・換算差額等	10,000
長 期 貸 付 金	40,000	新株予約権	8,500
繰延資産	7,000	純 資 産 合 計	121,000
資 産 合 計	200,000	負債及び純資産合計	200,000

金化されるものである。繰延資産とは、その支出等の効果が将来にわたって発現すると期待されるため、資産とすることができるものをいう。また、負債は流動負債、固定負債に区分して表示される。流動負債とは、企業の主たる営業活動の循環過程から生じたものと、1年以内に支払期限が到来するものをいう。固定負債とは、1年を超えて支払期限が到来するものである。純資産は、株主資本と株主資本以外に区分して表示される。株主資本は、資本金、資本剰余金、利益剰余金に区分される。株主からの拠出額である払込資本を資本金、資本剰余金といい、稼得した利益のうち社内に留保された留保利益を利益剰余金という。

　なお、財務諸表の様式には勘定式と報告式があり、図表3-3に示す貸借対照表は勘定式である。

3）損益計算書

　損益計算書とは、一定期間（一会計期間）における企業活動の経営成績を明らかにするために、収益、費用、損益の状況を示す報告書である。経営成績とは、収益、費用の2つの要素で示され、企業活動の成果と努力（犠牲）とその結果のことである。

　損益計算書では、2つの要素である収益と費用をそれぞれ発生源泉別に分類して対応表示し、その差額である損益を段階的に計算表示する。損益とは、収益から費用を差し引いてプラスの金額である場合を利益といい、マイナスの金額である場合を損失といい、その両者を包含した意味である。損益計算書では、営業損益計算、経常損益計算、純損益計算の3つに区分して損益を表示する。また、損益計算書の2つの要素の定義はつぎの通りである。**収益**とは、企業の所有者（株主等）からの出資以外による純資産の増加原因をいう。**費用**とは、企業の所有者（株主等）への分配以外による純資産の減少原因をいう。

　損益計算の1つ目の区分である営業損益計算は、企業の営業活動から生ずる費用及び収益を記載する。一会計期間に属する売上高から売上原価を控除して売上総損益を表示し、これから販売費及び一般管理費を控除して営業損益を表示する。営業損益は、企業の主たる営業活動の結果を示している。

　2つ目の区分である経常損益計算は、営業損益計算の結果を受けて、営業活動以外の原因から生ずる損益であって特別損益に属しないものを記載する。営業利益に営業外収益を加え、これから営業外費用を控除して経常損益を表示す

る。経常損益は、企業の主たる営業活動以外で毎期継続的に行っている通常の事業活動の結果を示している。

　3つ目の区分である純損益計算は、経常損益計算の結果を受けて、特別損益を記載する。経常利益に特別利益を加え、これから特別損失を控除して税引前当期純利益を表示する。さらに、税引前当期純利益から法人税等を控除し、これに法人税等調整額を加減して当期純損益を表示する。当期純損益は、臨時的・一時的に生じる損益をも含めた企業活動の最終的な結果を示している。

　また、収益と費用の対応形態については、個別的対応と期間的対応がある。

図表3−4．損益計算書の基本構造

損　益　計　算　書

○○○○株式会社	2XX0年4月1日〜2XX1年3月31日	（単位：千円）
売上高		500,000
売上原価		
期首商品棚卸高	17,000	
当期商品仕入高	297,000	
合　　　計	314,000	
期末商品棚卸高	14,000	300,000
売上総利益		200,000
販売費及び一般管理費		125,000
営業利益		75,000
営業外収益		
受取利息	2,300	
受取配当金	1,200	3,500
営業外費用		
支払利息	3,300	
有価証券評価損	5,200	8,500
経常利益		70,000
特別利益		
固定資産売却益	11,000	11,000
特別損失		
減損損失	24,000	24,000
税引前当期純利益		57,000
法人税、住民税及び事業税	22,000	
法人税等調整額	5,000	27,000
当期純利益		30,000

個別的対応とは、商品・製品等を媒介として、収益と費用（成果と努力〔犠牲〕）が直接的な対応関係にあることである。営業損益計算における売上高（収益）と売上原価（費用）の関係性である。一方で、期間的対応とは、会計期間を媒介として、収益と費用が間接的な対応関係にあることである。営業損益計算における売上高（収益）と販売費及び一般管理費（費用）の関係性、経常損益計算における営業外収益と営業外費用の関係性、純損益計算における特別利益と特別損失の関係性であり、両者には直接的・個別的な因果関係はなく、単に期間的に対応している。

　なお、図表3-4に示す損益計算書は報告式である。

4）キャッシュ・フロー計算書

　キャッシュ・フロー計算書とは、一定期間（一会計期間）における企業活動の資金の流れ（キャッシュ・フロー）の状況を明らかにするために、活動区分ごとの資金の流入（キャッシュ・インフロー）と資金の流出（キャッシュ・アウトフロー）を示す報告書である。

　キャッシュ・フロー計算書における資金の範囲は、現金及び現金同等物である。現金とは、手許現金及び要求払預金（当座預金、普通預金、通知預金）をいう。現金同等物とは容易に換金可能であり、かつ、価値の変動について僅少なリスクしか負わない短期投資（取得日から満期日又は償還日までの期間が3か月以内の短期投資である定期預金、譲渡性預金、コマーシャル・ペーパー、売戻し条件付現先、公社債投資信託）をいう。

　キャッシュ・フロー計算書は、営業活動によるキャッシュ・フロー、投資活動によるキャッシュ・フロー、財務活動によるキャッシュ・フローとして、活動区分ごとに3つに区分して表示する。1つ目の区分である営業活動によるキャッシュ・フローは、営業損益計算の対象となった取引のほか、投資活動及び財務活動以外の取引によるキャッシュ・フローを記載し、直接法と間接法のいずれかの方法により表示する。図表3-5の左のように、直接法とは、主要な取引ごとにキャッシュ・フローを総額表示する方法である。商品及び役務の販売による収入、商品及び役務の購入による支出、従業員及び役員に対する報酬の支出等の主要な取引ごとに総額で表示するため、営業活動の全体像や規模を捉えることができる。また、図表3-5の右のように、間接法とは、税引前当期

純利益に非資金損益項目、営業活動に係る資産及び負債の増減、投資活動及び財務活動によるキャッシュ・フローの区分に含まれる損益項目を加減して表示する方法である。従来からの財務諸表や会計帳簿の情報から作成することが容易であるため、会計実務においては間接法が多くの企業で採用されている。

　2つ目の区分である投資活動によるキャッシュ・フローは、固定資産の取得及び売却等によるキャッシュ・フローを記載し、主要な取引ごとにキャッシュ・フローを総額表示する。有形固定資産及び無形固定資産の取得による支出と売却による収入、有価証券（現金同等物を除く）及び投資有価証券の取得による支出と売却による収入、貸付けによる支出と貸付金の回収による収入等である。

　3つ目の区分である財務活動によるキャッシュ・フローは、資金の調達及び返済によるキャッシュ・フローを記載し、主要な取引ごとにキャッシュ・フローを総額表示する。株式の発行による収入、自己株式の取得による支出、配当金の支払い、社債の発行及び借入れによる収入と社債の償還及び借入金の返済による支出等である。

　なお、利息の受取額及び支払額は、総額で表示し、つぎのいずれかの方法により記載する。1つは、図表3−5の右のように、受取利息、受取配当金及び支払利息を営業活動によるキャッシュ・フローの区分に記載し、支払配当金を財務活動によるキャッシュ・フローの区分に記載する方法である。もう1つは、図表3−5の左のように、受取利息及び受取配当金を投資活動によるキャッシュ・フローの区分に記載し、支払利息及び支払配当金を財務活動によるキャッシュ・フローの区分に記載する方法である。

2　財務諸表分析

1）財務諸表分析の意義と分析方法

　財務諸表分析とは、財務諸表に表示される情報等を対象として企業活動の分析を行うことであり、会計情報の実践的な利用方法である。財務諸表分析は、分析主体の観点から、企業の外部者によって行われる外部分析と企業の内部者によって行われる内部分析に大別される。

　分析対象の情報は、定量情報と定性情報がある。定量情報は数値で表せる量

図表3-5. キャッシュ・フロー計算書の基本構造

〈直接法〉

キャッシュ・フロー計算書

○○株式会社　2XX0年4月1日~2XX1年3月31日（単位：千円）

I 営業活動によるキャッシュ・フロー

営業収入	331,700
商品の仕入による支出	△116,500
人件費の支出	△91,300
その他の営業支出	△25,000
小　　計	98,900
利息及び配当金の受取額	12,200
利息の支払額	△11,400
法人税等の支払額	△28,300
営業活動によるキャッシュ・フロー	71,400

II 投資活動によるキャッシュ・フロー

有価証券の取得による支出	△3,000
有価証券の売却による収入	5,000
有形固定資産の取得による支出	△4,000
有形固定資産の売却による収入	4,500
貸付けによる支出	△4,200
貸付金の回収による収入	5,200
利息及び配当金の受取額	1,500
投資活動によるキャッシュ・フロー	5,000

III 財務活動によるキャッシュ・フロー

短期借入れによる収入	2,400
短期借入金の返済による支出	△2,700
長期借入れによる収入	22,000
長期借入金の返済による支出	△19,000
社債の発行による収入	24,000
社債の償還による支出	△16,000
株式の発行による収入	20,000
利息の支払額	△2,500
配当金の支払額	△5,000
財務活動によるキャッシュ・フロー	23,200

IV 現金及び現金同等物の増減額	99,600
V 現金及び現金同等物の期首残高	62,400
VI 現金及び現金同等物の期末残高	162,000

〈間接法〉

キャッシュ・フロー計算書

○○株式会社　2XX0年4月1日~2XX1年3月31日（単位：千円）

I 営業活動によるキャッシュ・フロー

税引前当期純利益	170,100
減価償却費	23,500
受取利息及び配当金	△1,500
支払利息	2,500
売上債権の増加額	△71,900
棚卸資産の増加額	△58,700
仕入債務の増加額	33,900
小　　計	97,900
利息及び配当金の受取額	12,200
利息の支払額	△11,400
法人税等の支払額	△28,300
営業活動によるキャッシュ・フロー	70,400

II 投資活動によるキャッシュ・フロー

有価証券の取得による支出	△3,000
有価証券の売却による収入	5,000
有形固定資産の取得による支出	△4,000
有形固定資産の売却による収入	4,500
貸付けによる支出	△4,200
貸付金の回収による収入	5,200
投資活動によるキャッシュ・フロー	3,500

III 財務活動によるキャッシュ・フロー

短期借入れによる収入	2,400
短期借入金の返済による支出	△2,700
長期借入れによる収入	22,000
長期借入金の返済による支出	△19,000
社債の発行による収入	24,000
社債の償還による支出	△16,000
株式の発行による収入	20,000
配当金の支払額	△5,000
財務活動によるキャッシュ・フロー	25,700

IV 現金及び現金同等物の増減額	99,600
V 現金及び現金同等物の期首残高	62,400
VI 現金及び現金同等物の期末残高	162,000

的な情報をいい、財務諸表に表示される数値である。定性情報は数値で表せない質的な情報をいい、財務諸表に表示される数値以外の企業活動に関する情報である。財務諸表分析では、主に定量情報を分析対象とする。

　分析指標の計算方法としての分析方法は、実数分析と比率分析がある。実数分析とは、そのままの数値又は加減算した数値を分析する方法である。売上高や利益の増減の情報を分析に用いる。比率分析とは、2つの数値の関係性を分析する方法であり、趨勢比率、構成比率、関係比率がある。趨勢比率は、基準年度とする項目を100とした場合のこれに対する他の各年度の同一項目の割合を示すものである。X0年度の売上高を100とする場合にそれに対するX1年度の売上高の割合等を捉える。構成比率は、全体項目に対する各項目の割合を示すものである。資産又は負債及び純資産の合計に対する流動資産の割合等を捉える。関係比率は、相互に関係する2つの項目の割合を示すものである。売上高に対する各利益の割合等を捉える。

　分析における比較方法は、時系列分析（期間比較）とクロス・セクション分析（相互比較）がある。時系列分析とは、異なる時点の同一情報を対象として時系列の変化を分析する方法である。同一企業の異なる年度の財務諸表項目の期間的比較等を行う。クロス・セクション分析とは、同一時点の異なる情報を対象として相互関係を分析する方法である。同一年度の同業種・業態の他企業の財務諸表項目との比較、対象企業の財務諸表項目と標準指標との比較等を行う。なお、標準指標には、国や調査機関による調査結果として公表されている業種別・産業別の標準値・平均値等がある。

　分析の視点は、安全性、収益性、効率性、成長性、生産性等がある。次項では、このうち、主要な分析の視点と分析指標を取り上げる。

　なお、関係比率について貸借対照表項目（一定時点）と損益計算書項目（一定期間）とから指標を算定する際に、それぞれ異なる時点・期間の情報を対比させることとなるため、情報の同質性を保つように貸借対照表項目を期中平均の値とする場合がある。ただし、厳密さを要しない場合等の目的に応じて、貸借対照表項目を単に期末の数値をそのまま用いる場合もある。

2）安全性の分析

　安全性の分析とは、企業の財政状態の安定性・健全性の視点で分析を行うこ

とである。主に貸借対照表項目を分析対象として、資金の調達・運用状況から支払能力や債務の弁済能力を判断するものである。主要な分析指標は、流動比率、自己資本比率、固定比率等である。

(1)　**流 動 比 率**　　流動比率は、財政状態の安定性として短期的な支払能力を示し、流動負債に対する流動資産の割合を示す指標である。主たる営業活動の循環過程から生じたもの又は1年以内に現金化される流動資産と、主たる営業活動の循環過程から生じたもの又は1年以内に支払期限が到来する流動負債との関係性を示す。つぎの算定式によって算定される。流動比率は、その割合が高いほど、1年以内の債務の支払能力が高いことを示す。

$$流動比率(\%) \ = \ \frac{流動資産}{流動負債} \ \times \ 100$$

図表3-6. 流 動 比 率

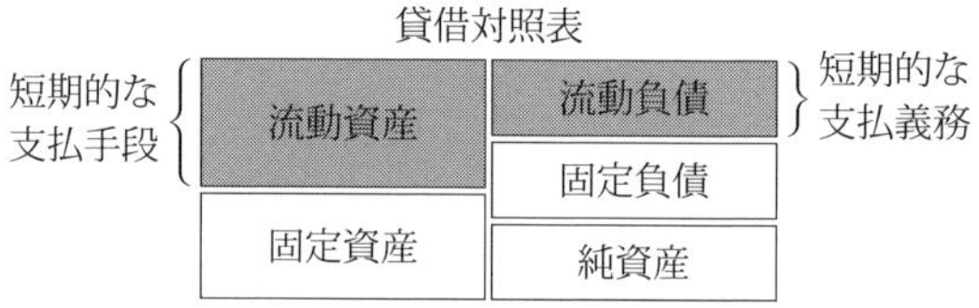

貸借対照表

短期的な支払手段 {	流動資産	流動負債	} 短期的な支払義務
		固定負債	
	固定資産	純資産	

(2)　**自己資本比率**　　自己資本比率とは、財政状態の長期的な安定性として企業活動の元手の資金のバランスを示し、総資本に対する自己資本の割合を示す指標である。総資本は資金の調達源泉を示す他人資本（負債）と自己資本（純資産）の合計として調達した総資金であり、これに対する返済が不要な資金である自己資本の関係性を示す。つぎの算定式によって算定される。自己資本比率は、その割合が高いほど、利子負担が少なく資金調達は安定していることを示す。なお、自己資本は、純資産のうち株主資本を用いる場合もあるが、ここでは純資産合計としている。

$$自己資本比率(\%) \ = \ \frac{自己資本}{総資本} \ \times \ 100$$

図表3-7．自己資本比率

（3）　**固 定 比 率**　　固定比率とは、財政状態の長期的な安定性として資金の調達と運用のバランスを示し、自己資本に対する固定資産の割合を示す指標である。返済不要な資金の自己資本と、企業活動に利活用し長期的に投下した資金を回収する固定資産との関係性を示す。つぎの算定式によって算定される。固定比率は、その割合が低いほど、固定資産の調達資金が返済不要の資金でまかなわれていることであり、資金のバランスは安定していることを示す。なお、自己資本は、株主資本を用いる場合もあるが、純資産合計としている。

$$\text{固定比率}(\%) = \frac{\text{固定資産}}{\text{自己資本}} \times 100$$

図表3-8．固 定 比 率

3）収益性の分析

　収益性の分析とは、企業の利益稼得能力の視点で分析を行うことである。主に貸借対照表項目の資本と損益計算書項目の売上高・利益を分析対象として、投下した資金とその循環の結果である活動の成果と利益を生み出す能力を判断するものである。主要な分析指標は、総資本利益率、自己資本利益率、売上高利益率等である。

（1）　**総資本利益率**　　総資本利益率（ROA＝Return on Assets）とは、利益稼得能力として総合的な収益性を示し、総資本に対する事業利益の割合を示す指標

である。事業利益とは、営業利益と受取利息・有価証券利息・受取配当金の合計である。企業が投下した総資本と営業活動及び財務活動によって生み出された利益の関係性を示す。つぎの算定式によって算定される。総資本利益率は、その割合が高いほど、収益性が高く、資金総額の運用効率がよいことを示す。なお、分子の利益の値には、分析目的や分子・分母の組み合わせの整合性等から営業利益や経常利益を用いる場合もある。また、上述のように、事業利益は複数の項目からなり、財務諸表の表示項目そのものではないため、図示はあくまでイメージである。

$$総資本利益率(\%) \ = \ \frac{事業利益}{総資本} \ \times \ 100$$

図表3-9. 総資本利益率

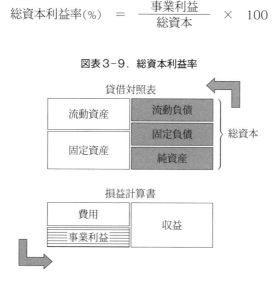

(2) **自己資本利益率**　　自己資本利益率（ROE＝Return on Equity）とは、利益稼得能力として株主の立場から判断する収益性を示し、自己資本に対する当期純利益の割合を示す指標である。株主からの拠出資金である自己資本と株主に帰属する当期純利益（分配可能な利益〔株主への配当の財源〕）の関係性を示す。つぎの算定式によって算定される。自己資本利益率は、その割合が高いほど、収益性が高く、株主の拠出資金の運用効率がよいことを示す。なお、自己資本は、株主資本を用いる場合もあるが、純資産合計としている。

$$\text{自己資本利益率(\%)} = \frac{\text{当期純利益}}{\text{自己資本}} \times 100$$

図表3-10.　自己資本利益率

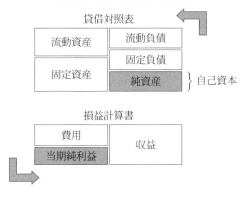

（3）　**売上高利益率**　　売上高利益率とは、利益稼得能力として利幅の程度と費用の割合を示し、売上高に対する各利益の割合を示す指標である。売上高と売上総利益の関係性からは販売商品等の利幅と販売能率、売上高と営業利益の関係性からは営業活動の利幅と営業能率、売上高と経常利益の関係性からは経常活動（営業活動及び財務活動）の利幅、売上高と当期純利益の関係性からは分配可能な利益の利幅を示す。つぎの算定式によって算定される。売上高利益率は、その割合が高いほど、収益性が高く、利幅が大きいことを示す。

$$\text{売上高総利益率(\%)} = \frac{\text{売上総利益}}{\text{売上高}} \times 100$$

$$\text{売上高営業利益率(\%)} = \frac{\text{営業利益}}{\text{売上高}} \times 100$$

$$\text{売上高経常利益率(\%)} = \frac{\text{経常利益}}{\text{売上高}} \times 100$$

$$\text{売上高当期純利益率(\%)} = \frac{\text{当期純利益}}{\text{売上高}} \times 100$$

図表3-11. 売上高利益率

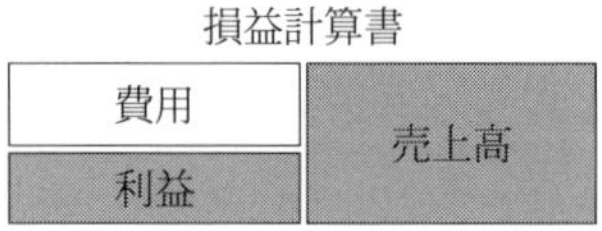

損益計算書

費用	売上高
利益	

4）効率性の分析

　効率性の分析とは、企業の収益稼得能力の視点で分析を行うことである。主に貸借対照表項目の資産と損益計算書項目の売上高を分析対象として、保有する資産から生み出した活動の成果の程度を判断するものである。主要な分析指標は、総資本回転率、資産回転率（売上債権回転率、棚卸資産回転率）等である。

　（1）　**総資本回転率**　　総資本回転率とは、収益稼得能力として企業活動の元手の資金の運用効率を示し、総資本に対する売上高の倍数を示す指標である。企業が投下した総資本と活動成果である売上高の関係性から、資本の回転の程度を示す。つぎの算定式によって算定される。総資本回転率は、その倍数が高ければ、より大きな成果を生み出しており、資金の運用効率がよく、回転速度が速いことを示す。

$$総資本回転率（回） = \frac{売上高}{総資本}$$

図表3-12. 総資本回転率

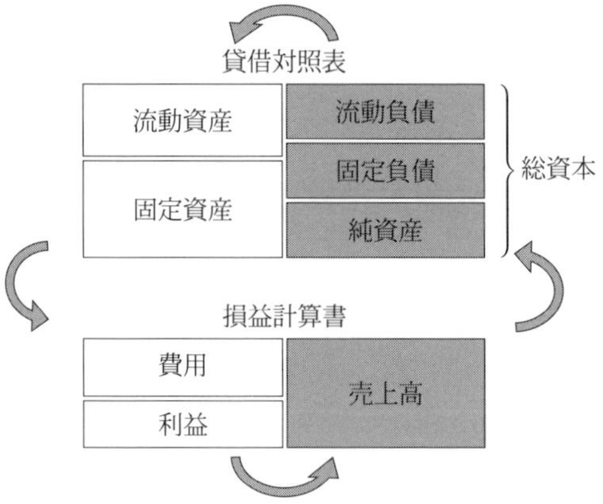

貸借対照表

流動資産	流動負債	⎫
固定資産	固定負債	⎬ 総資本
	純資産	⎭

損益計算書

費用	売上高
利益	

(2)　**売上債権回転率**　　売上債権回転率は、収益稼得能力として売上債権の回収効率を示し、売上債権に対する売上高の倍数を示す指標である。未回収となるリスクを負う売上代金の未回収債権と活動成果である売上高の関係性から、債権の回収の程度を示す。つぎの算定式によって算定される。売上債権回転率は、その倍数が高ければ、売上債権の回収効率がよく、回収速度が速いことを示す。

$$売上債権回転率(回) \ = \ \frac{売上高}{売上債権}$$

図表3-13.　売上債権回転率

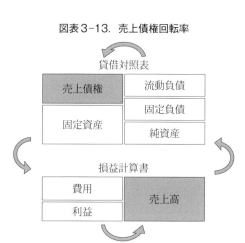

(3)　**棚卸資産回転率**　　棚卸資産回転率は、収益稼得能力として棚卸資産の運用効率を示し、棚卸資産に対する売上高の倍数を示す指標である。販売し代金回収するために所有する棚卸資産と活動成果である売上高の関係性から、在庫（資産）の回転の程度を示す。つぎの算定式によって算定される。棚卸資産回転率は、その倍数が高ければ、棚卸資産の販売が好調であり、運用効率がよく、回転速度が速いことを示す。なお、仕入高との対比として分子に売上原価を用いる場合もあるが、他の指標との統一性から売上高としている。

$$棚卸資産回転率(回) \ = \ \frac{売上高}{棚卸資産}$$

図表3-14. 棚卸資産回転率

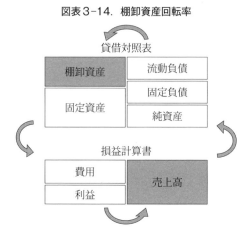

3　企業グループと組織再編

1）組織再編の形態

　組織再編（成）とは、企業の組織や形態の変更を行い、編成し直すことである。具体的には、企業グループ外における企業の事業の全部又は一部の譲受け及び提携、また、企業グループ内における事業の移転及び廃止をいう。

　また、組織再編は、会社法及び法人税法における概念であり、会社法においては、会社の合併（吸収合併、新設合併）、会社分割（吸収分割、新設分割）、株式交換、株式移転、株式交付の総称である。関連して、M&A（Mergers and Acquisitions）とは、企業の合併と買収のことである。上記の組織再編は法律行為であるのに対して、M&Aは企業の経営戦略の１つである点で指称としての性格は異なるが、経営戦略を実現するための具体的な法律行為である手法という位置づけである。以下では、会社法の概念を取り上げる。

　⑴　合　　併　　合併とは、２つ以上の会社が契約により１つの会社に結合することをいい、合併により消滅する会社の権利義務の全部を存続会社に承継させる行為である。合併には、吸収合併と新設合併がある。吸収合併では存続会社は既存会社であるが、新設合併では存続会社が合併により設立する新設会社である。

図表3-15. 合　　併

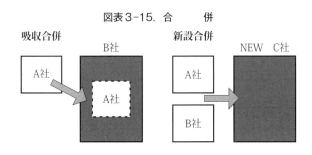

（2）　**会 社 分 割**　　会社分割とは、会社が事業に関して有する権利義務の全部又は一部を承継会社に承継させる行為である。会社分割には、吸収分割と新設分割がある。吸収分割では存続会社は既存会社であるが、新設分割では存続会社が分割により設立する新設会社である。

図表3-16. 会 社 分 割

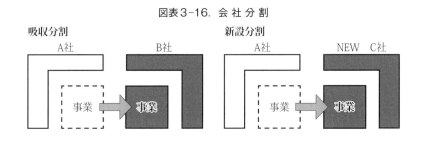

（3）　**株 式 交 換**　　株式交換とは、株式会社がその発行済株式の全部を他の会社に取得させる行為である。当該株式会社の株主に対して他の会社の株式その他の財産を交付し、当該株式会社が他の会社の完全子会社となる。

図表3-17. 株 式 交 換

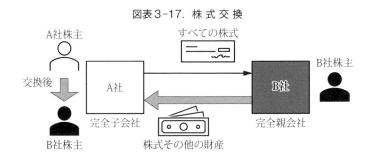

62

⑷ **株 式 移 転**　株式移転とは、1又は2以上の株式会社がその発行済株式の全部を新たに設立する株式会社に取得させる行為である。既存株式会社の株主に対して新設会社の株式を交付し、既存株式会社が新設株式会社の完全子会社となる。

図表3-18. 株 式 移 転

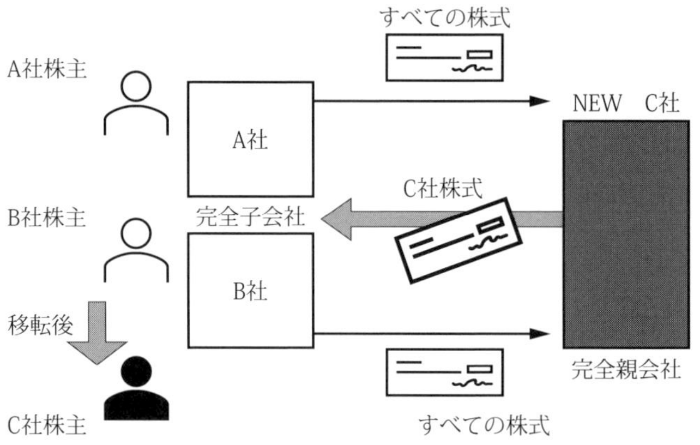

すべての株式

A社株主

A社

NEW　C社

C社株式

B社株主

完全子会社

B社

移転後

完全親会社

C社株主

すべての株式

⑸ **株 式 交 付**　株式交付とは、株式会社が他の株式会社を子会社とするために株式を譲り受け、その譲渡人に対する株式の対価として当該株式会社の株式を交付する行為である。この場合、完全子会社化ではなく、子会社化に必要な議決権の過半数を譲渡し、対価は当該株式会社の自社株式を含めなければならない点で株式交換と異なる。

図表3-19. 株 式 交 付

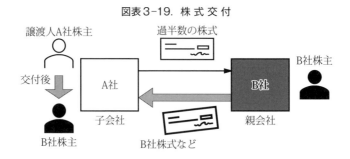

譲渡人A社株主

過半数の株式

交付後

A社

B社株主

B社

子会社

親会社

B社株主

B社株式など

２）連結財務諸表

連結財務諸表とは、支配従属関係にある複数企業からなる**企業グループ**を単一の組織体とみなして、企業グループの財政状態、経営成績、キャッシュ・フローの状況を総合的に報告するために、親会社によって作成されるものである。

支配従属関係にある企業とは、他の企業を支配している**親会社**と、親会社に支配されている**子会社**のことである。連結財務諸表に含めるべき子会社の範囲を連結の範囲という。連結財務諸表の作成に当たって、親会社は、原則としてすべての子会社を連結の範囲に含める。連結の範囲は支配従属関係の有無によって決定され、その決定する基準を支配力基準という。

支配力基準は、他の企業の意思決定機関を支配しているという事実に基づいて連結の範囲を決定するものである。意思決定機関とは、企業の財務及び営業又は事業の方針を決定する株主総会等の機関である。他の企業の意思決定機関を支配しているとは、つぎの要件を満たす場合である。

① 他の企業の議決権の過半数を所有している場合

② 他の企業の議決権の40％以上50％以下を所有している、かつ、つぎのいずれかの要件に該当する場合

③ 自己の意思と同一の内容の議決権を行使すると認められる者等が所有している議決権と合わせて、議決権の過半数を所有している、かつ、つぎのいずれかの要件に該当する場合

また、上記②と③における要件とはつぎの通りである。

ａ．緊密な者（出資、人事、資金、技術、取引等において緊密な関係がある）及び同意している者（同一内容の議決権行使に同意している）と合わせて、他の企業の議決権の過半数を占めていること

ｂ．役員もしくは使用人である者等が、他の企業の取締役会等の機関の構成員の過半数を占めていること

ｃ．他の企業の重要な財務及び営業又は事業の方針の決定を支配する契約等が存在すること

ｄ．他の企業の資金調達額の総額の過半について融資を行っていること

ｅ．その他の企業の意思決定機関を支配していることが推測される事実が存在すること

図表3-20. 連結財務諸表の体系

会社法上の連結計算書類	金融商品取引法上の連結財務諸表
連結貸借対照表 連結損益計算書 連結株主資本等変動計算書 連結注記表	連結貸借対照表 連結損益計算書 連結株主資本等変動計算書 連結キャッシュ・フロー計算書 連結附属明細表

（出所）大阪商工会議所編, 2021, p.8を一部改変して筆者作成。

　企業は法的実体としては独立して存在する個別企業であり、この場合に個別財務諸表を作成するのに対して、経済的実体として複数企業を統合して捉えるのが企業グループであり、この場合に連結財務諸表を作成する。連結財務諸表の作成手順は、親会社と子会社の個別財務諸表を合算し、資本連結や連結会社間取引の消去等の修正を行って作成する。

　わが国の企業会計制度を形成している会社法と金融商品取引法において、連結財務諸表の作成と開示を義務づけている。今日において企業活動に関する意思決定を的確に行うためには、連結財務諸表が重視されている。両者の連結財務諸表等の体系を対比すると図表3-20のようになる。

3）セグメント情報

　今日では、連結財務諸表又は個別財務諸表の注記（財務諸表の重要事項の補足説明）において、マネジメント・アプローチに基づくセグメント情報の開示が求められている。**セグメント情報**とは、売上高、利益又は損失、資産その他の財務情報を、事業の構成単位に分別した情報である。また、マネジメント・アプローチとは、経営者が経営上の意思決定を行い、業績を評価するために、企業を事業の構成単位に分別した方法をいう。

　セグメント情報等の開示は、財務諸表利用者が、企業の過去の業績を理解し、将来のキャッシュ・フローの予測を適切に評価できるように、企業が行う様々な事業活動の内容及びこれを行う経営環境に関して適切な情報を提供するために行われる。

　開示するセグメント情報の決定方法は、①事業セグメントの決定、②報告セグメントの決定である。①事業セグメントの決定では、事業セグメントを識別するため、事業セグメントの要件を満たすか否かを判断する。事業セグメント

とは、経営者の設定する企業の構成単位として、収益を稼得し、費用が発生する事業活動に関わるもの等である。また、事業セグメントが複数ある場合には、細分化され過ぎたセグメント情報の利用と開示の負担軽減から、集約基準によって事業セグメントを1つに集約することができる。集約基準は、事業セグメントの経済的特徴と要素（製品及びサービスの内容、製品の製造方法・製造過程、サービスの提供方法、販売する市場又は顧客の種類、販売方法）が概ね類似していること等である。

　②報告セグメントの決定では、量的基準によって報告セグメントを判断する。報告セグメントとは、事業セグメントのうち、報告すべきセグメントである。量的基準は、売上高、利益又は損失、資産がすべての事業セグメントの各々の合計額の10%以上であること等である。

　セグメント情報の開示項目は、報告セグメントの概要、報告セグメントの利益又は損失、資産、負債及びその他の重要な項目の金額とその測定方法、開示する項目の合計額とこれに対応する財務諸表計上額との間の差異調整に関する事項である。

4）連単倍率

　連単倍率とは、企業グループの連結財務諸表と親会社の個別（単体）財務諸表を分析対象として、両者の財務諸表項目の相対的な程度から、収益・利益稼得能力や資産規模等の視点で企業グループの規模や企業グループ全体に対する連結子会社の貢献度を判断するものである。主要な分析指標は、売上高の連単倍率、利益の連単倍率（当期純利益の連単倍率）、資産の連単倍率（総資産の連単倍率）等である。

　(1)　**売上高の連単倍率**　　売上高の連単倍率は、収益稼得能力の視点で企業グループの規模や連結子会社の貢献度を示し、個別財務諸表の売上高に対する連結財務諸表の売上高の倍数を示す指標である。親会社の売上高と企業グループの売上高の相対性が企業グループの規模であり、また、親会社の売上高と企業グループの売上高との差が連結子会社の収益力を示す。つぎの算定式によって算定される。売上高の連単倍率は、その倍数が高ければ、企業グループの規模が大きく、連結子会社の貢献度が高いことを示す。

$$売上高の連単倍率_{(倍)} \quad = \quad \frac{連結の売上高}{個別の売上高}$$

(2) **当期純利益の連単倍率**　　当期純利益の連単倍率は、利益稼得能力の視点で企業グループの規模や連結子会社の貢献度を示し、個別財務諸表の当期純利益に対する連結財務諸表の当期純利益の倍数を示す指標である。親会社の当期純利益と企業グループの当期純利益の相対性が企業グループの規模であり、また、親会社の当期純利益と企業グループの当期純利益との差が連結子会社の収益力を示す。つぎの算定式によって算定される。当期純利益の連単倍率は、その倍数が高ければ、企業グループの規模が大きく、連結子会社の貢献度が高いことを示す。

$$当期純利益の連単倍率_{(倍)} \quad = \quad \frac{連結の当期純利益}{個別の当期純利益}$$

(3) **総資産の連単倍率**　　総資産（資産合計）の連単倍率は、資産規模の視点で企業グループの規模や連結子会社の貢献度を示し、個別財務諸表の総資産に対する連結財務諸表の総資産の倍数を示す指標である。親会社の総資産と企業グループの総資産の相対性が企業グループの資産規模であり、また、親会社の総資産と企業グループの総資産との差が連結子会社の資産規模を示す。つぎの算定式によって算定される。総資産の連単倍率は、その倍数が高ければ、企業グループ並びに連結子会社の資産規模が大きく、連結子会社の貢献度が高いことを示す。

$$総資産の連単倍率_{(倍)} \quad = \quad \frac{連結の総資産}{個別の総資産}$$

4　企業価値評価

1）企業価値の意義と評価アプローチ

企業価値とは、企業が経済活動を営むことを通じて社会に対して貢献している程度を、貨幣金額で示す数値のことである。また、**企業価値評価**とは、それ

を評価することである。財務諸表分析は財務諸表の数値や分析指標を用いた
「分析」として、財務諸表の要素を分解し、その構成を明らかにするものであ
るが、さらに発展させて、企業の性質や能力の良否を見極め、価値を判断して
決定することが、企業価値の「評価」である。

　企業価値評価において用いる価値の概念には、事業価値、企業価値、株主価
値の3つがある。この3つの価値の概念と、それらの関係性について取り上げ
る。事業価値とは、事業から創出される価値である。ストック的価値（特定時点
の価値）である純資産価値だけでなく、貸借対照表に計上されない無形資産・知
的財産の価値等を含めた価値である。企業価値とは、事業価値に加えて、事業
以外の非事業資産の価値を含めた企業全体の価値である。株主価値とは、企業
価値から有利子負債等の他人資本を差し引いた株主に帰属する価値である（日
本公認会計士協会, 2013, p.25）。

　なお、財務諸表の表示区分や項目と異なる概念について補足する。事業資産
とは事業活動のために保有・利用されている資産である。非事業資産とは事業
資産以外の資産であり、処分等をしても事業への影響はないものであり、遊休
資産や余剰資金等である。事業負債とは事業活動から生じた負債であり、事業
資産のマイナス項目である。有利子負債とは元本に利子を付して返済する負債
である。図表3-21におけるキャッシュ・フローは営業フリー・キャッシュ・
フローといい、有利子負債に係る支払利息や配当金等の特定の投資家等への

図表3-21.　企業価値評価における価値概念

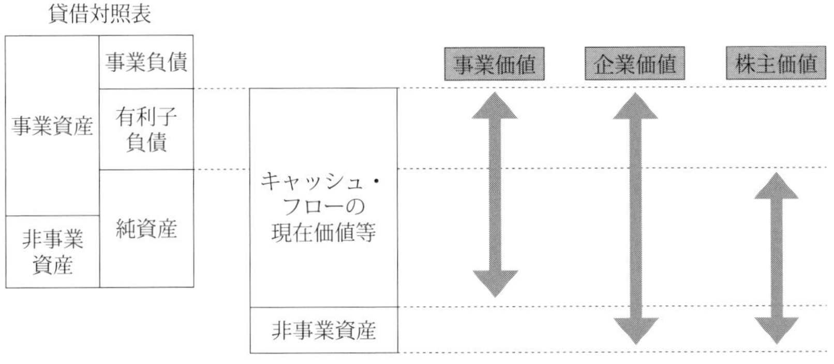

（出所）日本公認会計士協会, 2013, p.25を一部改変して筆者作成。

キャッシュ・アウト・フローを控除する前のキャッシュ・フローである。

　企業価値を評価する目的は、組織再編に係る取引価格の検討や決定、企業グループ内の取引価格の検討や決定、係争等に係る価値の検討や決定等が挙げられる。上述の3つの価値概念は、企業価値評価の目的とも関連して、いずれの価値を評価するかを検討する。株主の立場から評価する場合には株主価値について評価するが、経営者ないし企業の外部者の立場から企業全体の価値を評価する場合には企業価値を評価することとなる。

　企業価値を評価する手法は、インカム・アプローチ、マーケット・アプローチ、ネットアセット・アプローチの3つに分類される。次項では、この3つの分類の意義や評価法等を取り上げる。

2）インカム・アプローチ

　インカム・アプローチとは、評価対象企業から発生が期待される利益、ないしキャッシュ・フローに基づいて価値を評価する方法である。そのため、将来の収益稼得能力を価値に反映させやすく、評価対象企業のもつ固有の価値を示す（日本公認会計士協会, 2013, p.26）。主要な評価法は、ディスカウント・キャッシュ・フロー法、配当割引モデル、残余利益法等である。それぞれの方法において、企業等の成長や継続価値の扱い、株主価値を直接的に算定するか否か等によって様々なバリュエーションがある。以下では、基本的な算定方法を示す。

　ディスカウント・キャッシュ・フロー（DCF＝Discounted Cash Flow）法とは、フリー・キャッシュ・フロー（FCF＝Free Cash Flow）法ともいい、発生が期待されるフリー・キャッシュ・フローを加重平均資本コスト（株主資本と負債の調達に係るコストの平均）で現在価値に割り引くことにより、事業価値を算定する。また、事業価値に非事業資産の価値を加算することにより、企業価値を算定し、有利子負債等を減算することにより、株主価値を算定する。

　配当割引モデル（DDM＝Dividend Discount Model）とは、配当還元法ともいい、株主への支払いが期待される配当金を株主資本コスト（株主資本の調達に係るコスト）で現在価値に割り引くことにより、株主価値を算定する。

　残余利益法（RIM＝Residual Income Method）とは、営業活動に利用している総資産簿価に、発生が期待される営業残余利益（総資産が生み出すべき正常な利益を上回る利益）を加重平均資本コストで割り引いた現在価値を加算して事業価値を

算定する。また、事業価値に非事業資産の価値を加算することにより、企業価値を算定し、有利子負債等を減算することにより、株主価値を算定する。

　このように、ディスカウント・キャッシュ・フロー法ではフリー・キャッシュ・フロー、配当割引モデルでは配当金、残余利益法では営業残余利益が、それぞれ割り引かれる点で共通しており、これらの現在価値に評価対象企業の固有価値が反映されるのである。

3）マーケット・アプローチ

　マーケット・アプローチとは、上場している同業他企業や評価対象企業で行われた類似取引事例等の類似する企業、事業、取引事例と比較することによって相対的な価値を評価する方法である。そのため、市場での取引環境の反映や一定の客観性には優れている（日本公認会計士協会, 2013, p.26）。主要な評価法は、市場株価法、類似上場会社法、取引事例法等である。

　市場株価法とは、証券取引所等に上場している企業の市場価格を基準にして評価する方法である。株式取引の相場価格そのものを基準に評価を行うものであり、市場相場のある上場企業同士の合併比率や株式交換比率等の算定にも用いられる（日本公認会計士協会, 2013, p.43）。株価の算定期間は、直近日の株価や株価の1・3・6か月の平均値等が用いられる。株価の平均値の算定方法は、終値を平均する方法や、日によって出来高のばらつきが大きい場合には出来高加重平均株価を用いる方法もある。

　類似上場会社法とは、倍率法、乗数法ともいい、上場企業の市場株価と比較して非上場企業の株式を評価する方法である（日本公認会計士協会, 2013, p.44）。類似する上場企業を選定し、類似上場企業と評価対象企業の財務数値から、それらの倍率を算定する。類似上場企業の株価に倍率を乗じて評価対象企業の株価を算定する。類似する上場企業の選定では、業界、事業規模、事業戦略、商品・サービス、収益性、成長性等の要素を考慮する。

　取引事例法とは、評価対象企業の株式について過去に売買がある場合に、その取引価額に基づいて株式を評価する方法である（日本公認会計士協会, 2013, p.46）。過去の取引を事例とする場合に取引事例価額に客観性が認められる必要があり、直近の取引価額であること、ある程度の取引量のある第三者間における公正な取引であること等について検討する。

　評価対象企業の株価に市場価格がある場合には、市場株価法では客観性のある評価となる。一方で、他の企業との類似性が認められない、あるいは事例となる取引がないような場合には、評価が困難となる。

4）ネットアセット・アプローチ

　ネットアセット・アプローチとは、コスト・アプローチともいい、主として評価対象企業の貸借対照表表示の純資産に着目して価値を評価する方法である。そのため、会計帳簿上の純資産を基礎として、一定の時価評価等に基づく修正を行うことから、帳簿記帳・作成が適正であり、時価等の情報が入手しやすい場合には客観性に優れている（日本公認会計士協会, 2013, p.26）。主要な評価法は、簿価純資産法、修正（簿価）純資産法、時価純資産法等である。

　簿価純資産法とは、会計上の純資産額に基づいて1株当たり純資産の額を計算する方法である。ただし、各資産の時価は簿価と乖離していることが多いため、この方法をそのまま企業価値の評価に用いることは少ない（日本公認会計士協会, 2013, p.47）。

　修正（簿価）純資産法とは、貸借対照表の資産・負債を時価で評価し直して純資産額を算出し、1株当たりの時価純資産額をもって株主価値とする方法である（日本公認会計士協会, 2013, p.47）。時価と簿価の差額が重要な項目のみを時価評価する。

　時価純資産法とは、貸借対照表の資産・負債のすべてを時価で評価し直して純資産額を算出し、1株当たりの時価純資産額をもって株主価値とする方法で

図表3-22．企業価値評価の手法

	インカム・アプローチ	マーケット・アプローチ	ネットアセット・アプローチ
考え方	評価対象企業から発生が期待される利益、ないしキャッシュ・フローに基づいて価値を評価する方法	同業の上場他企業や評価対象企業での類似取引事例等と比較することによって相対的な価値を評価する方法	評価対象企業の貸借対照表表示の純資産に着目して価値を評価する方法
各種の評価法	・ディスカウント・キャッシュ・フロー（DCF）法 ・配当割引モデル（DDM法） ・残余利益法（RIM）	・市場株価法 ・類似上場会社法 ・取引事例法	・簿価純資産法 ・修正（簿価）純資産法 ・時価純資産法

ある。

　なお、上記の時価評価に用いる時価にはいくつかの考え方がある。１つは、再調達時価といい、個別資産を再調達すると想定した場合におけるコストの総額である。これは、継続企業の概念に基づく企業価値評価において用いられ、新規に事業を開始した場合と同等の価値を算定するという考え方による方法である。もう１つは、清算処分時価といい、個別資産を処分すると想定した場合における処分価額から処分コストを控除した価額である。これは、解散を前提とする場合に用いられる。

　ここまでで取り上げた３つの評価アプローチとその各評価法をまとめると、図表３-22の通りである。

━ コ ラ ム ━

会計基準の国際的統合

　企業が財務諸表を作成する際に適用する会計のルールを会計基準という。会計基準は、企業活動の会計処理や財務諸表の表示に関する方法等を規定するものである。会計基準は、これまで各国で独自に設定されてきた。それが、経済のグローバル化に伴い、世界的に統一した会計基準の開発が進められ、設定されている。グローバルに活動を営む企業とボーダレスに企業との利害関係を有する情報利用者の双方にとって、統一されたルールに基づく会計情報の開示が必要であるからである。そのような指向によって、現状で120か国を超える国・地域で適用されている会計基準が、国際会計基準審議会（IASB＝International Accounting Standards Board）によって設定されている国際財務報告基準（IFRS＝International Financial Reporting Standards）である。

図表３-23.　会計基準の統一化の方法

	アドプション （Adoption）	コンバージェンス （Convergence）
方法	特定基準（IFRS）を自国基準として採用すること	自国基準と特定基準（IFRS）との差異を縮小して同等の会計基準を採用すること
自国基準の設定主体	特定基準の設定主体（IASB）	自国
会計情報の比較可能性	高い	やや低い

世界的に統一したルールの設定は、各国における政治・経済・社会に関わる環境や慣習が異なることから容易ではない。会計基準の統一化の方法は、図表3－23のように、アドプション（Adoption）とコンバージェンス（Convergence）の2つの方法がある。

引用参考文献

伊藤邦雄（2021），『企業価値経営』日本経済新聞出版。

大阪商工会議所編（2021），『ビジネス会計検定試験公式テキスト3級（第4版）』中央経済社。

桜井久勝（2020），『財務諸表分析（第8版）』中央経済社。

日本公認会計士協会（2013），『経営研究調査会研究報告第32号　企業価値評価ガイドライン』日本公認会計士協会。

練習問題

1．財務諸表について、貸借対照表、損益計算書、キャッシュ・フロー計算書のそれぞれの意義を説明しなさい。
2．財務諸表分析について、分析における比較方法の考え方を述べなさい。
3．連結財務諸表について、「連結の範囲」の考え方を述べなさい。

第 4 章　経 営 管 理

1　経営学の誕生—歴史的背景—

　封建制度（土地を仲介とした主従関係）の崩壊後、1760年から1840年頃にかけて、英国では綿工業を中心とした工業化（初期の産業革命）が起こり、生産性が飛躍的に向上するとともに、英国は世界の工場と呼ばれるようになった。

　こうした状況を背景に、1776年、英国では、スミス（A. Smith）が『国富論』を著すことによって、経済学が体系化されることとなった。同年、米国では、独立宣言が採択されることになったが、工業化は、欧米諸国を中心に浸透し、**企業規模の拡大**も進行していった。

　企業規模の拡大は、必然的に、巨額で長期的な資金（量的な問題）および高度で専門的な経営能力（質的な問題）を必要とするようになった。すなわち、創業者一族だけでは調達できない巨額の資金量、創業者一族だけでは対応できない高度な経営能力を必要とするようになったからである。

　量的な問題に対しては、地域的に分散した多数の出資者（所有）から出資金を募ることで対応し、質的な問題に対しては、高度な経営能力を備えた経営者（経営）が経営を担当することで対応することとなった（**所有と経営の分離**）。

　こうした状況を背景に、1911年、テイラー（F. W. Taylor）が『科学的管理法の原理』を著すことによって、経営管理論（後の経営学）が体系化されることとなった。

　経営学には、企業の発展過程や株式会社の仕組みに関連した基礎理論としての企業形態論、企業の経営に関連した各論としての企業統治論や経営財務論、学際的な応用理論としてのマーケティング論や国際経営論があるが、本章では、標準理論としての経営管理論、経営組織論および経営戦略論という3つの柱のうち、経営管理論に焦点を当てて解説する。

　経営管理論および経営組織論については、人間仮説や勤労意欲に応じて、古典理論、新古典理論および近代理論に分類される（井原, 2008, p.154, pp.158-159, pp.188-190）。

2　古典的経営理論

1）古典理論

　古典理論は、テイラーの科学的管理法、フォード（H. Ford）のフォーディズム、ファヨール（J. H. Fayol）の管理過程論に代表され、組織内部の管理に限定された内部志向的な経営理論である。

　人間仮説については、孤立的、効率的、理性的、合理的な人間像を想定する**経済人仮説**であり、生産性や勤労意欲については、経済的欲求に基づく賃金や休憩時間（物理的な作業条件）の充実による。

2）テイラー

　テイラーは、1856年、米国フィラデルフィアの裕福な家庭に生まれ、ハーバード大学に合格するまでは順調に進んできたが、目の病気によって入学を断念し、1874年、機械工の見習いとして働くことを余儀なくされた。

　工場の現業労働者からスタートしたテイラーは、技師としての資格を取得し、ミッドベール・スチール社（1878-1890）に入社し、そこで直面した労働者による**組織的怠業**（組織ぐるみの怠業）に対して、出来高払制度（Piece Rate System）やテイラー・ショップ・システム（Taylor Shop System）という効率的な生産管理システムを開発する一方、働きながら、夜間の大学（スチーブンス工業大学）にも通い、機械工学修士の資格を取得することとなった。その後は、『出来高払制私案』をアメリカ機械学会（American Society of Mechanical Engineers）で発表し、ベスレヘム・スチール社（1899-1901）に転職し、退職後は、『工場管理法』を刊行することとなった。その後は、リンクベルト社（1904-1906）、ウォータータウン兵器廠（1909-1911）などでの実務を経て、『科学的管理法の原理』を刊行することとなった。こうして、テイラーは、工場管理の現場から科学的管理法を確立することとなり、科学的管理法の父とまで呼ばれるようになった（経営学の体系化）。

　一方、1912年には、米国議会において証人喚問（「科学的管理法特別委員会にお

ける供述」）を受けるなど、科学的管理法に対する労働組合の批判にさらされるなか、1915年に生涯を終えることとなった。

　テイラーの業績は、まず、1895年に発表した『出来高払制私案』(Taylor, 1895：邦訳, pp.7-11, 21-25) での(1)賃金制度の改革（率を異にする出来高払制度）から始まる。この発表の目的は、使用者と労働者の利害を一致させることにあり、そのためには、ある水準の生産性を達成できた作業員に割増（高率）賃金を支払い、その水準の生産性を達成できなかった作業員に割引（低率）賃金を支払うという率を異にする出来高払制度へと賃金制度を改革する必要がある。すなわち、普通の日給払制度では、高い生産性を達成できた作業員も、低い生産性しか達成できなかった作業員も、同率の賃金が支払われるため、勤労意欲が低下し、生産性も低下してしまうからである。また、普通の出来高払制度でも、作業員が単一作業を繰り返すことによって、能率が向上し、生産性も向上するにつれて、作業員に支払う賃金の基準が引き上げられるため、勤労意欲が低下し、生産性も低下してしまうからである。

　つぎに、1903年に刊行された『工場管理法』での(1)賃金制度の改革、(2)組織の改革（職長制度の改革）、(3)作業（時間・動作）研究、(4)指示カードの使用へと続く。

　(1)　**賃金制度の改革**は、勤労意欲の向上（怠業の防止）を目指した改革である (Taylor, 1903：邦訳, pp.65-111)。

　(2)　**組織の改革**は、軍隊的組織（軍隊的職長制度）から機能的組織（職能別職長制度）へと職長制度を改革（職長の役割を分担）することによって、職長の業務負担の軽減や専門能力の向上など、管理活動の合理化を目指した改革である。具体的には、計画を実行に移す機能的職長として、準備係、速度係、検査係、修繕係を配置し、計画室を代表する機能的職長として、仕事の順序および手順係、指図カード係、時間および原価係、工場訓練係を配置することとなったが、結果として、計画を実行に移す生産現場の労働者（ブルーカラー）と計画室を代表する管理職（ホワイトカラー）が二分化され（執行と管理の分離）、労使対立が激化するといった課題を残すこととなった (Taylor, 1903：邦訳, pp.118-121, 112-152)。

　(3)　**作業研究**は、時間研究と動作研究から構成され、最も効率的な作業を行うための標準化された管理手法を明らかにする研究である。時間研究は、ス

トップウォッチや時間研究用紙を使用して、一流 (天才)、二流 (秀才)、三流 (凡才) にかかわらず、実験に適した作業員を被験者として採用し、作業時間を測定し、標準作業時間やノルマを設定するための研究である。動作研究は、『科学的管理法の原理』で、銑鉄の運搬作業、ショベルによる土すくいや土運び作業、レンガ積み作業、ベアリング用ボールの検品作業、金属の切削作業などの詳細な研究が行われることになるが、『工場管理法』でも、ショベルによる土すくいや土運び作業、金属の切削作業の研究が行われ、最も効率的な動作や手順、標準化された工具を設定するための研究である (Taylor, 1903：邦訳, pp.153-179)。

(4)　**指示カード**には、賃金制度の改革で設定した出来高払いの単価や作業研究で設定した標準作業時間やノルマ、効率的な動作や手順、標準化された工具などが記載されている (Taylor, 1903：邦訳, pp.178-179, Taylor, 1911b：邦訳, p.143, 151)。

　そして、『出来高払制私案』や『工場管理法』と同じく、『科学的管理法の原理』(Taylor, 1911a：邦訳, pp.203-312, Taylor, 1911b：邦訳, pp.49-58, 76-134) でも、テイラーは、高賃金と低人件費という信念の下、マネジメントの目的は雇用主に限りない繁栄と労働者に最大限の豊かさをもたらすことであり、雇用主と労働者の利害は最終的に一致すると説き、その目的の妨げとなる組織的怠業は最大限の生産性によって解決できると説いた。

　組織的怠業の原因については、①労働者が、作業速度と生産性を向上させると、多くの労働者の職が奪われると信じ込んでおり、②労働者のほうが、作業の所要時間を把握しており、高い成果を上げるとその水準が出来高払制度の賃金基準となってしまうため、本能に基づく計画的な手加減をしたほうが得であり、③労働者が、マネジャーからの支援もなく孤立した状況下で経験則に基づいて作業を行っていることが挙げられる (「高い賃金と安い工費とわ一致するか」) (Taylor, 1903：邦訳, pp.58-59, Taylor, 1911b：邦訳, pp.17-30)。

　最大限の生産性のためには、先述の(1)賃金制度の改革、(2)組織の改革、(3)作業研究、(4)指示カードの使用に続いて、(5)標準手法の導入と労使間の協力体制 (マネジャーの役割)、(6)工具の種類と形状の標準化 (標準ツールの制作)、(7)課題 (課業タスクのマネジメント) と動機づけ (ボーナス) へと続く。

(5)　**標準手法の導入と労使間の協力体制**は、テイラー協会会員のギルブレイ

ス（F. B. Gilbreth, Sr.）によるレンガ積みの手法に関連している。すなわち、作業速度を上げて、生産性を向上させるためには、マネジャーが、手法の統一、工具の標準化、作業環境の整備、協力体制の構築に取り組み、労使協調の責任を果たす必要がある（Taylor, 1911b：邦訳, pp.96-101）。

⑹　**工具の種類と形状の標準化**は、まず、経験則に基づいた工具を使用した作業の速度を測定し、つぎに、各工具の利点を活かして、工具の形状や種類を標準化していく（Taylor, 1911b：邦訳, pp.138-139）。

⑺　**課題と動機づけ**は、一流の作業員が1日に達成可能な課題を作業員に与え、その水準の生産性を一定時間内に達成できた作業員に賞与（ボーナス）や割増（高率）賃金を支払うという課題タスクのマネジメントである（Taylor, 1911b：邦訳, pp.139-144, p.151）。

テイラーの科学的管理法（客観的で科学的な管理手法）は、組織的怠業の原因を解明し、生産性を飛躍的に向上させ（大量生産を可能にし）、産業を近代化させることとなった（図表4-1）。

一方、テイラーの科学的管理法は、組織の内部、とくに、工場の生産管理に限定されており、合理的な人間像（経済人仮説）の前提によって作業員の心理的側面（人間性）が軽視され、組織の改革によって労働者（ブルーカラー）と管理職（ホワイトカラー）が二分化され（**執行と管理の分離**）、労使対立が激化するといった

図表4-1．テイラーの業績

1895年『出来高扮制私案』
⑴賃金制度の改革（率を異にする出来高扮制度）
1903年『工場管理法』
⑴賃金制度の改革（率を異にする出来高扮制度）
⑵組織の改革（職長制度の改革）
⑶作業（時間・動作）研究
⑷指示カードの使用
1911年『科学的管理法の原理』
⑸標準手法の導入と労使間の協力体制（マネジャーの役割）
⑹工具の種類と形状の標準化（標準ツールの制作）
⑺課題（課業タスクのマネジメント）と動機づけ（ボーナス）

（出所）筆者作成。

課題を残すこととなった。

3）フォード

　生産性を飛躍的に向上させた（大量生産を可能にした）テイラーの影響を受けたフォードは、1863年、米国ディアボーンの農場経営者の家庭で生まれ、1879年、機械工の見習いとして就職し、1882年、故郷ディアボーンの農場で働いていたが、蒸気機関の技術を習得し、ウェスティングハウス社（1882-1891）に入社し、その後は、エジソン照明会社（1891-1899）に転職し、エンジニアとして活躍することとなった。そして、1899年、デトロイト自動車会社（1899-1901）を設立後、ヘンリー・フォード・カンパニー（1901-1902）を設立してまもなく退職し、自動車レースで獲得した賞金と石炭販売会社の支援金を元手に1902年、フォード＆マルコムソンを設立し、1903年、フォード・モーター・カンパニーに組織再編することとなった。

　フォードは、自動車の発明者ではないが、1896年に1号車を開発した後も、安くて丈夫な自動車を開発しようと、1903年以降、A型、B型……と試作を重ね、1908年に大衆的で実用的な量産型T型フォードを完成させた。フォードは、分業と流れ作業による大量生産方式（**フォード・システム**）によって、生産性と売上を飛躍的に向上させる一方、自動車1台当たりの費用を大幅に削減することによって、利益を大幅に増大させることに成功した。そのため、労働者には、貢献に応じた適正な賃金を支払い（賃金動機）、消費者には、手頃で実用的な自動車を提供する（サービス精神）ことができるようになったのである（**フォーディズム**＝フォードの経営思想＝少品種大量生産）。

　このように、フォードが量産型T型フォードを開発することによって、一般的な移動手段が馬車から自動車へとシフトすることとなった。

　1920年代後半には、ゼネラルモーターズ（GM）やクライスラー（現多国籍自動車メーカーグループ持株会社ステランティスN.V.）に追い抜かれることとなったが、その後も、フォルクスワーゲンやトヨタ自動車など、各国の自動車メーカーは、製品の標準化、部品の規格化、製造工程の細分化などによって、独自の製造工程（生産プロセス）を確立することとなった。

4）ファヨール

　テイラーとともに、古典理論の系譜を形成したファヨールは、1841年、技

師の父の兵役中、旧東ローマ帝国コンスタンチノープル、現トルコ・イスタンブールで生まれ、父の兵役後、故郷フランスに戻り、1860年、サン・テチェンヌ鉱山学校（高等教育機関）を卒業し、ボアグ・ランブール社（後にコマントリー・フルシャンボー・ドゥカズヴィル社に社名変更）に入社した。その後は、技師から経営者となり、さまざまな鉱山経営に携わる一方、1888年、社長に就任した。

　ファヨールは、工場の現業労働者からスタートしたテイラーとは反対に、技師としての現場経験はあるものの、高等教育を受けたうえで、経営者の立場から、経営管理の科学化と教育化に努めた。ファヨールは、1925年に生涯を終えることとなったが、1949年、1917年に刊行された『産業ならびに一般の管理』の英訳版が普及してからは、米国でも高く評価され、「管理原則の父」と呼ばれるようになった。

　ファヨールの主な業績には、管理職能論、管理原則論、管理方法論、管理者資質論などがあるが、以下では、管理職能論と管理原則論に焦点を当てて解説する。

　ファヨール（1917）によると、企業活動（職能）は、以下の6つの職能に分類される。

① **技術的職能**（生産・製造・加工）（生産・製造部門に相当）
② **商業的職能**（購買・販売・交換）（購買・販売部門に相当）
③ **財務的職能**（資金調達・資金管理）（財務・経理部門に相当）
④ **保全的職能**（財産保護・従業員保護）（総務・人事部門に相当）
⑤ **会計的職能**（財産目録・財務諸表）（財務・経理部門に相当）
⑥ **管理的職能**（予測【計画】・組織化・命令【指揮】・調整・統制【統合】）（経営機能
　　【意思決定】と管理機能【業務執行】から構成される全般的経営部門に相当）

　6つの職能は、緊密な相互依存関係にあるが、①から⑤までの職業的職能（業務活動）については、職位が上昇（作業員→職長→係長→課長→部長→取締役→大臣）するにつれて、また、規模が拡大（零細企業→小規模企業→中規模企業→大規模企業→巨大企業→国営企業）するにつれて、重要性が逓減し、⑥の管理的職能（管理活動）の重要性が逓増していく。すわなち、ファヨールは、職業的職能への傾注をあらため、管理的職能の重要性を説くこととなったのである（管理の一般理

論の確立, Fayol, 1917：邦訳, pp.23-33）。また、6つの職能が十分に機能するためには、14の管理原則が必要となる。すなわち、業務の役割分担による職能の専門化（効率化）と権限の分化を目的とする「①分業」、命令する権限には責任を伴うことを意味する「②権限」、労使協調のために尊重されるべき「③規律」、直近上位の上司からのみ命令を受けることを意味する「④命令の一元性」、単一組織のトップによる計画に従う「⑤指揮の一元性」、個人ではなく、組織の利益を優先する「⑥個人的利益の全体的利益への従属」、労働に応じて公正な対価を受け取る「⑦報酬」、環境に応じて集権化と分権化の度合いを調整する「⑧権限の集中」、統一した指揮命令系統と迅速な情報伝達を維持するための「⑨階層組織」、物理的にも社会的にも適所適材と適材適所を原則とした「⑩秩序」、従業員の公平に配慮を加えた「⑪公正」、職務に精通するまで部署や職位を安定させる「⑫従業員の安定」、創意工夫と熱意によって率先して計画を立案する「⑬創意」、命令の一元性によって尊重される「⑭従業員の団結」である（Fayol, 1917：邦訳, pp.41-75）。そして、14の管理原則が効率的に実行されるためには、上述の6つの職能のうち、人や組織を管理対象とした⑥の管理的職能が最も重要となる。

⑥の管理的職能の内容は、活動計画を立案する「①予測」、ヒト（経営者や従業員などの人的資源）、モノ（原材料や設備などの物的資源）、カネ（資金や予算などの財務資源）といった企業活動に必要なすべてを配置する「②組織」、組織を機能させるために資質と責任を兼ね備えた各責任者による「③命令」、目標を達成するために必要な諸活動を調和させ努力を集中させる「④調整」、企業活動が立案された計画通りに実行されているか否かを確認する「⑤統制」から構成される（Fayol, 1917：邦訳, pp.77-187）。

こうしたファヨールによる管理活動の5機能については、**管理過程論**として、デイビス（R. A. Davis）、アーウィック（L. F. Urwick）、ニューマン（W. H. Newman）、クーンツ＝オドンネル（H. Koontz and C. O'Donnell）、テリー（G. Terry）、デイル（E. Dale）をはじめとする後継者の管理過程学派（Management Process School）によって継承され、ギューリック（L. Gulick）をはじめとする普遍学派（Universal School）によって精緻化されることとなった。また、継続的管理改善手法（**PDCA サイクル**）として、シューハート（Shewhart, 1939：邦訳, p.73）、デミング（デミング, 1950,

p.4, Deming, 1950：邦訳, pp.9-11）、水野（1952, p.48, 1954, p.114, 1984, pp.13-19）、水野・富沢（1959, pp.52-64）、石川（1964, p.30）によって継承されることとなった（大西・福元, 2016, pp.3-4）。

5）テイラーとファヨールの限界と共通点

　テイラーは、職能別職長制度によって、執行職能（労働者）と管理職能（管理職）を分離し、購買、製造、販売といったサプライチェーン（供給網）を備えた職能別組織の原点として、職能の階層的垂直的分化を展開することとなった。

　一方、テイラーは、生産現場の労働者と下級管理者の関係に焦点を当て、管理の重要性を説くこととなったが、管理の科学化よりも作業の科学化へ偏重し過ぎたため、管理対象が生産現場に限定される（問題領域の限定）という課題を残すこととなった。

　ファヨールは、管理職能論によって、業務活動（労働者）と管理活動（管理職）を分離し、購買、製造、販売といったサプライチェーン（供給網）を備えた職能別組織の原点として、職能の過程的水平的分化を展開することとなった。

　一方、ファヨールは、経営者層の上級管理者による管理職能に焦点を当て、管理の一般理論を説くこととなったが、管理の問題よりも管理活動の普遍性へ偏重し過ぎたため、企業目的が利潤最大化に限定される（企業概念の限定）という課題を残すこととなった。

　たしかに、こうした限界はあるものの、テイラーとファヨールの問題意識は、人間の問題にあり、先進的に管理の研究に取り組み、管理の科学化を目指した点は、両者の共通点といえる（佐々木, 1972, Fayol, 1917：邦訳, pp.222-223）。

3　新古典的経営理論

1）新古典理論

　新古典理論は、メイヨー（G. E. Mayo）の人間関係論（Human Relations Theory）に代表され、組織内部の管理に限定された内部志向的な経営理論である。

　人間仮説については、連帯的、非効率的、感情的、非合理的な人間像を想定する**社会人仮説**であり、生産性や勤労意欲については、社会的欲求に基づく信頼関係や士気（モラール）の向上による。

　その後の新古典理論は、マズロー（A. H. Maslow）、アージリス（C. Argyris）、マ

グレガー（D. M. McGregor）、リッカート（R. Likert）、ハーズバーグ（F. I. Herzberg）等の行動科学に代表され、組織内部の管理に限定された内部志向的な経営理論である。

　人間仮説については、自律的、非効率的、心理的、非合理的な人間像を想定する**自己実現人仮説**であり、生産性や勤労意欲については、（金銭報酬を重視する経済的欲求でも人間関係を重視する社会的欲求でもなく、）自己実現欲求に基づく内的動機や潜在性の発揮による。

２）メイヨーとフォレット

　メイヨーは、1880年、オーストラリア・アデレードの裕福な家庭で生まれ、祖父や兄弟と同じく医師を志し医学部に進学したが、アデレード大学、エジンバラ大学ともに退学し、英国などを放浪した後、1910年、アデレード大学哲学科（現人文社会学部）を卒業することとなった。その後、クインズランド大学（1911-1923）に就職し、1923年、米国に移住し、ペンシルバニア大学研究員を経て、ハーバード大学に転職することとなった。ハーバード大学退職後は、英国に移住し、1949年に生涯を終えることとなった。

　メイヨー等は、1927年から1932年にかけて、ウエスタン・エレクトリック社のホーソン工場で、**ホーソン実験**を行い、人間の合理的側面よりも、情緒的側面が生産性に最も大きな影響を及ぼすため、人間の心理的側面が重要であることを明らかにした。

　メイヨー等は、ホーソン実験に先立って、1923年から1924年にかけて、依頼を受け、フィラデルフィアの紡績工場内の**ミュール紡績部門の調査**を行うこととなった。ミュール紡績部門は、紡績工場内でも、とくに生産性が低く、離職率も高い部門（毎月平均20.83％で年間250％の離職率）であったが、メイヨーは、紡績機を使用して繊維を糸にする走錘（糸ぐり）中に切れた糸を繋ぐだけの単調で孤独な作業にその原因を求めた。そこで、メイヨーは、午前と午後に２回ずつ10分休憩を設けた結果、生産性が標準作業量の75％以上に向上し、離職率も他の部門と同程度の５％程度まで改善した。その後、休憩に不満を抱いた使用者が経営者に訴えて休憩を廃止した結果、生産性が再び低下したため、経営者が慌てて休憩を復活させたが、使用者に対する労働者の反発から、生産性は回復せず欠勤も増加する一途にあった。そこで、メイヨーは、経営者と協議

し、機械の稼働を停止してでも休憩を徹底した結果、生産性が75％以上に回復したため、翌月以降の休憩を機械が稼働したままの交代制にし、その順番も労働者に任せたため、高い生産性が維持されたまま、離職もほとんどなくなった。すなわち、生産性には、賃金や休憩時間といった物理的な作業条件ではなく、上司との信頼関係や同僚とのコミュニケーションといった人間関係が大きくかかわることが明らかになったのである。

　つぎに、メイヨーは、ペンノック等 (G. A. Pennock, et al.) とともに、1924年から1927年にかけて、ホーソン工場で**照明実験**を行うこととなった。

　証明実験は、作業場の照明強度と生産性との相関関係を調査するものであったが、作業場を明るくしても暗くしても作業量はほとんど変化しなかった。すなわち、賃金や休憩時間だけでなく、照明強度も含めて、物理的な作業条件が作業量および生産性には影響しないことが明らかになったのである。

　その後、1927年から1932年にかけて、メイヨーやレスリスバーガー (F. J. Roethlisberger) を中心としたハーバード・グループによって、ホーソン実験という本格的な実験が実施されることとなった。

　ホーソン実験は、①リレー（継電器）組立試験室、②面接調査および③バンク配線作業観察室から構成される。

　まず、①**リレー組立試験室**は、1927年4月から1932年5月まで、6名の女性作業員を対象に実施した実験で、リレーを組み立てる工程で、賃金、休憩時間、軽食支給、温湿度といった物理的な作業条件と生産性との相関関係を調査するものであったが、作業条件を改悪しても作業量はほとんど変化しなかった。すなわち、6名の女性作業員は、ハーバード大学で実施された実験に選抜された誇り、2名の熟練工に選抜を任せたことによる仲間意識をもっており、女性作業員へは、実験目的も事前告知し、好意的に対応したため、高い士気が維持されたのである。

　このように、賃金、休憩時間および照明強度だけでなく、あらゆる物理的な作業条件が作業量および生産性に影響しないことが明らかになったのである。

　つぎに、②**面接調査**は、1928年9月から1930年9月まで、監督者訓練講習用のデータ収集を目的として、検査部門から製造部門まで、8部門2万1126名の従業員を対象に実施した実験で、実験担当者による一方的・形式的な直接

質問法から始まり、監督者も面接官に加わり、実験担当者、監督者および従業員による相互的・非形式的な非誘導法に変更された。すなわち、面接調査は、業務と無関係な話題も含めた自由な雑談形式となったのである。そのため、報告書の作成にも、膨大な時間と労力がかかったが、面接調査では、業務と無関係な話題が業務と深い関係があることが明らかになったのである。すなわち、自由な雑談形式によって、実験担当者、監督者および従業員間の相互理解が深まったからであり、この相互信頼が従業員の士気を高めることによって、生産性が大きく向上したのである。また、面接調査を通して、従業員については、事実に基づかない不満が感情と大きく関係しており、生産性も個人的経歴や職場環境と大きく関係していることが明らかになったのである。

そのため、メイヨー等は、感情的な側面をもつ従業員を組織全体で配慮していく必要があると指摘したのである。

さらに、③**バンク配線作業観察室**は、1931年11月から1932年5月まで、人間の心理的側面に加えて、組織内のより詳細な人間関係を調査することを目的として、14名の男性作業員を対象に実施した実験で、1つの部屋に1名の記録者を配置して、差込式電話交換台（バンク）の配線作業を行う工程での人間関係を調査するものであったが、協調性のない作業員は個人的な人間関係によって自然発生的に形成された**非公式組織**に入れてもらえなかった。すなわち、1人だけ勤勉に働き過ぎたり、職長に密告したりする協調性のない作業員は組織になじめないことが明らかになったのである。

そのため、メイヨー等は、共通の目的を達成するために意識的に形成された**公式組織**よりも、協調性を重視した非公式組織を分析対象とする必要があると指摘したのである。

このように、ホーソン実験を契機として、テイラーの科学的管理法に代わって人間関係論が経営管理の主流となったのである。

フォレット（M. P. Follett）は、1868年、米国クインシーの裕福な家庭で生まれ、セイヤーアカデミーで学んだ後、ラドクリフ大学（後にハーバード大学と合併）に入学し、ケンブリッジ大学への留学を経て、1896年、ラドクリフ大学を優秀な成績で卒業することとなった。その後は、米国だけでなく、英国でも活動し、職業指導員や職業紹介所や最低賃金委員会の委員や講師を経た後、米国

ボストンに帰郷し、1933年に生涯を終えることとなった。

　フォレットは、行動科学者ではないが、科学的管理法が広まっていた時代やホーソン実験が行われた時代に、すでに、**統合**（Integration）やモチベーション理論やリーダーシップ論の必要性を説いた人物として注目され、行動科学に影響を与えた（井原, 2008, p.129）。

　フォレットは、哲学、歴史学、法律学、政治学などの幅広い研究だけでなく、地域の委員や講師などのさまざまな社会活動によって、統合主義的な知見を深めると同時にさまざまな経営問題にも取り組むこととなった。すなわち、フォレット（1940：邦訳, pp.43-51, pp.83-91）は、対立を闘争（Conflict）ではなく、**意見の相違**（Difference of Opinion）と捉え、対立を統合という第3の解決方法によって、建設的・平和的に解決できることを明らかにしたのである。フォレットは、いくつかの事例のなかで、ある工場で、工場委員会を開催する際に起こりうる問題を取り上げた。すなわち、工場委員会を作業場に近い工場内で開催するか、会社の監視を回避できる工場外で開催するかという問題に対して、作業場から近くて独立した工場構内の従業員クラブ館で開催するという第3の解決方法を提示したのである。

　このように、フォレットは、対立に対して、支配と被支配の関係を構築しかねない強制力を伴う抑圧（Domination）でも、両者の不満と新たな対立を引き起こしかねない妥協（Compromise）でもなく、相互に犠牲を伴わない統合という第3の解決方法を提示することとなったのである。また、フォレットは、対立の建設的・平和的な解決方法である統合の根底には、**命令の非人格化・状況の法則**（Depersonalization of the Command / Law of the Situation）という概念があり、命令についても、人間からではなく、状況が求める要請と捉えることによって、上下関係に捉われず、全員が命令を受け入れ、高いモチベーションの下で、共通の目標に向かって協調することができると考えたのである。

3）マズローとアルダーファー

　マズローは、1908年、米国ニューヨークの貧困な家庭で生まれ、ニューヨーク市立大学シティカレッジで法律学を学んだ後、ウィスコンシン大学に転学し、心理学を学んだ後、1930年に心理学学士、1931年に心理学修士、1934年に心理学博士の学位を取得した。その後は、ニューヨーク市立大学ブルック

リン校、ブランダイス大学の教授を歴任し、その間には、人間性心理学の第一人者として活躍し、経営学などの学問領域にも影響を及ぼした後、1970年に生涯を終えることとなった。

マズロー（1954：邦訳, pp.89-101）は、**欲求段階説**によって、人間は、生理的欲求（Physiological Needs）がある程度満たされ、社会が発展していくにつれて、欲求構造における欲求は、安全の欲求（Safety Needs）、所属と愛の欲求（Belongingness and Love Needs）、承認の欲求（Esteem Needs）、自己実現の欲求（Self-Actualization Needs）へと高次の段階へ移行し、自己実現の欲求が優先されていくことを明らかにした。

人間の欲求は、第1段階として、食欲、排泄欲、睡眠欲などの生理的欲求（欠乏欲求）が満たされると、それが当たり前となり、第2段階として、危険を回避して、経済的にも物理的にも安定を求める安全の欲求（欠乏欲求）へと移行する。そして、安全の欲求が満たされると、それが当たり前となり、第3段階として、集団や組織への所属、地域社会との絆、友人、恋人、家族の愛情を求める所属と愛の欲求（欠乏欲求）へと移行する。さらに、所属と愛の欲求が満たされると、それが当たり前となり、第4段階として、集団や組織、友人や家族からの尊敬や信頼を求める承認の欲求（欠乏欲求）へと移行する。最後に、承認の欲求が満たされると、自信がつき、劣等感や表面上のプライドもなくなり、他人からの評価や評判も気にならなくなり、第5段階として、利己的にも利他的にも自己実現を求める自己実現の欲求（存在欲求）へと移行する。

一方、これらの5つの**基本的欲求**は、低次の段階から高次の段階へと不可逆的に移行し、複数の欲求が発生することはない。

マズロー（Maslow, 1954：邦訳, p.225, Maslow, 1971：邦訳, pp.75-76,『人間性の最高価値』）は、基本的欲求とは一線を画した（欲求以外にも、意識、価値、時間などの35にも及ぶ意味から構成される）概念として、現在の活動に没頭して夢中になり目的のみを遂行する**自己超越**という用語を使用している。

アルダーファー（C. P. Alderfer）は、1940年、米国セラーズビルで生まれ、イェール大学で心理学を学んだ後、1962年に心理学学士、1966年に心理学博士の学位を取得した。その後は、コーネル大学、イェール大学、ラトガース大学の講師やプログラムディレクターなどを歴任し、その間には、心理学者とし

て活躍し、2015年に生涯を終えることとなった。

　アルダーファー（1972）は、**ERG 理論**によって、マズローの欲求段階説をより現実的に修正することとなった（井原, 2008, p.141）。

　ERG 理論における欲求の段階は、生存の欲求（Existence Needs）、関係の欲求（Relatedness Needs）、成長の欲求（Growth Needs）の３段階に分類され、欲求は、低次の段階から高次の段階へと不可逆的に移行するだけでなく、逆行したり、複数の欲求が同時に発生したりすることもありうる。逆行する欲求については、愛する家族や友人との関係の欲求（所属と愛の欲求）が満たされ成長の欲求（承認の欲求や自己実現の欲求）の段階にあったとしても、死別や離別によって、関係の欲求の段階に逆戻りすることもありうるし、生存の欲求（生理的欲求や安全の欲求）が満たされ関係の欲求の段階にあったとしても、大病の発症や紛争の勃発によって、生存の欲求に逆戻りすることもありうるからである。複数の欲求については、たとえば、猛練習によって、野球が得意分野となった場合は、野球に対する劣等感がなくなり、高次の成長の欲求（自己実現の欲求）の段階になったとしても、努力不足によって、勉強が不得意分野となった場合は、勉強に対する劣等感が残り、低次の成長の欲求（承認の欲求）の段階のままとなりうるからである。

４）アージリスとマグレガー

　アージリスは、1923年、米国ニューアークの移民の家庭で生まれ、クラーク大学で心理学を学んだ後、1947年に心理学修士を取得し、カンザス大学に転学し、1949年に心理学修士および経済学修士を取得し、コーネル大学に転学し、1951年に組織行動論博士を取得した。その後は、イェール大学、ハーバード大学の教授を歴任し、組織行動論の研究者としてだけでなく、コンサルタントとしても活躍し、2013年に生涯を終えることとなった。

　アージリス（1957）は、個人の欲求と組織目的の追求という相反する課題を捉え、個人と組織の**葛藤**を心理学的に説明するとともに、個人の成長に合わせて、組織も変わらなければならないことを明らかにした。

　人間のパーソナリティ（Argyris, 1957：邦訳, pp.47-92）は、成長するにつれて、未成熟の状態から成熟した状態へと発展する傾向がある。すなわち、①幼児のように受動的な状態から成人のように能動的な状態、②幼児のように他人に依

存する状態から成人のように独立した状態、③幼児のように少なく単純な行動から成人のように多くの複雑な行動、④幼児のように浅くて弱い興味から成人のように深くて強い興味、⑤幼児のように短期的な展望から成人のように長期的な展望、⑥幼児のように家庭や社会における従属的な立場から成人のように家庭や社会における同等・上位の立場、⑦幼児のように自己意識・自己統制の欠乏から成人のように自己意識・自己統制の充足へと発展する傾向がある。

　一方、公式組織は、共通の目的があり、合理的かつ効率的な組織であるため、人間のパーソナリティとは異なる（Argyris, 1957：邦訳, p.94, 個人の欲求対組織の欲求, 邦訳, pp.285-295）。すなわち、①割り当てられ制約された業務と技能の専門化に則した「課業の分化」（Argyris, 1957, pp.100-102）、②部門間の統制・指令・調整から構成される組織に則した「命令の連鎖」（Argyris, 1957：邦訳, pp.102-106）、③各職域の指導者によって立案・指令された同質的な活動に則した「指令の統一」（Argyris, 1957：邦訳, pp.106-107）、④各職域の指導者によって管理される人数の限定に則した「管理の限界」（Argyris, 1957：邦訳, pp.107-109）という４つの基本的原理によって人間のパーソナリティを制約することになる。

　そのため、成熟した人間のパーソナリティによる欲求は、単純かつ受動的な公式組織（Argyris, 1957：邦訳, pp.93-120）による要件との間に**不適合**（葛藤）を引き起こすことになる（Argyris, 1957：邦訳, pp.109-110）。そのため、従業員は、こうした不適合に対して、ネガティブに適応するようになる。すなわち、①退職に代表される「組織を去る行動」（Argyris, 1957：邦訳, pp.125-128）、②忠誠を尽くして昇進を目指す「組織の階段を上るために会社人間になる行動」（Argyris, 1957：邦訳, pp.128-134）、③開き直って自分を正当化する「防衛機構を利用する行動」（Argyris, 1957：邦訳, pp.134-139）、④昇進などの出世をあきらめ賃金などの物質的な誘因にのみ関心をもち無気力に与えられた業務を淡々とこなす「無気力で無関心な行動」（Argyris, 1957：邦訳, pp.139-146）というネガティブな適応行動をとってしまうのである（Argyris, 1957：邦訳, pp.121-146）。

　そこで、アージリスは、こうした不適合をポジティブに解決するために、①従業員に割り当てる課業を増やして能力発揮の機会を与える「**職務拡大**」（Argyris, 1957：邦訳, pp.265-278）、②重要な会議や意思決定に従業員を参加させる「**従業員参加型の従業員中心的なリーダーシップ**」（Argyris, 1957：邦訳,

pp.278-283, 参加的リーダーシップと経営管理, 邦訳, pp.283-285, 従業員中心的なリーダーシップの限界, 邦訳, pp.295-302) によって、従業員の職務満足を重視する必要性を説くこととなった (Argyris, 1957：邦訳, pp.261-307, 現実的リーダーシップ, 邦訳, pp.302-307)。

　マグレガーは、1906年、米国デトロイトで生まれ、ラングーン工科大学を卒業後、ウェイン州立大学に転学し、1932年に卒業後、ハーバード大学に転学し、1933年に心理学修士、1935年に心理学博士を取得した。その後は、マサチューセッツ工科大学、アンティアーク大学の教授や学長を歴任し、心理学者、経営学者として活躍し、1964年に生涯を終えることとなった。

　マグレガーは、ハーズバーグ、マズロー、アージリス、ドラッカー (Drucker, 1954) などの研究成果の影響を受け (McGregor, 1960：邦訳, pp.41-51, 69-90)、人間は、テイラーの科学的管理法に代表される古典的経営理論が想定する強制と金銭的動機づけを要する (命令や統制に基づく) 人間観 (X 理論) に対して、適切な動機づけによって (条件次第で)、自発的に仕事をする人間観 (Y 理論) になることを明らかにした (McGregor, 1960：邦訳, pp.38-66)。

　まず、命令や統制に基づく受動的な人間観 (X 理論)、すなわち、ハーズバーグが例示した『旧約聖書』における**アダム** (Adam) 的な人間観 (McGregor, 1960, p.38) は、以下のような特性を有する。

　　①　人間は、生来仕事が嫌いで、できれば仕事をしたくない。
　　②　そのため、人間は、経済的欲求に基づく物理的な動機づけの効果にも限界があり、強制・統制・命令・処分がなければ、十分に仕事をしない。
　　③　人間は、物理的な動機づけや強制を必要とする一方、野心や責任を回避（安全を選択）する。

　このような人間観 (X 理論) は、マズローやアルダーファーが提示した生理的欲求 (生存の欲求)、安全の欲求 (生存の欲求) といった命令や統制に基づく低次の欲求を満たすだけで十分である。

　つぎに、従業員個人の目標と組織の目標が統合した能動的な人間観 (Y 理論)、すなわち、ハーズバーグが例示した『旧約聖書』における**アブラハム** (Abraham) 的な人間観は、以下のような特徴を有する。

　　①　人間は、生来仕事が嫌いなわけではなく、条件次第で、仕事に満足感を

もつ。

② そのため、人間は、強制・統制・命令・処分がなくても、自発的に仕事をする。

③ 人間は、報酬次第で、目標達成に向けて努力する。

④ 人間は、条件次第で、自発的に責任を引き受けようとする。

⑤ 人間は、高度な想像力に基づいて、創意工夫を凝らそうとする。

⑥ 人間は、組織の一役を担う一員として、知的能力を部分的にしか活かすことができない。

このような人間観（Y理論）は、マズローやアルダーファーが提示した生理的欲求（生存の欲求, McGregor, 1960, p.42）、安全の欲求（生存の欲求, McGregor, 1960：邦訳, pp.42-43）といった命令や統制に基づく低次の欲求でなく、所属と愛の欲求（関係の欲求, McGregor, 1960：邦訳, pp.43-44）、承認の欲求（成長の欲求, McGregor, 1960：邦訳, pp.44-45）、自己実現の欲求（成長の欲求, McGregor, 1960, p.45）といったやる気を引き起こす原動力としての高次の欲求を満たす必要がある。そのためには、従業員も、目標を自己設定し業績も自己評定する**従業員参加型の経営管理**、すなわち、ドラッカー（1954）が指摘した**目標による管理**が必要となる。

このように、マグレガーは、従業員個人の目標と組織の目標との統合と自己統制を目指した経営管理の必要性を説くこととなった（McGregor, 1960：邦訳, p.69）。

5）リッカートとハーズバーグ

リッカートは、1903年、米国シャイアンで生まれ、コロンビア大学を卒業後、1932年に英語圏博士水準の学位（Doctor of Philosophy）を取得した。その後は、ニューヨーク大学、ミシガン大学の研究員や教授、同大学の社会調査研究所の所長を歴任し、社会心理学者として活躍し、1981年に生涯を終えることとなった。

リッカート（1961）の研究は、1947年から15年以上の歳月をかけて、ミシガン大学の社会科学研究所（Institute for Social Research）で、ホーソン実験と同様に、物理的な作業条件と生産性との関係を調査するものであったが、ホーソン実験のような産業における人間的要因という問題提起を行っただけでなく、因果的要因、媒介変数および終末結果要因といった3つの変数を使用した組織的、統

計的、定量的な測定によって、リーダーシップと生産性との関係を明らかにするものであった。また、リッカートは、**行動科学的アプローチ**によって、ホーソン実験が重視した非公式組織だけではなく、公式組織にも人間的側面があると説き、組織体全体に対して、客観的な測定を行うことによって、監督方式と生産性との関係を明らかにした。すなわち、リッカートは、生産性の低い部門には、仕事中心的な監督者が多く、生産性の高い部門には、従業員中心的な監督者が多いことを明らかにしたのである（Likert, 1961：邦訳, pp.12-15）。また、リッカートは、従業員中心的な組織を**連結ピン**（図表4-2）の機能にたとえて説明している（Likert, 1961：邦訳, pp.152-155）。

　図の上段にある1つの大三角形は上位階層組織、中段にある3つの中三角形は中位階層組織、下段にある9つの小三角形は下位階層組織を示している。上段、中段および下段の三角形が重なり合った個所にある白丸は、それぞれ、下位階層から上位階層への意見や上位階層から下位階層への意思決定などの情報を伝達する担当者を表しており、矢印の向きは、こうした役割を果たす連結ピンとしての機能を表している。

　このように、リッカートは、従業員の**モチベーション**（個人のやる気）と**モラール**（皆のやる気）を高め生産性を向上させるためには、従業員中心的な監督方式が重要であることを実証的にも明らかにし、その後のリーダーシップ論にも影響を及ぼすこととなった（Likert, 1961：邦訳, pp.223-233, 319-323）。

　ハーズバーグは、1923年、米国リンで生まれ、ピッツバーグ大学に入学し、

図表4-2．リッカートの連結ピン

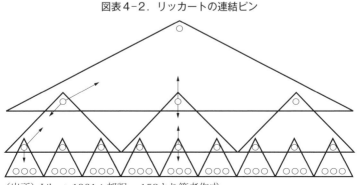

（出所）Likert, 1961：邦訳, p.152より筆者作成。

1950年に博士号を取得した。その後は、ケース・ウェスタン・リザーブ大学、ユタ大学の教授を歴任し、臨床心理学や経営学の研究者としてだけでなく、コンサルタントとしても活躍し、2000年に生涯を終えることとなった。

　ハーズバーグ（1966）は、まず、マズローやマグレガーの研究成果の影響を受け、マグレガーのX理論とY理論という人間像に対して、アダムとアブラハムという人間像を提示した。アダムは、無知無能で完全な人間として創造された精神薄弱の人間像であり、神に禁じられた知識の木の実（禁断の果実）を食べることによって、自分が裸であることを自覚し、神によって苦しみの刑に処されエデンの園から追放されることとなった。アブラハムは、博識有能で神のイメージに合わせて創造された不撓不屈の人間像であり、神との約束を守り信仰することによって、神によって地上の使者に選ばれ契約を結ぶこととなった（Herzberg, 1966：邦訳, pp.13-35）。すなわち、ハーズバーグによると、人間の欲求は、職務の満足から生じる自己実現・成長の追求に関連したアブラハム性（人間）と職務の不満足から生じる痛みの回避に関連したアダム性（動物）という2つの要因から構成され（**二要因理論**）、職務の満足をもたらす要因を**動機づけ要因**、職務の不満足を防止する要因を**衛生要因**と分類したのである（Herzberg, 1966：邦訳, pp.83-106）。つぎに、ハーズバーグ（1966）は、ピッツバーグ市の調査やさまざまな職種の労働者に対する実証的な研究、さらには、これらの職種の労働者に対する実証的な研究を行った研究者に対する詳細な比較研究に基づいて、仕事への満足要因と不満足要因を具体的に根拠づけることとなった。すなわち、①職務の満足をもたらす諸要因には、達成、承認、仕事そのもの、責任および昇進などがあり、これらの要因は職務の不満足にはほとんど影響を及ぼすことがない。また、②職務の不満足をもたらす諸要因には、会社の政策と経営、監督、対人関係、作業条件および給与などがあり、これらの要因は職務の満足にはほとんど影響を及ぼすことがない（Herzberg, 1966：邦訳, pp.83-106）。ハーズバーグは、こうした諸要因を実証的に根拠づけるために、①ピッツバーグ技師、ピッツバーグ会計士、フィンランド監督者、②高水準の専門職業婦人、③地区農業指導員、④引退直前の管理職者、⑤科学者、技師、工場監督者、男子時間給工、女子組立工、⑥病院看護師、技能病院従業員、非技能病院従業員、⑦公益事業監督者、⑧付添婦、⑨ハンガリー技師といった職種に従事する労働者に

対する調査を行った（Herzberg, 1966：邦訳, pp.114-138）。また、ハーズバーグは、同様の研究を行ったウォルト（D. Walt）、クレッグ（D. Clegg）、サレー（S. Saleh）、マイアーズ（S. Myers）、アンダーソン（F. Anderson）、シュワルツ等（M. Schwartz, et al.）、ゲンデル（H. Gendel）、ペルツェル（J. Perczel）といった研究者の調査結果に対しても、入念な比較研究を行った。

このように、ハーズバーグは、マズローやマグレガーの理論を実証的にも前進させることとなった（Herzberg, 1966：邦訳, pp.139-140, 107-146）。

4　近代経営理論

1）近代理論

近代理論は、バーナード（Barnard, 1938）の組織論に代表され、組織内部の資源の管理だけでなく、組織外部の環境への適応も重視した内部・外部志向的な経営理論である。そのため、コンティンジェンシー理論や経営戦略論へ大きな影響を及ぼすこととなった。

人間仮説については、社会的、自律的、限定合理的な人間像を想定する**全人仮説**であり、人間には、経済的要因（物理的欲求）、社会的要因（社会的欲求）、生物的要因（自己実現的欲求）といった多面的な側面があるため、生産性や勤労意欲については、組織のための活動（対内的には個人が組織に提供する価値としての貢献、対外的には目的を達成する能力としての**有効性**）を上回る見返り（対内的には組織が個人に提供する動機としての金銭的・非金銭的誘因、対外的には貢献を達成するために必要な誘因を提供する能力としての**能率**）の充足による（Barnard, 1938：邦訳, pp.20-22, 57-63, 85-99, p.246, 250, 井原, 2008, pp.187-188）。

その後の近代理論は、サイモン（H. A. Simon）の意思決定論に代表され、組織内部の管理だけでなく、組織外部の環境への適応も重視した内部・外部志向的な経営理論である。

人間仮説については、限定された情報、能力、知識のなかで、可能な限り満足のいく意思決定を行う限定合理的な人間像を想定する**経営人（管理人）仮説**である。

2）バーナード革命

バーナードは、1886年、米国モールデンで生まれ、孤児として幼少期を過

ごす一方、ハーバード大学に入学し、1909年に同大学を中退した。その後は、米国の電話会社 AT&T に入社し、1927年に子会社のニュージャージー・ベル社の社長に就任し、社長としての経験を体系化して、1938年に『経営者の役割』を出版した。また、経営理論をパラダイムシフトさせるほど活躍し、1961年に生涯を終えることとなった。

バーナードは、組織内部の資源の管理だけでなく、組織外部の環境への適応も重視することによって、組織を閉鎖体系ではなく、開放体系として捉えた。また、バーナードは、組織を単なる寄せ集めのオーガニゼーション（Organization）ではなく、要素と要素が複雑に絡み合ったシステム（System）として捉えた。そして、組織が成立するためには、**共通の目的、貢献意欲（士気）、伝達（コミュニケーション）**という３つの要素が必要であると説いたのである。

共通の目的は、経営戦略であり（戦略を初めて経営に結びつけた＝チャンドラー〔A. D. Chandler, Jr.〕）、経営者の役割は、従業員全員が参加できる共通の目的を提示し、目的を実現するための戦略を立案し、コミュニケーションを密にとり、貢献意欲を高めていくことである。

まず、公式組織（仕事中心の組織）とは、意識的で、計画的で、目的をもつような人々相互間の協働、すなわち、２人以上の人々の意識的に調整された活動や諸力の体系であり、費用の論理と能率の論理が働く合理的な組織である（Barnard, 1938：邦訳, p.5, 76, 井原, 2008, p.182）。また、上述の通り、公式組織が成立するためには、共通目的、貢献意欲、コミュニケーションという３つの要素が必要となる（Barnard, 1938：邦訳, p.85）。つぎに、非公式組織（人間中心の組織）とは、個人的な接触や相互作用の総合およびすぐ前に述べたような人々の集団の連結であり、感情の論理が働く非合理的な組織である（Barnard, 1938：邦訳, p.120, 井原, 2008, p.182）。また、非公式組織が成立するためには、①伝達機能、②貢献意欲と客観的権威の安定とを調整することによって公式組織の凝集性を維持する機能、③自律的人格保持の感覚、自尊心および自主的選択力を維持する機能が必要となる（Barnard, 1938：邦訳, p.128）。そして、公式組織は、非公式組織から発生し、非公式組織にとって必要なものであるが、公式組織が機能し始めると、非公式組織を創造し、公式組織にとっても必要なものとなる（Barnard, 1938：邦訳, p.126）。すなわち、全体社会は公式組織によって構造化さ

れるが、公式組織は非公式組織によって活気づけられ、条件づけられるため、公式組織と非公式組織の相互依存関係が重要となるのである。また、組織が長期間存続するためには、先述の有効性と能率が必要となる（Barnard, 1938：邦訳, pp.85-86, 95-98）。そして、組織の存続には、有効性と能率だけでなく、経営者の**リーダーシップ**が必要となる。バーナードによると、経営者の役割は、短期的な業績を上げることではなく、組織の価値観や目的を発展させることである。すなわち、組織の存続には、リーダーシップの質とその根底にある**道徳性**の高さが必要となるのである。

　ここで、リーダーシップには2つの側面がある。1つは、体力、技能、技術、知覚、知識、記憶、想像力といった個人的優越性であり、リーダーシップの客観的技術的な側面である。2つは、決断力、不屈の精神、耐久力、勇気といった個人的優越性であり、リーダーシップの主観的管理責任的な側面である。バーナードは、後者のリーダーシップの主観的管理責任的な側面を重視しており、組織の存続はリーダーシップの質にかかっており、その良否はリーダーシップの根底にある道徳性の高さにあると説いたのである（Barnard, 1938：邦訳, pp.269-297）。

　このように、バーナードは、組織内部の資源の管理だけではなく、組織外部の環境への適応も重視することによって、組織を閉鎖体系ではなく、開放体系と捉え（内部管理と外部環境の均衡）、組織観をオーガニゼーションではなく、システム（協働体系）と捉え（組織観の改変）、経営理論を古典理論、新古典理論から近代理論へとパラダイムシフトさせることとなったのである（**バーナード革命**）。また、バーナードは、メイヨー等の影響を受け、非公式組織やコミュニケーションといった**概念**を導入しつつも、経営者の役割を明らかにした総合的なマネジメント理論を構築することとなったのである。

3）サイモン

　サイモンは、1916年、米国ミルウォーキーで生まれ、シカゴ大学に入学し、1936年に同大学の研究助手、1942年にイリノイ工科大学の教員となった。その後は、1943年にシカゴ大学の政治学博士を取得し、イリノイ工科大学（政治学）、カーネギーメロン大学（行政学、心理学およびコンピュータ・サイエンス）の教授を歴任し、経営組織論を主軸としながらも、学際的な業績を残す一方、

1978年にノーベル経済学賞を受賞するほど活躍し、2001年に生涯を終えることとなった。

　サイモン（1957）は、バーナードの理論に対して、より行動科学的な立場から、組織における人間の意思決定のプロセスを明らかにした。

　サイモンは、合理的側面（事実前提）と価値規範的側面（価値前提）からなるバーナードの分析手法から、価値規範的側面を取り除く一方、バーナードによる協働体系としての組織観に意思決定の複合体系としての組織観をつけ加えることによって、より合理的な意思決定論を展開することとなった。また、サイモンによると、人間は、限定された情報、能力、知識しか備えていないため、限定合理的な人間像（経営人仮説）の下で、最大化基準ではなく、満足化基準によって、意思決定を行うことになる（井原, 2008, pp.158-159, 十川, 2006, pp.28-29）。

　バーナードとサイモンは、組織の均衡条件（誘因≧貢献）を明らかにすることとなったが（**組織均衡論**）、サイアート＝マーチ（Cyert and March, 1963）は、コンピュータ・シミュレーション・モデルを駆使して、バーナードとサイモンの意思決定論の精緻化に取り組み、バーナードの**協働体系**としての組織観、サイモンの意思決定の複合体系としての組織観を**情報処理の体系**として捉え直すこととなった（井原, 2008, pp.160-162）。

４）コンティンジェンシー理論

　バーナードとサイモンの開放体系としての組織観は、環境の変化と組織構造や管理手法との相関関係を研究する**コンティンジェンシー理論（条件適合理論）**にも影響を与えることとなった。

　代表的なコンティンジェンシー理論には、バーンズ＝ストーカー（Burns and Stalker, 1961）による研究、ウッドワード（Woodward, 1965）等による研究、ローレンス＝ローシュ（Lawrence and Lorsch, 1967）による研究がある。

　バーンズ＝ストーカー（1961）は、英国とスコットランドの20社を調査し、環境の変化が激しい業界では有機的システム、環境の変化が緩やかな業界では機械的システムが適していることを明らかにした。ウッドワード（1965）等は、英国サウスエセックス地域の製造業100社を調査し、生産システムによって組織構造が異なっていることを明らかにした。ローレンス＝ローシュ（1967）は、

環境の変化と組織構造や管理手法との相関関係に関する研究を整理したうえで、プラスチック産業、食品産業、容器産業を調査し、環境の変化の激しいプラスチック産業では高度の分化と統合が必要となり、環境の変化の緩やかな容器産業では統合が必要となることを明らかにし、環境の変化と組織構造や管理手法との相関関係に関する研究をコンティンジェンシー理論と定義した。

　一方、コンティンジェンシー理論によると、環境の変化に応じて組織構造が変化し、戦略も計画通りに実現されるため、組織が環境に影響を及ぼす可能性は無視されてしまう。

　ミンツバーグ等（Mintzberg, 1978, pp.934-948, Mintzberg, et al., 2008：邦訳, pp.448-451）は、環境の変化に応じて組織が変化し、戦略が計画通りに実現するのではなく、環境の変化に応じて、組織が戦略を変更する場合もあると指摘している。また、ミンツバーグ等は、現実に組織がとる戦略は、組織内の経営者によって策定された**計画戦略**だけでなく、環境の変化によって変更された**創発戦略**もあると指摘している。すなわち、環境の変化が緩やかな業界では計画戦略、環境の変化が激しい業界では創発戦略が適しているのである。また、組織が環境によって一方的に影響を受ける（環境→戦略→組織）だけではなく、組織がイノベーションを引き起こして環境に影響を及ぼすこともあるのである（十川, 2006, pp.32-35）。

5）管理から戦略へ

　このように、バーナード革命以降は、環境の変化や企業規模の拡大によって、計画的な管理の限界が出てきた。

　そのため、企業は、競争優位（圧倒的な技術力と収益性）の獲得維持のために、**事業領域**（Business Domain）を設定して、**長期的な目標・方向性**（Vision）を提示することによって、外部環境の変化に適応していく必要性が出てきた。すなわち、経営課題は、組織内部の管理から外部環境への適応へ（管理から戦略へ）とシフトし始めたのである。なお、テキストなどで一般的に経営戦略の創始者とされるチャンドラー（1962）やアンゾフ（Ansoff, 1965）については、第6章で解説する。

98

コ ラ ム

資源と資本と経営学

　経済学や経営学の文献には、資源とか資本といった用語が頻繁に登場するが、両者を明確に整理してみたい。まず、資源とは、人間の生活や産業の活動に必要なすべてのものであり、水、鉱物、エネルギー、森林、水産物といった「天然資源」（希少性も経済価値もない取引対象外の空気や海水は経済財ではなく、自由財のため資源とは呼ばない）、ヒト（人的資源）、モノ（物的資源）、カネ（財務資源）、情報（情報資源）といった「経営資源」、観光名所や電波といった「その他の資源」に分類される。つぎに、狭義の資本とは、元手となるカネであり、広義の資本とは、生産手段のモノを含めたものであり、経済資本と呼ばれる。その他、高い教養や洗練された習慣を文化資本と呼んだり、人脈や信頼など社会全体を豊かにする人間関係（財産）を社会関係資本と呼んだりもする。原初的には、経済資本を所有する資本家が労働者を雇用して、利益を追求するシステムを資本主義社会と呼ぶ。この資本主義社会の中心で産業活動の主体である企業の活動を取り扱う学問領域を経営学と呼ぶ。企業は唯一の生産主体であり、企業による生産活動は市場を通して評価される。家計には、生産活動によって生活に必要な財・サービスを供給してくれるため、消費者としての生活が保障され、雇用によって財・サービスを購入するための生活費（給与賃金）も支給してくれるため、労働者としての生活も保障されるのである。また、政府には、法人税によって国家の政策運営に必要な財源を納付してくれるため、政府としての活動が保障されるのである。企業は、法律上は株主のものであり、ビジネス上は顧客や地域社会のものであり、経営者の企業観は従業員（米国は株主）のものであり、バブル崩壊前は経営者のものであり、時代はあらゆるステークホルダー（企業を取り巻く利害関係者―従業員、顧客、取引先、株主、金融機関、地域社会、地域住民、従業員の家族、労働組合、行政機関、政府など）のものである。経営者は、企業が永続企業体として存続していくために、経営理念（企業の存在理由）に即して、利益を獲得し、ステークホルダーに還元することによって、ステークホルダーとの良好な関係を維持するだけでなく、規模も拡大していかなければならないのである。

引用参考文献

Alderfer, C. P. (1972), *Existence, Relatedness, and Growth : Human Needs in Organizational Settings*, Free Press.

Ansoff, H. I. (1965), *Corporate Strategy*, McGraw-Hill.（広田寿亮訳『企業戦略論』産業能率短期大学出版部, 1969。）

Ansoff, H. I. (1979), *Strategic Management*, Macmillan. (中村元一監訳『アンゾフ戦略経営論』中央経済社, 2007。)

Argyris, C. (1957), *Personality and Organization : The Conflict between System and the Individual*, Harper & Row. (伊吹山太郎・中村実訳『新訳 組織とパーソナリティー—システムと個人との葛藤—』日本能率協会, 1970。)

Barnard, C. I. (1938), *The Functions of the Executive*, Harvard University Press. (山本安次郎・田杉競・飯野春樹『新訳 経営者の役割』ダイヤモンド社, 1968。)

Burns, T. and Stalker, G. M. (1961), *The Management of Innovation*, Oxford University Press.

Chandler, A. D. Jr. (1962), *Strategy and Structure : Chapters in the History of the American Industrial Enterprise*, MIT Press. (有賀裕子訳『組織は戦略に従う』ダイヤモンド社, 2004。)

Cyert, R. M. and March, J. G. (1963), *A Behavioral Theory of the Firm*, Prentice Hall. (松田武彦・井上恒夫訳『企業の行動理論』ダイヤモンド社, 1967。)

Deming, W. E. (1950), *Elementary Principles of the Statistical Control of Quality*, Nippon Kagaku Gijutsu Remmei. (日本科学技術連盟訳『デミング博士講義録 統計的品質管理の基礎理論と応用』日本科学技術連盟, 1952。)

Drucker, P. F. (1954), *The Practice of Management*, Harper & Row. (上田惇生訳『ドラッカー名著集2・3 現代の経営（上・下）』ダイヤモンド社, 2006。)

Fayol, J. H. (1917), *Administration Industrielle et Générale*, Edition presentee par P. Morin, Dunod. (佐々木恒男訳『産業ならびに一般の管理』未来社, 1972。)

Follett, M. P. (1940), *Dynamic Administration : The Collected Papers of Mary Parker Follett*, edited by Metcalf, H. C. and Urwick, L., Harper & Row. (米田清貴・三戸公訳『組織行動の原理』未来社, 1972。)

Herzberg, F. I. (1966), *Work and the Nature of Man*, Thomas Y. Crowell. (北野利信訳『仕事と人間性—動機づけ-衛生理論の新展開—』東洋経済新報社, 1968。)

Lawrence, P. R. and Lorsch, J. W. (1967), *Organization and Environment : Managing Differentiation and Integration*, Harvard Business Review Press. (吉田博訳『組織の条件適応理論—コンティンジェンシー・セオリー—』産業能率短期大学出版部, 1977。)

Likert, R. (1961), *New Patterns of Management*, McGrow-Hill. (三隅二不二訳『経営の行動科学—新しいマネジメントの探求—』ダイヤモンド社, 1964。)

Maslow, A. H. (1954), *Motivation and Personality*, Harper & Row. (小口忠彦監訳『人間性の心理学』産業能率短期大学出版部, 1971。)

Maslow, A. H. (1971), *The Farther Reaches of Human Nature, An Esalen Book*, Viking Press. (上田吉一訳『人間性の最高価値』誠信書房, 1973。)

Mayo, G. E. (1933), *The Human Problems of an Industrial Civilization*, Macmillan.

McGregor, D. M. (1960), *The Human Side of Enterprise*, McGraw-Hill. (高橋達男訳『新版 企業の人間的側面—統合と自己統制による経営—』産業能率大学出版部, 1990。)

Mintzberg, H. (1978), "Patterns in Strategy Formation," *Management Science*, 24(9), pp.934-948.

Mintzberg, H., Ahlstrand, B. and Lampel, J. (2008), *Strategy Safari : The Complete Guide Through the Wilds of Strategic Management 2nd Edition*, Financial Times.（齋藤嘉則監訳『戦略サファリ―戦略マネジメント・コンプリートガイドブック―（第2版）』東洋経済新報社, 2012。）

Shewhart, W. A. (1939), *Statistical Method from the Viewpoint of Quality Control*, The Graduate School, the Department of Agriculture.（坂元平八監訳『品質管理の基礎概念―品質管理の観点からみた統計的方法―』岩波書店, 1969。）

Simon, H. A. (1957), *Administrative Behavior : A Study of Decision-Making Processes in Administrative Organization*, Macmillan.（松田武彦・高柳暁・二村敏子訳『経営行動（第2版）』ダイヤモンド社, 1965。）

Taylor, F. W. (1895), "A Piece Rate System : Being a Step Toward Partial Solution of the Labor Problem." *Transactions of the American Society of Mechanical Engineers*, 16, pp.856-903.（上野陽一訳「出来高払制私案」『科学的管理法』産業能率短期大学出版部, pp.1-35, 1957。）

Taylor, F. W. (1903), "Shop Management," *Transactions of the American Society of Mechanical Engineers*, 24, pp.1337-1480.（上野陽一訳「工場管理法」『科学的管理法』産業能率短期大学出版部, pp.37-202, 1957。）

Taylor, F. W. (1911a), *The Principles of Scientific Management*, Harper & Brothers.（上野陽一訳「科学的管理法の原理」『科学的管理法』産業能率短期大学出版部, pp.203-312, 1957。）

Taylor, F. W. (1911b), *The Principles of Scientific Management*, Harper & Brothers.（有賀裕子訳『新訳　科学的管理法―マネジメントの原点―』ダイヤモンド社, 2009。）

Woodward, J. (1965), *Industrial Organization : Theory and Practice*, Oxford University Press.

石川馨 (1964),『新編　品質管理入門（A編）』日本科学技術連盟。

井原久光 (2008),『テキスト経営学―基礎から最新の理論まで―（第3版）』ミネルヴァ書房。

大西淳也・福元渉 (2016),「PDCA についての論点の整理」『PRI Discussion Paper Series』No.16A-09, https://dl.ndl.go.jp/view/prepareDownload?itemId=info% 3 Andljp%2Fpid%2F11350436&contentNo=1, 2023年3月21日アクセス。

佐々木恒男 (1972),「訳者あとがき」ファヨール, H. 著、佐々木恒男訳『産業ならびに一般の管理』未来社, pp.222-223。

十川廣國 (2006),『経営学イノベーション1　経営学入門』中央経済社。

デミング, W. E. (1950),「経営者にあたう」『品質管理』1(7), pp.2-5。

水野滋 (1952),「品質管理を学ぶために」『品質管理』3(1), pp.46-50。

水野滋 (1954),「品質管理実施にあたっての誤り」『品質管理』5(3), pp.114-117。

水野滋 (1984),『全社総合品質管理』日本科学技術連盟。

水野滋・富沢豁 (1959),「管理図講座　第1講　管理の考え方」『品質管理』10(1), pp.52-64。

練習問題

1. 経営学の基礎理論、各論、学際的な応用理論および標準理論について、整理しなさい。

2. 経営管理論と経営組織論を人間仮説別に3つに分類しなさい。

3. バーナード革命のポイントを2点説明しなさい。

第 5 章　経営組織

1　組織の成立

1）組織の要件

（1）**組織の定義**　現代の社会には企業・役所・学校・病院などさまざまな組織がある。経営のための組織、経営組織を含めて、なぜ現代社会でそのように膨大な数の組織が成立しているのであろうか。それはとりもなおさず組織をつくることに大きな意義があるからである。そして企業は資本主義経済では最もよく目にする経営組織であり、またこれは収益によって存続する**営利組織**でもある。一方で組織の運営には種々の課題や困難が伴う。また組織にはそれ特有の現象、**組織現象**が見られる。これらについて学ぶのが組織論である。

そういった組織論の具体的内容に入る前に、まず組織とは何かを明確にしておこう。バーナード（C. I. Barnard）によれば、組織（Organization）とは「意識的に調整された人間の活動や諸力の体系」（Barnard, 1938, p.72：邦訳, p.75）と定義される。そこで行われているのは協力して働く行為すなわち**協働**（Cooperation）である。それでは複数の人間が集まり協働を行うのはなぜであろうか。バーナードはこの点について、「協働は、個人にとっての制約を克服する手段として存在理由をもつ」（Barnard, 1938, p.23：邦訳, p.24）としている。

言い換えれば、一個人だと限界があるが、組織ならば可能性が広がり成長も見込めるということがある。たとえばレストランを営む場合、全体を管理するマネジャー、料理をつくる調理担当、接客・給仕係、飲み物の担当、レジ係、会計帳簿を作成し資金の管理を行う経理担当がいたほうが経営は円滑に進みやすい。これらすべてを1人で行うのは難しいし、仮にそれが可能でも事業の成長には限界がある。またシェフだけ多数いても、よいレストランにはならない。おいしい料理をつくるシェフ、人当たりがよい接客係、料理にぴったり合うワ

インを選ぶことができるソムリエ、そのほかのスタッフの協力と連携があって、おいしくて雰囲気のよいレストランとなる。組織が適切に編成され有効に運営されれば、異なる能力の組み合わせにより相乗効果が生まれるのである。

　組織をつくって分業を行い、各職務を専門的に遂行することにより生産性は高くなり、成果物もより大きなものとなる。このような分業のメリットが得られるというのも、資本主義経済における組織の強みである。

　事業活動は**意思決定**の連続である。そして意思決定には第2節で述べるように**知識**と**情報**が必要である。これが不足していると、状況が把握できないという不確実性に繋がる。一方で知識と情報はメンバー間でほぼゼロコストで伝達でき、また同時に共用が可能であるという公共財的性格をもつ。組織をつくり、個々のメンバーが保有する知識、獲得した情報を出し合い共有することで、意思決定に伴う不確実性は削減される。また共有共用することで知識と情報が生み出す価値は大きくなる。

　前述のレストラン経営の場合、自分ができない業務を外部に委託することもできる。たとえば帳簿の作成を手数料を支払って外部の経理会社に任せるという方法もある。しかしこうした**アウトソーシング**では契約内容を詳細に決めなければならないし、心理的なエネルギーも含めて相手をモニタリング（監視）するコストが生じる。簿記の職能をもつ者を雇い、経理の職務を内部化することでこのような**取引コスト**を削減できる。同様に、外部の広告代理店に広告宣伝を任せる広義のコストが大きいと評価するならば、内部に広告宣伝部を設けることになる。こうして組織が形成されていくとする考え方もある。

　財・サービスの売買では一般に取引当事者間に情報の非対称（偏在）がある。たとえばある会社の株を売買する際に、その会社が近日中に赤字決算を発表するということを売り手は知っているが、買い手は知らないという場合がある。このようなとき、売り手は買い手にその情報を与えず、そのまま有利に取引を進めようとする。このような情報の非対称下での利己主義や駆け引き的行動を**機会主義**という。この機会主義は労働の売買でも生じうる。労働の売り手（求職者）は自分の能力や適性についてよく知っているが、買い手（採用側）はこれらを知らないし、筆記試験や面接ですべてを見抜けるわけではない。このため労働を時間単位、1日単位で売買すると、期待された通りに職務を遂行せず賃

金だけ得るというケースが起こりうる。20年、30年単位で長期間雇用することでこのような労働売買における機会主義を防止できる。そのように考えると経営組織、企業は労働市場を内部化したもの、**内部労働市場**とみなすことができる。

　(2)　**組織成立の3要件**　　バーナードは、組織の成立要件についてつぎのように述べている。すなわち、「組織は、(1)相互に意思を伝達できる人々がおり、(2)それらの人々は行為を貢献しようとする意欲をもって、(3)共通目的の達成をめざすときに、成立する。したがって、組織の要素は、(1)伝達、(2)貢献意欲、(3)共通目的である。これらの要素は組織成立にあたって必要にして十分な条件であり、かようなすべての組織にみられるものである」(Barnard, 1938, p.82：邦訳, p.85)。この伝達、貢献意欲、共通目的の3つは組織を組織たらしめる要件であるといってもよい。組織はこれらすべてが充足されたときに成立し、1つでも欠けると組織は崩壊する。

　このうち**貢献意欲（協働意欲）**は、簡単にいえば「この組織のためにがんばろう」という気持ちを指す。定義上、人間のいない組織はありえないが、物理的に複数個人が存在すれば組織は成立するのかというとそうではない。厳密にいえば、組織を構成するのは組織メンバーの能力、労働とその他の行為、影響関係であるから、そこには協働体系に対して貢献しようとするメンバーの意欲が不可欠となる。

　共通目的は、個々人をまとめあげる組織としての目的である。組織が統合を維持し、一個の有機体として前進するためには全体としての目的を必要とする。つまり組織が成立するためには、協働によって何をなすのか、何のための組織なのかということが明確になっており、これがメンバーに認識され共有されていなければならない。

　そして**伝達**とは、言葉、文字による意思や情報のやりとり、つまり**コミュニケーション**のことである。メンバーが毎日言葉を交わさずに働いている状態は健全な組織のあり方とはいえない。すなわちメンバーの努力を協働体系として束ね、さらにその協働体系を単なる制度や構造とせず、有機的に機能させるためにはコミュニケーションがなければならない。

　(3)　**有効性と能率**　　バーナードによれば、成立した組織が存続できるかど

うかは、その組織における協働の有効性（Effectiveness）と能率（Efficiency）にかかっている。つまり両者が組織の存続性を規定する。有効性と能率は以下のように区別される。

　有効性とは端的には共通目的の達成度合いを指す。つまりこれは協働が組織としての目的をどの程度実現しているかを示すものである。ただし有効性には、協働そのもの以外に、組織を取り巻く外部環境も影響を及ぼす。これらのことについて、バーナードはつぎのように述べている。「組織の継続は、その目的を遂行する能力に依存する。これは行為の適切さと環境の条件の双方に依存する」（Barnard, 1938, p.91：邦訳, p.95）。

　それに対し、能率はメンバー個々人の動機をどれだけ充足できているかという概念である。能率が重要であるのは、組織はこれに参加し続けるメンバーを必要とするからである。そして組織はそのようなメンバーの努力を引き出し、協働に投入させることで存続する。

　このため組織はメンバーに**誘因**（Incentive）を与えて個人動機を充足する必要がある。したがって「あらゆる種類の組織において、適当な誘因を提供するということが、その存続上最も強調されなければならない任務となる」（Barnard, 1938, p.139：邦訳, pp.145-146）。企業における誘因にはいろいろあるが、たとえば労働に見合う賃金がこれに当たる。

　サイモン等（H. A. Simon, et al.）は、誘因と貢献に関するバーナードの考えを発展させ、組織存続の一般的要件（公準）、内的均衡（内部経済）の条件をつぎのように明確化した。すなわち、「１. 組織は、組織の参加者と呼ばれる多くの人々の相互に関連した社会的行動の体系である。２. 参加者それぞれ、および参加者の集団それぞれは、組織から誘因を受け、その見返りとして組織に対して貢献を行う。３. それぞれの参加者は、彼に提供される誘因が、彼が行うことを要求されている貢献と、（彼の価値意識に照らして、また彼に開かれた代替的選択肢に照らして測定して）等しいかあるいはより大である場合にだけ、組織への参加を続ける。４. 参加者のさまざまな集団によって供与される貢献が、組織が参加者に提供する誘因をつくり出す源泉である。５. したがって、貢献が十分にあって、その貢献を引き出すのに足りるほどの量の誘因を供与している限りにおいてのみ、組織は『支払い能力がある』―存在し続けるであろう」（Simon, et al.,

1950, pp.381–382, （　）内の補足はサイモン等による）。

　このうち第3の条件は誘因（Incentive）と貢献（Contribution）の均衡、いわゆるICバランスと呼ばれるもので、各メンバーにとってI≧Cが組織に参加し続ける条件であることを示している。ただしすべての組織メンバーが自分の貢献と組織から得られる誘因を常にビジネスライク（シビア）に比較し、誘因が不十分ならばすぐにその組織を辞めるとか、誘因に関し有利な他の組織への移籍を虎<ruby>視<rt>こ</rt></ruby>眈<ruby>々<rt>し</rt></ruby>と狙っているかというと、そうでもなかろう。これをどの程度意識するかには個人差や状況による差異がある。

２）経営組織の現代的形態

　（1）　職能別部門組織　　現代の企業が採用している組織形態には、どのようなものがあるのだろうか。まず職能別に部門を編成する職能別部門組織が挙げられる。たとえば営業部、人事部、総務部、経理部、製造部、その他という組織編成がこれに当たる。

　この職能別部門組織では、共通点や関連性の多い職能・職務をまとめることによって部門がつくられる。したがって部門ごとに似かよった技能や知識をもったメンバーが集まることになる。そして収益と直接関係している部門を**ライン部門**、ライン部門を補佐したりこれに助言したりする部門を**スタッフ部門**と呼ぶ。ライン部門の典型は、購買や生産、販売に携わる部署である。スタッフ部門の例としては、総務・庶務や広告宣伝・広報にかかわる部門が挙げられる。

　職能別部門組織には、つぎのような長所がある。第1に、専門化による利点が大きい。職能別部門組織では、購買、生産、販売といった機能が、それぞれ1つの部門により専門的に担われる。このため、効率的な機能遂行が期待できる。この利点はある種の分業のメリットと見ることもできる。第2に、1人の管理者がコントロールできる範囲が広い。同じ職能をもったメンバーが同じ部門に集められ、しかも多くの場合、管理者もその職能を備えているので、管理がしやすい。たとえば経理部には経理の職能をもったメンバーが集められ、通常、経理の経験が長い者が管理者となるため、共通の言語、同じバックグラウンドでコミュニケーションが行われうる。

　一方、職能別部門組織の短所としては、つぎのことが挙げられる。第1に、

セクショナリズム（部門間対立）が発生しやすい。職能の分化は往々にして思考様式の分化を呼び起こす。たとえば「販売の論理」と「生産の論理」といったように、部門ごとに独自の考え方や行動パターンがつくられやすい。それが部門間に目に見えない壁をつくることがある。第2に、各部門の業績評価が困難だということである。つまり会社の売上や利益が増えた際に、どの部門の努力によるものなのかをはっきりさせることは、職能別部門組織では難しい。

(2) **事業部制組織**　　企業のなかには、テレビ事業部、パソコン事業部、コピー機事業部、その他というように、商品別に組織を編成しているものがある。これは事業部制組織といわれる組織形態である。

事業部制組織では、多くの場合、商品カテゴリー（分野）別に事業部をつくり、各事業部は独立会社と同じように担当商品の開発、生産から販売までを一貫して行う。事業部を統率するのは事業部長で、この事業部長がその商品領域に関し、利益を上げる最終責任を負う。事業部長はその事業に関する限り、実質的に社長と同じ役割を果たすといえる。

この事業部制組織の長所は、つぎの通りである。第1に、経営者が環境変化や競合企業の動向に会社全体として対応するための**戦略的意思決定**に専念することができる。これは、各事業部の運営が基本的にはすべて事業部長に任せられるからである。第2に、第1の長所とも関係するが、事業部レベルの戦略的意思決定を事業部長が行うため、経営者的なセンスをもつマネジャーが増える。また事業部長が社長としての訓練を積むことができ、トップ・マネジャーの育成が促進される。第3に、意思決定が迅速化し、環境変化への臨機応変な対応が可能となる。事業の内部状況やこれを取り巻く環境をよく把握できているのは本社よりも各事業部であるため、権限委譲により意思決定の的確性も向上する。第4に、各事業部の間に競争心、ライバル意識が生まれ、組織が活性化されうる。これは、事業部ごとに業績を出し、比較することが容易だからである。

他方で事業部制組織には、つぎのような短所がある。第1に、場合により事業部の壁に阻まれて、知識と情報の全社的共有がなされにくくなる。前述した事業部間の競争心、ライバル意識が強過ぎると、知識と情報の「囲い込み」心理が生ずる。第2に、業務上の非効率とコスト面での無駄が生じがちである。たとえば複数の事業部で使っている共通の部品を共同発注すれば購入コストは

一般的に安くなるが、これが個別に仕入れられることがある。複数の事業部が同じような製品の開発を別々に進めてしまうこともある。第3に、各事業部が重複して設備等の資源をもつため、企業全体としてみれば保有資源が過剰になりがちとなる。第4に、各種の製品を結合したシステム需要に対応しにくい。複数の事業領域にまたがる新製品や新サービスも創造されにくい。

なお事業のターゲット市場や戦略的な位置づけが共通する事業部をまとめて組織的な単位としているケースも見られる。これは一般的に戦略的事業単位、Strategic Business Unit（SBU）と呼ばれる。

また事業部の自己完結性と利益責任を強化して、これをいわば「企業内企業」にしている組織形態もある。これは**カンパニー制**、あるいは社内カンパニー制と呼ばれる。この場合には、カンパニー（事業部）ごとに財務諸表も作成される。カンパニー制では、一般的に事業部のトップは事業部長ではなくプレジデントと称される。

⑶　**マトリックス組織**　建設会社では工事ごとに、A地区再開発プロジェクト、地下鉄B線工事プロジェクト、Cビル建設プロジェクトというようなプロジェクトが組まれ、社内のいろいろな部門からメンバーが選抜される。資材調達、設計、工程管理、経理、法務等の各部門からメンバーが集められてプロジェクトが設立され、複数の工事案件が同時進行するのである。これはマトリックス組織と呼ばれる組織形態である。

マトリックス組織は、いわば縦と横の2つの軸によって、格子状の協働体系を常態的に形成・維持する組織形態である。そこにおいてメンバーは単一部門ではなく、2つの部署ないし事業単位に属し、2つの報告命令系統（権限系統）の下に置かれる。

この組織形態の長所は、異なる職能のメンバー間で日常的に協働が行われ、部門横断的なコミュニケーションが活発化するということである。短所は2軸で編成されているために報告命令の混乱、管理者間の主導権争いが生じうるということである。

⑷　**その他の組織形態**　本業の性質上、新事業開発にいわば「アイデア勝負」の側面があり、いつも社内のどこかでニュービジネスのアイデアが練られ、その立ち上げが行われているという企業もある。そういう企業では事業が百花

繚乱の傾向がある。

　その一方で採算のとれない事業の見切りも早い。端的にいえば、臨機応変に起業と撤退が行われているのである。それぞれの事業を担当する組織もつくられては廃止されるということが日常的に行われているので、事業部制は向かない。長期間、同じ事業を職能別部門の分業によって効率よく経営するというスタイルとも相容れない。

　事業のスクラップ・アンド・ビルドが活発なこういう企業は、それぞれの事業を運営するプロジェクトないしチーム、独立採算で利益責任を負い生まれては消え、消えては生まれる小集団の集まりとして、自社を組織化するのが自然の流れで、実際にそうしている場合が少なくない。

　多数の従業員に経営者意識をもたせたいという場合にも、小集団で会社を編成することがある。このような組織編成を比較的早期に取り入れた代表的な企業は京セラ株式会社で、同社はこのような組織単位に「アメーバ」という名前をつけている。

2　組織の内部現象

1）所属と準拠

　(1)　**地位と役割**　　毎日の生活が自給自足で行われていた原始時代においては、日々のあらゆる活動が「家族」を土台にして行われていた。したがって人間が所属する集団も家族、もしくはいくつかの家族により形成された共同体だけであった。しかしながら現代社会には無数の組織・集団が成立し、社会的な分業が行われている。

　そして現代人は複数の組織・集団に所属し、それぞれにおいて固有の地位を与えられ、役割を演じている。そのような地位と役割の使い分けができないと、現代社会で生きていくことは難しい。

　すなわち組織や集団ごとに個人は地位 (Status) を与えられる。このような地位の付与には長男、社長の娘といったように生得的要因に基づくものもあれば、店長や国会・地方議会の議員といったように獲得に当該個人の意思と努力が働いているものもある。そして個人は地位に付随する役割 (Role) を遂行する。たとえば1人の人間が教育を受けるために大学に所属し、賃金を得るために学習

塾という職場の一員となり、大学では学生として学び、塾では教師として教えるというように地位と役割を使い分ける。さらにこの人がロックバンドや野球チームという集団に属しているならば、そこにおける地位と役割、大学の学生や学習塾の教師とは異なる属性が加わる。

　(2)　**規範と準拠枠**　　組織や集団には、「ここではこうしろ」とか「ここではこうしてはいけない」というようなメンバーの思考・行動・知覚に規定原理として働く暗黙のルール、規範 (Norm) がある。このような規範の機能には、主として以下の 3 つがある。第 1 に、規範は、メンバーが思考・行動・知覚する際にこれらを方向づけし、これらに一定の指針を与えることで、思考・行動・知覚に必要なエネルギーを減少させる。第 2 にメンバーが規範に則って思考・行動・知覚することにより、他のメンバーから見たそのメンバーの行動予測性が高まる。第 3 に規範はメンバーの思考・行動・知覚の同一性を高めることにより、集団の統合を強化する。規範にはこのように集団の統合維持という機能があるため、往々にしてこれは斉一性の圧力、つまり「早く染まれ」「同調せよ」というプレッシャーとなってメンバーに働き、これに従わない者には制裁 (Sanction) が加えられる。

　現代人は複数の組織・集団に所属しているものの、どの組織・集団にも同じ態度、意識で参加しているとは限らない。言い換えれば、所属する組織・集団の規範がすべて同じように個人に影響を与えるわけではない。むしろ多くの場合、個人は所属している組織・集団のうちいずれかへの帰属を強く意識し、その規範の影響をとくに強い形で受けている。このような規範を「準拠枠」(Frame of Reference) と呼ぶ。そして規範が最も強く個人に影響を与えている組織・集団を**準拠組織** (Reference Organization)、**準拠集団** (Reference Group) という。

２）モチベーション

　(1)　**組織と動機づけ**　　組織では、第 1 節で述べたように協働への貢献意欲、すなわち職務を遂行する意欲の喚起が必要となる。組織には「協働体系」という側面があるから、メンバーからこのような貢献意欲が引き出されないと、組織は存続できない。

　企業においては、協働のあり方 (枠組み) もさることながら、そのような意欲がどの程度確保されているかに生産性が大きく左右される。分業や権限配分が

合理的になされていても、従業員の多くが職場に溶け込めていないとか職務に打ち込めないといった**疎外感**を感じている状況では、企業は大きな成果を上げられない。しかも労働者は単純にはコントロールされない複雑な心理をもった存在である。

そして一般に、個人の内部で目的にかなった意欲が喚起されることを動機づけあるいはモチベーション（Motivation）という。芸術の場合、自然や人物、芸術家内部の心象が動機づけのきっかけ、すなわちモチーフ（Motif）となって創作意欲が湧き、そのモチーフを対象あるいは主題として創作が行われる。協働における動機づけは2つに大別され、職務そのものによってこれがなされる場合と、職務以外の賃金等によってなされる場合とがある。前者、すなわち貢献意欲を喚起する誘因、芸術でいうモチーフが職務そのものである場合を**内発的動機づけ**という。後者、すなわち職務以外の要因たとえば高い賃金や昇進、職場における人間関係によって協働への貢献意欲が刺激される場合を**外発的動機づけ**という。

(2) **動機づけの要因**　ハーズバーグ（F. I. Herzberg）は職務への動機づけに関し、職務そのものが重要であるが、それ以外の多数の要因がこれに影響力をもっていることを実証した。またその実証研究のプロセスで、多くの組織メンバーにとって、満足の要因すなわち**動機づけ要因**（Motivator）と、不満足の要因すなわち**衛生要因**（Factor of Hygiene）が異なることを発見した。前者はそれが保証されると組織メンバーの職務遂行意欲が喚起（強化）される要因であり、後者はそれが保証されてもメンバーの職務遂行意欲は向上しないが、保証されないと意欲が低下する要因である。このようなハーズバーグの学説を**動機づけ衛生理論**または**二要因理論**という。

マズロー（A. H. Maslow）はいわゆる**欲求段階説**を提示し、人間の欲求が低次から高次に向けて階層的であることを主張した。具体的には、低次から高次に向けて列挙すると、人間の欲求には生理的欲求、安全の欲求、所属と愛の欲求、承認の欲求、自己実現の欲求があるという。彼によれば欲求は、生理的欲求が満たされると安全の欲求が生じ、安全の欲求が充足されると所属と愛の欲求が起こるというように、順次高度化していく。そして組織メンバーを動機づけるうえで、承認の欲求、自己実現の欲求を充足させることが本質的に重要である

ことを示唆している。

　他方で、アルダーファー（C. P. Alderfer）は、人間の欲求は生存（Existence）、関係（Relatedness）、成長（Growth）に対する欲求からなるとする **ERG 理論**を展開している。生存の欲求は生存と安全に対する欲求で、関係の欲求は家族、上司、同僚等との人間関係に関する欲求、成長の欲求は創造的な仕事をし自己の能力を伸ばしたいという欲求である。生存の欲求と関係の欲求については、その満足が当該欲求の重要性と強度を低めるが、成長の欲求だけは満足すればするほど希求水準が上がるとしている。

　アージリス（C. Argyris）によると、因習的な組織の原理、古いタイプの管理というのは、1）日常の労働についてほとんど自己統制が許されない、2）受身で、依存的で、従属的であるように期待される、3）展望が短期的であることが期待される、4）表面的で浅い能力を完全に使い、しかもそれを高く評価するように教え込まれる、5）心理的失敗に陥るように期待される、というものである。しかしながら、健全で成熟した人格をもつ個人は、自己実現の欲求をもっているため、このような古い考え方の管理と心理的に衝突する傾向がある。組織がこの心理的衝突を回避しメンバーを動機づけるためには、担当する職務を増加させる**職務拡大**（Job Enlargement）、同じ職務内で新たな権限を付与する**職務充実**（Job Enrichment）が重要となる。

3）リーダーシップ

　組織を存続と成長へと導く存在、設定した目標に向けて他のメンバーを率いる立場の人をリーダーという。またそのように組織を導く能力ないしメンバーを率いる役割をリーダーシップという。これは学習や経験により取得することが可能で、また組織の置かれている状況や相手によって使い分けることもできるし、そういう使い分けが重要だとする考え方もある。したがってこれはリーダー本人が有する生まれながらの資質や性格と区別されなければならない。

　リーダーシップに関する研究は類型論と分類尺度論に大別される。前者の類型論は、リーダーシップのスタイルをいくつかのタイプに分類するものである。そこでは信長型、秀吉型、家康型とか直感派、論理的思考派、相談重視派というようにリーダーシップのあり方を単刀直入に表現するネーミングが示されることが多い。後者の分類尺度論は、リーダーシップを客観的に位置づけるため

114

の座標軸や尺度、因子を探究するものである。

　たとえば前者、類型論には専制型、放任型、民主型にこれを分類し、民主型が成果、メンバーの動機づけやチームワークの形成に関して最も有効であるとしたアイオワ大学における研究、いわゆる**アイオワ研究**がある。独善的専制型、温情的専制型、相談型、参画型に類型化したミシガン大学における研究、**ミシガン研究**もこれに当たる。このミシガン研究は組織をシステムとみなし、リーダーシップにかかわるマネジメント・システムとしてこのような4類型を提示した。

　後者の分類尺度論に関する研究としてはオハイオ州立大学で行われた**オハイオ研究**が挙げられる。これは部下が職務を遂行するための環境や基盤を整備する構造づくり（Initiating Structure）、メンバーの相互信頼と良好な人間関係維持のための配慮（Consideration）という二次元でリーダーシップを捉え、両方とも高いリーダーシップが高い組織成果をもたらすとする。また目標達成や課題解決の重視度合い（Performance）、人間関係（集団）の維持を重視する度合い（Maintenance）の2軸で分析し両方重視のリーダーシップが高い成果をもたらすとする**PM理論**がこのカテゴリーに含まれる。そして生産（成果）への関心、従業員（人間）への関心という二次元の両軸をそれぞれ9等分し、9×9のマトリックスをつくってリーダーシップを分析する**マネジリアル・グリッド理論**もこの潮流に位置づけられる[1]。このような分類尺度論についていえば、2つの尺度で両方とも高いレベルにあるリーダーシップがよい成果を上げるとか、2つの因子に関しバランスのとれたスタイルが望ましい組織の状態をつくり出すというのは納得しやすい一方、ある意味で当然であるという見方もできる。

　以上とは全く別の立場に、**コンティンジェンシー理論**がある。これはワンベスト（唯一最高）の管理スタイルを否定し、状況により望ましいリーダーシップの形態は異なるとするものである。さらに近年は、リーダーの役割として重要なのは組織の統率ではなく、部下への支援や配慮であるとする**サーバント・**

1　各々の代表的研究者または提唱者を示すと以下のようになる。アイオワ研究はレヴィン（K. Lewin）、ミシガン研究はリッカート（R. Likert）、オハイオ研究はシャートル（C. Shartle）、PM理論が三隅二不二、マネジリアル・グリッド理論がブレーク（R. R. Blake）およびムートン（J. S. Mouton）である。

リーダーシップの考え方も登場している。

4）権限と権威

　他のメンバーに影響を及ぼし、活動を調整することで、組織における協働は秩序だったものとなる。そのような影響や調整は、基本的には権限もしくは権威を土台に行われる。

　権限とは職務遂行のために公式的に認められた影響力である。企業を前提にすると、協働体系におけるメンバーの位置、組織上の地位を示すのは**職位**である。この職位は、義務として遂行が必要な個別の仕事である**業務**とその集まりである**職務**、職務で一定の成果を上げるべき責任すなわち**職責**を伴う。そして、この職責を組織のなかで果たすためには権限が必要となる。

　一方、権威とは個人の能力や資質を土台または源泉とする非公式な影響力である。すなわちこれは制度的に認められたり与えられたりするのではなく、当該個人のもつ知識や経験、パーソナリティ（人格）、職務上の成果から生まれる。

　このように権限と権威は異なる事象・概念であるから、組織には「権限はあるが権威のない者」もいれば、「権威はあるが権限のない者」もいる。企業を例にとると、周囲から軽蔑されている重役は前者であり、管理職ではないが周囲から頼りにされている社員は後者である。

　カースト＝ローゼンツヴァイク（F. E. Kast and J. E. Rosenzweig）によれば、組織において他のメンバーに影響を与える方法には主として、対抗心の喚起（Emulation）、示唆（Suggestion）、説得（Persuasion）、命令（Coercion）がある。

　対抗心の喚起は、他のメンバーのケースを出し、対抗心を刺激し、行動を方向づけるというものである。影響力行使の対象であるメンバーに、高い成果を上げた他の個人とその行動類型（Behavior Patterns）を模範（Model）として示すと、当該メンバーは同じような成功を収めたいと思い、同様の行動をとることが多い。示唆は、「こういう方法もある」というように、行動の代替案（選択肢）を提示することにより、その代替案に行動を導くというものである。単に代替案を示されるだけで、相手メンバーはそれを意識し、それに行動が方向づけられることがある。説得は、説明、激励、報酬により納得させ、ある行動をとるように方向づけるというものである。たとえば、「こうしないと会社に損失を与える」という説明、「君ならできる」という激励、「昇進、高い賃金を保証する」

といった報酬により、他のメンバーにある行動をとらせるのである。命令（指示）は、強制的にある行動をとらせるものである。場合によっては、降格といった制裁の可能性を示し、心理的圧力を加えてメンバーを動かす。

このうち、対抗心の喚起、示唆、説得は、影響を与えようとする側に権威がないとうまく行かない。一方、命令は権限に基づかなければならない。権限のない者による命令は、いわゆる越権行為であり、これが横行すると組織は混乱する。

ただし権限と命令（指示）は相手メンバーに受け入れられて初めて意味をもつ（有効となる）という考え方もある。これを**権限受容説**という。

5）意 思 決 定

組織が活動を行う過程ではさまざまな意思決定状況が発生する。企業を例にとれば、商品仕入数の決定など日常業務で繰り返し行われる**定型的意思決定**もあるし、自社製品に欠陥や不具合が見つかる、取引先が倒産するといった日常的ではなくルーティン（パターン）化できない意思決定、**非定型的意思決定**もある。このように企業では種々様々の意思決定問題が発生する。そしてこれらを放置していては事業活動ひいては企業の存続に支障をきたすので、問題に対して何らかの意思決定がなされる。このように組織運営には意思決定が常に伴うのであり、組織は意思決定により動いているといっても過言ではない。

組織における管理者の本質的役割とは、このような意思決定である。言い換えれば「自ら動く」のではなく、自分は意思決定を担い、その遂行は部下たち（チーム）に任せるというのが理念的な管理者の姿である。この点についてドラッカーは、「経営管理者はあらゆることを意思決定を通して行う」（Drucker, 1954, p.351：邦訳, p.254）と述べている。またサイモンも、「管理過程は、決定の過程である」（Simon, 1976, p.8：邦訳, p.11）としている。

意思決定においては、知識がその土台として機能し、情報が前提として使われる。前述の商品仕入数に関していえば、たとえば「缶ジュースの売行きはその日の最高気温に左右される」という知識をもつコンビニエンスストアの仕入担当者が、明日の予想最高気温を前提に仕入数を意思決定する。「缶ジュースの売行きはその日の最高気温に左右される」というこの知識は、缶ジュースの仕入数を判断する際にいつもその基礎として機能する一方、予想最高気温につ

いては毎日新しい情報が入手され、その更新された気温情報が意思決定の前提として使われる。

　ただし管理者の本質的役割とは、前述したように意思決定であるものの、すべての意思決定が管理者により行われるとは限らない。とくに近年、企業においては、意思決定の権限が現場のメンバーに委譲され、「考える現場」「学習する組織」や第4節で言及する「ティール組織」の形成が進められている。これは企業環境の流動化に伴い、現場で臨機応変な対応をとる必要性が高まっているためである。一方、管理者には専門知識を活かしながら現場で働き、そのうえでさらに知識を高度化させるという「プレイング・マネジャー」的な役割が求められるようになっている。

　一般に、組織、とくに大企業の組織は複数の部門や階層により成り立っている。これらの間で有機的な連携を維持し、組織が単なるサブ・システム（ユニット）の寄せ集めではなく1つの体系として機能し続けるためには、部門間、階層間で活発に情報の授受が行われなければならない。情報のやりとりがあるからこそ、組織の活動は全体として秩序だったものとなるのである。また本章の第1節で触れたように、不確実性を削減するために組織は必要情報を円滑に入手し、また内部で滞りなくこれが流れるようにしなければならない。

　組織の形成は個々人の**合理性の限界**（Bounded Rationality）を克服するうえで大きな意義と効果を有するが、組織は人間であるメンバーによって成り立っている以上、完全にこれを解決できるわけではない。意思決定の有効性を高めるために情報の伝達を円滑化しようとしても、そこには偏りや歪曲といったバイアスが働くことがある。また部門間の長期的対立と目に見えない壁（セクショナリズム）、組織全体の利益よりも自部門のそれを優先する**部分的最適化**（部分最適）が組織的意思決定の合理性を損なうこともある。加えて、協働における信頼関係は、ときとして当該組織の能力（組織能力）に対する過信、過剰な信頼を生む。信頼できる他のメンバーが周囲にいる状況では、仲間がいるから何とかなるというように個人の気持ちが大きくなり、「赤信号、みんなで渡ればこわくない」といった根拠のない勇気も生じうる。このため組織では、1人でいるときならば回避される危険度の高いことが承認・決定されるという**リスキーシフト現象**も見られる。

3　組織文化

1）組織文化の本質

　組織・集団にはそれぞれ、メンバーに共有された文化がある。デイビス（S. Davis）によれば、組織文化とは「組織の構成員に意味を与え、組織体の中での行動ルールを提供する、共有された価値観および信念の体系」（Davis, 1984, p.1：邦訳, p.4）であり、それは「組織の中の人々、機構、システムなどに埋め込まれている」（Davis, 1984, p.5：邦訳, p.9）。またオオウチ（W. Ouchi）によれば、組織文化は企業との関連では従業員に受け継がれる価値観と定義づけられ、これが「会社の活動、意見、行動のパターンを決める」（Ouchi, 1981, p.195：邦訳, p.260）。アメリカ企業を対象として組織文化の実証研究を行ったディール＝ケネディ（T. Deal and A. Kennedy）は、メンバー間で共有されている理念、組織の基本的な考えや信念が、企業の組織文化（企業文化）の中核をなすとしている。彼らによれば、「どんな企業文化でも、その根底をなすのは価値理念である」（Deal and Kennedy, 1982, p.21：邦訳, p.35）。これは典型的には、会社はいかにして成功を収めるべきかということに関する哲学、信念である。

　他方、シャイン（E. H. Schein）は組織の深層部分にある基本的仮定レベルの文化と、価値レベルの文化、人工物と創造物レベルの文化を区別する必要があるとしている。基本的仮定とは、「当然そうである」というように、組織において自明の前提となっている世界観や人間観である。これはメンバーにとって疑いを抱いたり修正を検討するのがもはや困難なほど、組織全体に浸透してしまっているような仮定を指す。基本的仮定を土台として、その上層にあるのは価値レベルの文化である。これは組織にとって何が重要か、組織はいかにあるべきか、メンバーは何をすべきかといったことに関する価値観、言い換えれば実体験や議論により検証可能な価値観を指す。人工物と創造物レベルの文化とは、日常的に使われている技術や繰り返される現象、本社など建造物のつくり、見聞可能な行動パターンを意味する。組織文化はこの3層構造をなすものの、その本質は基本的仮定レベルの文化であるという。

　組織文化の源泉や形成要素としてこれまでの研究で重視されてきたのは、創業者の理念、その後の経営者および現在の経営者の理念、その組織が過去に経

験した大きな成功・失敗、その組織の本質的機能、扱っている製品・サービスの特性、顧客特性、技術特性、外部環境（市場）の特性などである。

２）組織文化の機能

　組織文化が形成されメンバー間に浸透すると、これがある種の規範としてメンバーの環境認知や意思決定に影響を与えるようになる。シャインの言葉を借りれば、「一度、文化が形成されると、それは環境の知覚や把握の方法に影響を与える」（Schein, 1985, p.51：邦訳, p.68）。すなわち組織文化はメンバーの間で広く、無意識のうちに機能し、組織内外の事象をどう見るかを規定するのである。

　そしてシャインは、組織文化がメンバー間に定着し、メンバーがこれを環境認知や意思決定に用いるのは、実際にそれが組織の存続と成長に機能するからだとしている。前述したように、シャインによれば、組織文化の下層にあるのは環境について知覚し思考する際の諸仮定と信念である。そして「これらの仮定や信念は、外部環境での生き残りという問題や内部統合という問題に対応して学習されたものである。それらが当然のこととみなされるようになるのは、繰返し確実にそれらの問題を解決するからである」（Schein, 1985, p.6：邦訳, p.10）。

　個人の知覚や認識力には限界があるから、世の中のすべての事象や出来事、あらゆる情報やニュースに注意を向けるのは難しい。シャインによれば、「もし外部からの多くの刺激の中から何が重要で、何が重要でないのかを選り分けることができなければ、人は高度な不安を経験する」（Schein, 1985, p.82：邦訳, p.105）。このように環境認知と意思決定の枠組みとして機能することにより、組織文化は結果的に、環境認知に関する不安削減の機能をも担う。

　また適応に関する不安、つまり組織に溶け込めるかどうかという不安も、組織文化という一種の規範を身につけることによって削減される。そういう意味では、組織文化は「グループの境界線に関する含意—メンバーになるための基準」（Schein, 1985, p.70：邦訳, p.89）という側面をもつ。

　ディール＝ケネディによれば、文化のうち「強い文化」（Strong Cultures）は企業においてメンバーの行動を規定することにより、判断のエネルギーを節約する。彼らのいう強い文化とは独自性をもち、英雄や儀式・儀礼を備え、メンバー間に広く、かつ深く浸透している文化である。そして「強い文化は、人は

平常いかに行動すべきかを明確に示す、非公式な決まりの体系である」(Deal and Kennedy, 1982, p.15：邦訳, p.29)。

　また彼らによれば、組織文化は人材評価において機能し、「どういう種類の人間が尊重されるかを決定する」(Deal and Kennedy, 1982, p.31：邦訳, p.49)。後に述べるように報奨や昇進が組織文化の伝達に機能する一方、文化は人材評価に多大な影響力をもっている。このため、ある企業で高く評価される人材でも、文化の異なる企業では往々にしてそうならない。昇進の早い人というのは、能力や成果の高さに特徴づけられるだけでなく、その企業の組織文化に同調している人物であるということが多い。逆にいえば、「文化に同調しない人が最高の地位まで昇る可能性は非常に乏しい」(Deal and Kennedy, 1982, p.17：邦訳, p.32)。

3) 組織文化の継承と強化

　組織文化が伝達・強化される機会と文化生成の契機は部分的に共通する。たとえば組織における危機的状況は組織文化生成の契機となりうるし、既存文化が顕在化しまたこれが強化され伝達される機会ともなりうる。そして人材評価、賞罰等のプロセスにおいては組織文化が強く機能するが、このようなプロセスによって組織文化が生まれたり、既存の組織文化が強化されるという側面もある。

　シャインは、文化の強化・伝達に機能するメカニズムとしてつぎのようなものを挙げている。ここでは機能の仕方に関係なく列挙する形で示す[2]。

　第1に、リーダーが何か特定の物や現象、事柄に注目し続けるということである。明確な形で何かに注意を向けることで、自分が何を信じているか、何に関心を抱いているかが組織メンバーに伝わる。またそれについて意見を述べることによって、リーダーや創業者の関心事、興味を抱いている対象物が明らかになる。それが組織文化の強化に重要な役割を果たす。

　第2に、危機的事件とそれに対するリーダーの反応である。危機的事件が発生した場合のリーダーの対応によって、組織の基礎に横たわる価値観や諸仮定

2　シャインによれば、文化を伝達し強化する契機やプロセスには、1次的メカニズムと2次的メカニズムがある。1次的メカニズムは組織文化の伝達と普及に関し独立的に機能を果たす契機あるいはプロセスであり、2次的メカニズムは1次的メカニズムと整合性がある場合にのみ機能する契機・プロセスである。ここでは便宜的に両者を同列的に示す。

が露呈し、メンバーはそれを目の当たりにすることになる。

　第3に、綿密に計画された役割遂行と教育・指導である。創業者やリーダーによる目に見える行為、たとえば各支店を頻繁に巡回するといった行為が、ある種の組織文化たとえば「現場重視」の文化を組織に普及させる。教育と指導、とくに入社時研修（新人教育）の重要な目的が文化の伝達であることも多く、そこにおいて文化は種々の共通体験により新入社員にいわば叩き込まれる。また経営者の哲学を内容とする動画が放映されるといった方法でも、これが強化・伝達される。

　第4に、報奨や昇進である。もちろん報奨や昇進には成果を上げた人に報いるという意義があるが、これらはその組織で高く評価されるのはどういう人かを他の従業員に示すことになる。前項で述べたように人材評価自体、組織文化の影響を受ける一方、評価を受けて行われる報奨や昇進はその文化の強化・伝達に機能する。もし組織がある価値観を組織内に浸透させたいならば、報奨・昇進とその価値観の整合性を常に保つ必要がある。

　第5に、募集、選抜、退職、免職の基準である。もし組織が不屈さと独立心を重視するならば、そのような資質をもった人を募集し、採用し続けることによって、その価値観が定着する。また文化は、どういう人が採用され、どういう人が採用にならないか、誰が早期退職するか、誰が免職になるか、といった基準を通じて一段と強化される。

　第6に、組織の設計と形態・構造である。リーダーが、決定権は一部の少数メンバーにより保有されるべきだという信念をもっている場合、組織は厳しい階層秩序をもち、高度に集権的な構造となる。そのような構造がまた、少数者による集権的決定重視の価値観を強化する。

　第7に、組織内で運用される各種のシステムと手続きである。組織の設計や形態と同様に、組織の価値観を反映する形で情報システム等を含めた各種のシステムが構築され、また手続きが定められ、また逆にそれらが価値観を強化する。

　第8に、物理的空間、本社の建物、その他の建築物である。これら物理的構造物には、リーダーのメッセージを潜在的に強化する作用がある。ただしこれらは組織が意図した場合にのみ、組織文化の伝達手段として機能する。意図し

ていない場合には、建築家や地域社会の価値観を伝達することになる。

　第9に、重要なイベントや人物に関する物語である。たとえば企業には「社長は若い頃、3日3晩眠らないで新製品を開発した」といった英雄伝、「売上を倍増させた販売の神様がいた」といった神話があることが少なくない。こうした物語や伝説、神話は文化を強化し、新しいメンバーに文化を伝える。ただしそこにはメンバーによる解釈の余地があり、リーダーの意図とは異なる内容の文化に変化する可能性もある。

　第10に、組織の哲学や信条に関する公式的表明である。創業者またはその後のリーダーは、自分の価値観や信念がどういうものであるかを明確に表明することで文化を伝達できる[3]。

　一方、ディールとケネディは、文化の伝承・普及の媒介として「英雄」と「儀礼・儀式」をとくに重視している。ただし彼らは同時に、これらを文化の要素（Elements of Cultures）であるともしている。

4　環境のなかの組織

1）組織の正当性と正統性

　ともすれば正当性と正統性は混同されがちだが、正当性はその時点（現時点）で正しく適当で合理的であるという概念で、正統性は歴史的に根拠があり経緯的に正しく適当であるという概念である。経営組織は資源と買い手を確保し、収益を上げることで存続する。一方、こうした資源や買い手は正当性のない組織よりも、これがある組織に集まる傾向がある。これを外部環境に広く認識させられている組織は、ヒト、モノ、カネ、情報の交換に関し有利な位置にあり存続・成長がしやすくなる。正統性に関しても同じことがいえる。

　言い換えれば、組織は環境との適合性、環境からの支持や受容を存続の一つの要件とする。そして基本的には正当性を保有し、これを示している組織と、これをもたない、あるいは示さない組織が競争関係にある場合には、これを示している組織、その保有が環境により認識されている組織が支持・受容されや

3　たとえば日本企業では「社訓」「経営理念」「創業の精神」等として創業者の価値観や信念が明文化されていることが多い。

すい。

　その正当性は環境の求める正当性である。これは企業に当てはめると、買い手の間で共通認識となっている正当性の基準ということになるが、唯一絶対の当該基準というのはない。ワインの生産組織を例にとれば、ある国では業界団体に加盟していることが正当性の基準であり、別の国では国家的輸出品として認定されていること、あるいは王室に御用達を行っていることが当該基準になりうる。正統性についても同様である。すなわちこれらの源泉には政府による許認可、血統、能力、免許、歴史、技術の継承、その他があるが、それが正当性ないし正統性の源泉として社会に認められる必要がある。

２）組 織 能 力

　経営組織が事業活動を行う際には資源と能力の展開・活用を伴う。能力は人間に付随しているから、従業員が退職するとその人の能力は企業から離れる。

　個々のメンバーが保有する能力以外に、組織には複数のメンバーにまたがって存在し体系的に機能する組織的な能力、組織としての能力（組織能力）もある。そのような組織能力、とくに企業の組織能力を**コンピタンス**という。エイベル（D. F. Abell）によれば、「資源は資金、人間、物理的有形物（土地や設備）の形態をとる」のに対し、コンピタンスは実行能力やスキル等によって多元的に構成されている（Abell, 1993, pp.117-118：邦訳, pp.143-144,（　）内の補足はエイベルによる）。すなわち「企業の能力というのは、一般に実行能力と特定のスキルと経験との集合体である」（Abell, 1993, p.118：邦訳, p.144, 強調はエイベルによる）。

　そしてエイベルは、企業がもつ能力の独自性と中核性について、つぎのように述べている。「独自能力（Distinctive Competence）は当該企業を競争相手から区別するような能力のことである。独自能力は特定の組織に固有のものである。中核能力（Core Competence）は企業の成功の鍵となる能力のことである」（Abell, 1993, p.118：邦訳, p.144）。

　ハメル＝プラハラード（G. Hamel and C. K. Prahalad）は、未来に向かって企業を成長させるためには、企業の中心的アイデンティティをドメイン（事業領域）や商品ではなく組織能力、とくにその企業の事業活動を根底で支えている能力、あるいは顧客に高い付加価値を提供しうるその企業にとっての中核的な能力である**コア・コンピタンス**とする必要があると説いている。

3）環境変化と組織存続

　現代の企業環境は流動的で、消費者の嗜好が突然大きく変わることもある。好景気が続き高級車がよく売れたかと思えば、ガソリン価格が急騰すると今度は低燃費車やディーゼル車へのニーズが急増する。地球温暖化といった**環境問題**が深刻になると、ハイブリッドカーや電気自動車の人気が出る。自動車業界だけをとっても、これを取り巻く環境と消費者ニーズは大きく変化する。

　パワーの大きいエンジンを開発するのが強みだったとしても、そういう高出力エンジンの開発能力が堅固過ぎると、環境へのやさしさが自動車に求められる時代になった際、エコカーの開発に関し手かせ足かせになりかねない。ある時期に強みだった組織能力が新しい環境では中核的硬直性、**コア・リジディティ**（Core Rigidity）と化し、組織としての弱み、自己変革にとっての制約となることもありうるのである。

　トップ・マネジャーの固定観念、たとえば「エンジンの出力が車の価値を決める」という考え方が組織の変革にとって障害となることもある。そういうトップ・マネジャーの考え方を支配的論理、**ドミナント・ロジック**（Dominant Logic）という。

　既存のやり方で業務を遂行し続けると、そのやり方が万全でなくとも、業務効率は熟練（なれ）が形成されることにより上がる。これは**コンピテンシー・トラップ**（Competency Trap）という現象である。しかし組織は、そのやり方で問題はないのか、その考え方でよいのかも常に自問自答しなければならない。このように、あるやり方の下で学習しつつ、そのやり方の改善をも模索するのが**ダブルループ学習**である。組織はときには、既存のやり方や前提を**アンラーニング**（Unlearning）、つまり棄却しなければならない。

　組織のメンバーは意思決定、問題解決をした際にいろいろなことを学び、新しい知識を取得する。したがって組織の学習を促進するためには、学習の主体として個々のメンバーを尊重し、意思決定権限を委譲する**エンパワーメント**（Empowerment）を行う必要がある。

　組織が存続し成長する1つの要件は、環境変化に**アジル**（Agile）すなわち機敏・俊敏に対応できるということである[4]。**ティール組織**は階層的秩序によってではなく、個々のメンバーに意思決定権限を委譲し、各人に自律性をもたせ

ることでこのような環境変化への即応と自己変革を行う。

　またこのような流動的な環境下で企業が存続・成長し、持続的な競争優位を構築するために重要となる組織能力に、異なる資源や技術的知識を柔軟に連携させたり、これらの結合パターンを変更したりして、つぎつぎと出現するニーズに対応した新商品を素早く創造する能力がある。このように資源や知識の組み換えにより環境変化に耐えることができる組織能力、変化する環境のなかで組織を存続・成長させられる能力を**ダイナミック・ケイパビリティ**と呼ぶ。

　換言すれば、企業は常日頃からこういった知識の多様性を確保し、新しいニーズを感知するつど柔軟にこれを連携させ、また組み替えて、臨機応変に新商品を創造していかなければならない。そのためには老若男女、障害の有無、国籍にかかわらず、人材の多様性を受容し、これを維持・向上させなければならない。この取り組みを**ダイバーシティ＆インクルージョン**（Diversity and Inclusion）という。

4）現代の企業環境と組織

　今日の企業には、利益を追求するだけでなく、**よき企業市民**であることが求められている。つまり企業評価の観点に社会性が加わり、**社会的責任**の遂行にどれだけ積極的かといったことが買い手や投資家、株主と金融機関や取引先といった**ステークホルダー**（利害関係者）、求職者からも注目されるようになっている。

　たとえば現代企業を評価する際に、人にやさしい組織、働く者が幸せになれる組織であるかどうかが見られるようになっている。この観点で、労働者本人にはもちろんのこと、その家族にやさしい組織、**ファミリーフレンドリー**である組織となることが重要である。このような価値観が広まっていることを背景に、求職者が職場を選ぶ際にも**ワーク・ライフ・バランス**、すなわち業務時間と私生活の均衡がとられているか、勤務時間や勤務場所に関する自由度（フレキシブルさ）は確保されているかがますます気にされるようになっている。

　また SDGs（持続可能な開発目標）への取り組み、事業活動における環境負荷の

4　アジルは本来は動物が機敏であることを意味し、アジャイルというカタカナ表記も使われる。

削減も重要である。そういうことに積極的な企業からなるべく商品を買ったり、そういう企業に重点的に投資を行ったりするという動きも見られる。今日の経営組織には ESG、すなわち環境 (Environment)、社会 (Society)、統治 (Governance) に対する高い意識が求められているのである。

━ コ ラ ム ━

日本の組織はどこに向かおうとしているのか

　近年の傾向として、日本の組織はどこに向かおうとしているのか。また何が求められるようになっているのか。SDGs への対応を含む社会的責任の遂行、ファミリーフレンドリーな組織、よき企業市民など、いくつかの答がありうる。

　一概にこうだとはいえないが、近年の傾向としてどこに向かうのかを明示するというのがトレンド（流れ）になっている。「自社の方向性を示すという方向性」が見られるのである。ビジョン、ミッション定義、パーパスと、使われる言葉はいろいろあるが、「どこに向かおうとしているのか」を個々の組織が内外にきちんと発信するという傾向が強まっているといえる。また「何を求められているのか」に関する認識を示すことがより強く求められるようになっている。

　強いコントロールによって組織を統合し牽引するよりも、ビジョンによって緩やかな形で組織のまとまりを保ちこれを率いる企業、「ビジョナリーカンパニー」が長期的には存続しやすく成長力も高いという考え方は、以前より経営組織論にもあった。早期にこれを主張したのはコリンズ (J. C. Collins) とポラス (J. I. Porras) である。

　さらに近年は、任務意識が希薄な企業はいずれ不祥事を起こしかねないとか、短期的には好業績であっても目的の自覚があいまいな企業は長続きしないといった考え方が、株主や取引先等のステークホルダーの間で強まっており、決算・業績に加えてそういった方向性の表明や存在定義が注視されるようになった。働く側にも若い社員中心に、やりがいや仕事の意味を重視する価値観、意味のないことはやりたくない（意義のあることをやりたい）という意識が高まっている。このため組織のリーダーにとっては今後、「意義の大きい夢や目標を明確に示せる」ということがよりいっそう重要となる。

引用参考文献

Abell, D. F. (1993), *Managing with Dual Strategies*, Free Press.（小林一・二瓶喜博訳『デュアル・ストラテジー──混迷の時代を生き抜く戦略──』白桃書房, 1995。）

Alderfer, C. P. (1972), *Existence, Relatedness, and Growth : Human Needs in Organizational Settings*, Free Press.

Argyris, C. (1957), *Personality and Organization : The Conflict between System and the Individual*, Harper & Row. (伊吹山太郎・中村実訳『新訳　組織とパーソナリティー―システムと個人の葛藤―』日本能率協会, 1961。)

Barnard, C. I. (1938), *The Functions of the Executive*, Harvard University Press. (山本安次郎・田杉競・飯野春樹訳『新訳　経営者の役割』ダイヤモンド社, 1968。)

Collins, J. C. and Porras, J. I. (1994), *Built to Last : Successful Habits of Visionary Companies*, Harper Business. (山岡洋一訳『ビジョナリー・カンパニー―時代を超える生存の原則―』日経 BP 出版センター, 1995。)

Davis, S. (1984), *Managing Corporate Culture*, Harper & Row. (河野豊弘・浜田幸雄訳『企業文化の変革』ダイヤモンド社, 1985。)

Deal, T. and Kennedy, A. (1982), *Corporate Cultures*, Addison-Wesley. (城山三郎訳『シンボリック・マネジャー』新潮社, 1983。)

Drucker, P. F. (1954), *The Practice of Management*, Harper & Row. (上田惇生訳『新訳　現代の経営（下）』ダイヤモンド社, 1996。)

Hamel, G. and Prahalad, C. K. (1994), *Competing for the Future*, Harvard Business School Press. (一條和生訳『コア・コンピタンス経営―大競争時代を勝ち抜く戦略―』日本経済新聞社, 1995。)

Herzberg, F. I., Mausner, B. and Snyderman, B. B. (1959), *The Motivation to Work*, John Wiley & Sons.

Kast, F. E. and Rosenzweig, J. E. (1985), *Organizations and Management 4th Edition*, McGraw-Hill.

Maslow, A. H. (1954), *Motivation and Personality*, Harper & Row. (小口忠彦監訳『人間性の心理学』産業能率短期大学出版部, 1971。)

Ouchi, W. (1981), *Theory Z : How American Business Can Meet the Japanese Challenge*, Addison-Wesley. (徳山二郎訳『セオリーZ』CBS ソニー出版, 1982。)

Schein, E. H. (1985), *Organizational Culture and Leadership*, Jossey-Bass Inc. (清水紀彦・浜田幸雄訳『組織文化とリーダーシップ』ダイヤモンド社, 1989。)

Simon, H. A. (1976), *Administrative Behavior 3rd Edition*, Free Press. (松田武彦・高柳暁・二村敏子訳『経営行動』ダイヤモンド社, 1989。)

Simon, H. A., Smithburg, D. W. and Thompson, V. A. (1950), *Public Administration*, Alfred A. Knopf.

練習問題

1．あなたは所属する組織・集団の各々でどのような地位を与えられ、どういう役割を担っているかを整理しなさい。

2．あなたが所属している組織にはどのような文化が根づいているかを説明しなさい。

3．企業が従業員の家族にやさしい組織、ファミリーフレンドリーな組織となるためには、どのような取り組みが必要であるかを論じなさい。

第6章　経営戦略

1　経営戦略の分類

1）歴史的背景

　1760年代に英国で起こった**産業革命**が欧米諸国へと浸透し、1840年代以降の企業規模拡大に伴う所有と経営の分離を経て、1920年代以降の企業規模拡大の加速、1960年代以降の外部環境変化の加速によって、従来の計画的な管理には限界が出てきた。そのため、第4章でも述べた通り、企業は、持続的な**競争優位**（Competitive Advantage, 技術面でも収益面でも競争に圧倒的に成功すること, Barney, 2002：邦訳, p.32）の獲得のために、事業領域（Business Domain）を設定して、長期的な目標・方向性（Vision）を提示することによって、外部環境の変化に適応していく必要性が出てきた。すなわち、経営課題は、組織内部の管理から外部環境への適応へ（管理から戦略へ）とシフトし始めたのである。

　経営戦略論（Corporate Strategy）が台頭する契機は、バーナード（C. I. Barnard）によるバーナード革命にまでさかのぼることができるが、一般的には、チャンドラー（A. D. Chandler, Jr.）を創始者とすることがコンセンサスとなっている。なお、軍事的な意味での戦略の概念については、中国春秋・戦国時代（紀元前770年–紀元前221年）や古代ギリシャ時代（紀元前3000年頃–紀元前100年頃）にまでさかのぼることができる。

　第4章でも解説したが、経営学には、企業の発展過程や株式会社の仕組みに関連した基礎理論としての企業形態論、企業の経営に関連した各論としての企業統治論や経営財務論、学際的な応用理論としてのマーケティング論や国際経営論があるが、本章では、標準理論としての経営管理論、経営組織論および経営戦略論という3つの柱のうち、経営戦略論に焦点を当てて解説する。

　1920年代以降も、企業規模拡大が加速する過程で、チャンドラー（1962）は、

米国の巨大企業50社の経営的な変遷を調査した結果、総合本社が各事業部に経営資源（ヒト＝従業員や経営者などの人的資源、モノ＝原材料や設備などの物的資源、カネ＝資金や予算などの財務資源および情報＝情報や技術などの情報資源）を割り当て、各事業部の幹部が職能活動を統括して、製品・サービスを供給する事業部制（分権制）という組織形態を採用していることを明らかにした。すなわち、企業規模拡大に伴う事業の多角化、地理的な拡大によって、単一地域の単一組織のなかで、複数の製品を取り扱う（購買、製造、販売などを行う）**職能別組織**（Functional Organization）には限界が出てきたのである。そのため、必然的に、組織形態は、戦略を立案する総合本社の下で、製品ごと、地域ごとに製品を取り扱う各事業部を設置した**事業部制組織**（Divisional Organization, 各事業部は、事業部中央本社、部本部、現業部門という階層に分けられている）へと組織再編（変革）することとなったのである。

第4章で解説したテイラー（Taylor, 1903）の**職能別職長制度**を起源とする職能別組織は、総合本社の下で購買、製造、販売などの職能別に役割分担された組織形態であった。

それに対して、チャンドラーの事業部制組織は、総合本社の下で製品ごと、地域ごとに分社化された複数事業部からなる組織形態である（Chandler, 1962：邦訳, pp.52-63）。

こうしたなか、チャンドラーは、1802年設立化学業種のデュポン、1908年設立輸送用機器業種のゼネラルモーターズ、1870年設立石油・石炭製品業種のスタンダード・オイル（現エクソンモービル）、1893年設立小売業種のシアーズ・ローバック（現シアーズ）といった巨大企業4社が、模倣ではなく、独自に事業部制を採用し始めたことに注目し、事業部制組織の成立過程を詳細に調査することとなった。その後も、チャンドラーは、米国の巨大企業100社の経営的な変遷を調査した結果、企業は戦略を立案しやすい組織設計を行うことで高い業績を上げることができる、すなわち、**組織は戦略に従う**（Structure Follows Strategy）という命題を提示することとなったのである。また、チャンドラーは、①巨大企業の経営者は、各職能の成果よりも、マネジメントに関心があり、②経営者は2種類のマネジメントを行うという2つの前提を提示した。2種類のマネジメントについては、**長期的な計画や業績評価**と**短期的な課題や予期せぬ**

危機への対応であり、前者が経営戦略、後者が経営管理を意味している。

　チャンドラーによると、戦略とは、長期的な目標設定と目標達成のための代替案の選択（戦略の立案）と経営資源の割り当てのことであり、戦略は組織形態に影響を及ぼすことになる。すなわち、企業規模拡大に伴う事業の多角化、地理的な拡大（国内外の事業規模の拡大）によって、戦略を立案して経営資源を割り当てる（分権化する）総合本社、総合本社の下で製品ごと、地域ごとに割り当てられた経営資源によって事業を管理運営する中央本社（事業部）、各中央本社（事業部）の下で購買部、製造部、販売部といった部門ごとに分業化された部本部、各部本部の下で単一職能に従事する現業部門が形成されていくのである。

　そのため、複数の戦略の組み合わせによって、複雑な組織が形成されていくのである。

　こうして、チャンドラーは、「組織は戦略に従う」という命題を提唱することとなったが、外部環境と組織や戦略との複雑な相互関係の調査を目的としつつも、戦略が外部環境に従うことについては詳述していない（Chandler, 1962：邦訳, p.xvi, pp.3-22, Chandler, 1992, pp.79-100, Chandler, 1990b：邦訳, pp.118-134）。

　チャンドラーは、経営戦略を定義づけたという意味では、経営戦略の創始者ということになる（図表6-1）が、アンゾフ（Ansoff, 1965, 1979, 1988）も、経営戦略を体系化した（理論モデルではないがツールとしてのフレームワークを提示した）という意味では、経営戦略の創始者ということになる。なお、アンゾフ（1965）が提示した経営戦略のフレームワーク「成長ベクトル」については、第3節で解説する（Ansoff, 1979：邦訳, p.305）。

　アンゾフ（1979）は、チャンドラーとは逆に、**戦略は組織に従う**（Strategy Follows Structure）という命題を提唱することとなったが、営利、非営利を問わず組織は環境に貢献する（Environment-Serving Organization）としつつも、チャンドラーと同様に、組織が外部環境に従うことについては詳述していない（Ansoff, 1979：邦訳, p.13, pp.109-110, 十川, 2006, pp.32-33）。なお、現在では、**組織は戦略に従い、同時に戦略は組織に従う**という考え方が主流となっている。

　ローレンス＝ローシュ（Lawrence and Lorsch, 1967）によるコンティンジェンシー理論（条件適合理論）は、環境の変化（条件）によって組織構造や管理手法が異なることを指摘し、組織が外部環境に従うことを説いたが、戦略が計画通り

図表6-1. テイラーの職能別職長制度とチャンドラーの事業部制組織

テイラー（1903）の職能別職長制度
工場長、監督主任の下で職能が計画機能と執行機能に役割分担された組織
工場長→監督主任→職長（計画機能・執行機能）→作業員 →計画機能の職長 （順序・手順係、指図カード係、時間・原価係、工場訓練係） →執行機能の職長 （準備係、速度係、検査係、修繕係）→作業員
職能別組織
総合本社の下で購買、製造、販売などの職能別に役割分担された組織
社長→人事 →購買本部→（洗濯機購買部・冷蔵庫購買部・エアコン購買部） →製造本部→（洗濯機製造部・冷蔵庫製造部・エアコン製造部） →販売本部→（洗濯機販売部・冷蔵庫販売部・エアコン販売部）
チャンドラー（1962）の事業部制組織
事業部制組織
総合本社の下で製品ごと、地域ごとに分社化された複数事業部からなる組織
社長→人事 →洗濯機事業部　→事業部人事→（購買部・製造部・販売部） →冷蔵庫事業部　→事業部人事→（購買部・製造部・販売部） →エアコン事業部→事業部人事→（購買部・製造部・販売部）
カンパニー制
事業部制組織が独立性を高めた仮想的な会社組織
マトリックス組織
職能別、事業部別、プロジェクト別など複数の軸から構成される網目状組織

（出所）Chandler, 1962：邦訳, pp.52-63より筆者作成。

に実現されるため、組織が外部環境に影響を及ぼす可能性については無視されている。

　ペンローズ（Penrose, 1959：邦訳, pp.48-51, 119-122）による**資源ベース**（Resource-Based View＝**RBV**）**理論**は、企業を単なる生産主体ではなく、資源の集合体と捉え、資源と組織の相互依存関係から企業が成長することを説いたが、何が企業を創出したのかを明示していない。

　コース（Coase, 1937：邦訳, p.42）やウィリアムソン（Williamson, 1975：邦訳, p.291）による**取引コスト理論**は、取引コストを負担するために企業が市場に代替することを明らかにし、企業の存在理由を費用面から説いたが、何が市場を創出したのかを明示していない。

　クラウアー＝ホーウィット（Clower and Howitt, 1996）による経済理論は、ケインズマクロ経済学を家計部門からだけでなく企業部門からもミクロ的に基礎づけ、取引コストを負担するだけでなく利潤を獲得するために企業が市場を創出することを明らかにし、企業の存在理由を利潤面から説いたが、こうした企業によって不完全にしか調整されない現実的な市場概念を提示したマーシャル（Marshall, 1890：邦訳, pp.128–133, 262–263, 265–268）による経済理論と同様に、また、企業家や巨大企業によるイノベーション概念を定義づけたシュムペーター（Schumpeter, 1912, 1942）による経済理論とは反対に、中小企業を想定している。

2）経営戦略と経営理念

　チャンドラー（1962）による経営戦略の定義に名和（2021）による経営理念（Corporate Philosophy）の定義を加えて、「経営戦略とは、企業が経営理念に基づいて、長期的な目標の設定と達成のために計画を立案し、経営資源を割り当て、環境変化に適応すること」と定義しておく。

　経営理念とは、企業の目指す方向性や存在理由の明文化であり、近年では、外発的な Vision（将来目指す方向性）や Mission（社会に果たす貢献）や Value（社会に提供する価値）から内発的な Purpose（存在意義・志）や Dream（夢）や Belief（信念）へとシフトしている。

3）経営戦略の分類

　一般的に、経営戦略は、**全社戦略**（Corporate Strategy）、**事業戦略**（Business Strategy）および**機能別戦略**（Functional Strategy）に分類される（平野, 2015, p.20, 21, 95, 135, 163）。

　(1)　**全 社 戦 略**　　全社戦略とは、企業全体の戦略であり、複数の事業があるなか、自社の経営資源をどの事業に配分するか、どの市場で戦っていくかを考える戦略であり、SWOT 分析、PPM 分析、プラットフォーム戦略、CSV 戦略などがある。

　(2)　**事 業 戦 略**　　事業戦略とは、事業部ごとの戦略であり、個別の事業に対して、競合企業といかにして戦っていくかを考える戦略であり、ポーター（Porter, 1980）の３つの基本（Three Generic＝TG）戦略、あるいは、業界構造・企業行動・成果（Structure–Conduct–Performance＝SCP）戦略、ワーナーフェルト

（Wernerfelt, 1984）やバーニー（Barney, 1986a, 1986b, 1991）の**資源ベース（RBV）戦略**、ティース等（Teece, et al., 1997）の**ダイナミック・ケイパビリティ**（Dynamic Capabilities＝DC）**戦略**などがある。また、競争戦略（Competitive Strategy）とも呼ばれる。

　（3）　**機能別戦略**　　機能別戦略とは、部署ごとの戦略であり、財務戦略（コーポレート・ファイナンスほか）、技術戦略（イノベーション戦略ほか）、生産戦略（ジャスト・イン・タイム方式ほか）、マーケティング戦略（STP 分析ほか）、組織戦略（M&A 戦略ほか）などがある。

2　ミクロ的な経営戦略

1）ミクロ的な戦略

　つぎに、ボイド（Boyd, 1987）の後継者のリチャーズ（C. W. Richards）は、経営戦略をテキストや著書などで一般的に知られているシステム・パターンとしてのマクロ的な戦略（フレームワーク）と戦略を実行に移す際のスピード・タイミングとしてのミクロ的な戦略（手法）とに分類した（Richards, 2004：邦訳, p.50）。

　ここでは、まず、業務改善を繰り返す際の手法としてのミクロ的な管理と戦略を実行に移す際の手法としてのミクロ的な戦略について解説する。

2）PDCA サイクル

　第 4 章でも解説したが、ファヨール（J. H. Fayol）は、企業活動（職能）を①技術的職能、②商業的職能、③財務的職能、④保全的職能、⑤会計的職能および⑥管理的職能に分類し、職位が上昇するにつれて、また、規模が拡大するにつれて、⑥**管理的職能（管理活動）**の重要性が逓増していくことを指摘した（Fayol, 1917：邦訳, pp.23-33）。

　⑥管理的職能（管理活動）は、将来に向けた活動計画を作成する「予測」（To Forecast）、企業の物理的・社会的な二重組織を構成する「組織」（To Organize）、従業員を機能させる「命令」（To Command）、すべての活動と努力を結合し調和させる「調整」（To Coordinate）、規則と命令に則して監視する「統制」（To Control）から構成されるが、この管理的職能（管理活動）こそが**管理過程論**であり、**PDCA サイクル（継続的管理改善手法）**の原型となったのである（Fayol, 1917：邦訳, pp.17-22, 41-187）。すなわち、管理過程論の後継者のシューハート

(W. A. Shewhart) の影響を受けたデミング (W. E. Deming) が、日本科学技術連盟 (日科技連) における統計的品質管理に関する講演を行い、デミングサイクルを提唱し、最終的に、水野滋、水野滋・富沢豁、石川肇を通じて、計画 (Plan)、実行 (Do)、評価・検証 (Check) および改善・行動 (Action) から構成される PDCA サイクルに至ることとなったのである (大西・福元, 2016, pp.3-4)。

一方、PDCA サイクルでは、組織外部の環境変化が考慮されていないため、一度立案された計画が実行されると、環境が変化しても、計画に戻ることなくそのまま実行され、つぎの行動へと繋げられるため、不適切不可能な計画の実行が繰り返される (悪循環の) 危険がある。

そのため、PDCA サイクルは、長期的な戦略ではなく、緩やかに変化する環境の下で業務改善を繰り返す組織内部の管理改善手法ということになる。

3) OODA ループ

ここで、急速に変化する環境の下では、**OODA ループ**という戦略手法が重要となる。OODA ループは、ボイド (1987) が提唱したフレームワークで、戦略を実行に移す際のスピード・タイミングを備えたミクロ的な戦略手法である。すなわち、OODA ループの下では、行動 (Act) に移す前に、経営環境や競合企業を十分観察 (Observe) し、状況判断 (Orient) を行ったうえで、決定 (Decide) が行われるため、環境が変化した場合には、速やかに観察に戻ることができ、不適切不可能な計画の実行が繰り返される (悪循環の) 危険はない。

そのため、OODA ループは、短期的な管理ではなく、急速に変化する環境の下で臨機応変に適応する戦略手法ということになる。

OODA ループと同様の戦略手法として、古森 (2013, pp.187-189) が提唱した**STPD サイクル**というフレームワークもある。

STPD サイクルの下では、実行 (Do) に移す前に、経営環境や競合企業を十分観察・情報収集 (See) し、考察・分析 (Think) を行ったうえで、計画 (Plan) が練られるため、環境が変化した場合には、速やかに観察・情報収集に戻ることができ、不適切不可能な計画の実行が繰り返される (悪循環の) 危険はない。

そのため、STPD サイクルも、短期的な管理ではなく、急速に変化する環境の下で臨機応変に適応する戦略手法ということになる。

4）PDCA サイクルと OODA ループの両立

　リチャーズ（2004：邦訳, pp.48-50, 341-346）は、ポーター（1980）に代表される3つの基本戦略、ワーナーフェルト（1984）やバーニー（1991）に代表される RBV 戦略、ティース等（1997）に代表されるダイナミック・ケイパビリティ戦略といった戦略フレームワークであるシステム・パターンとしてのマクロ的な戦略よりも、ボイド（1987）や古森（2013, 筆者加筆）に代表される OODA ループや STPD サイクルといった戦略手法であるスピード・タイミングとしてのミクロ的な戦略のほうが重要だと指摘している。

　一方、リチャーズ（2004）は、スピードを最重要視しつつも、管理と戦略の二者択一ではなく、**PDCA サイクルと OODA ループ（管理と戦略）の両立（融合）**を視野に入れている。すなわち、不確実性の低い緩やかに変化する環境の下での定型的な業務では、部下を管理する責任者（マネジャー）による PDCA サイクル、不確実性が高く急速に変化する環境の下での非定型的な業務では、部下を主導する責任者（変革型リーダー）による OODA ループを採用し、異なる環境や業務によって、PDCA サイクルと OODA ループを選択、あるいは、組み合わせるほうが、臨機応変に機動戦経営を展開できるからである。

　リチャーズ（2004）と同様に、田中（2016, pp.210-229）も、D-OODA ループというフレームワークを提唱することによって、PDCA サイクルと OODA ループの両立（融合）を視野に入れている。すなわち、経営者が立案したトップダウン型の計画（Plan）よりも、現場のアイデアを取り入れたボトムアップ型の計画（Design）に基づいた OODA ループを採用し、異なる環境や業務によって、PDCA サイクルと OODA ループを選択、あるいは組み合わせるほうが、臨機応変に機動戦経営を展開できるからである。

　野中（2017, pp.20-23）は、環境の変化の激しい状況では、OODA ループだけでなく、AI が人間に代替できない人間本来の力、すなわち、身体知（やり抜く力）、共感の能力（高次元の主観）、倫理観（主観を磨き抜く力）を備えた知的機動力の高い戦略も必要だと指摘している（OODA＋知的機動力）。

3　マクロ的な経営戦略

1）成長ベクトル

　先述の通り、チャンドラー（1962）は、経営戦略を定義づけることとなったが（経営戦略の創始者）、アンゾフ（1965）も、全社的な戦略フレームワークを提唱することによって、経営戦略を体系化することとなった（経営戦略の創始者）。すなわち、アンゾフ（1965）は、組織の内部資源に目を向けた短期的な管理だけでなく、組織の外部環境に目を向けた長期的な戦略が必要であることを指摘し、**組織の意思決定**を①組織の収益性を拡大するための業務的意思決定、②組織の内部資源を管理するための管理的意思決定および③組織の外部環境に適応するための戦略的意思決定に分類したのである。また、アンゾフ（Ansoff, 1957, pp.113-124, Ansoff, 1965, pp.108-109, p.137, Ansoff, 1979：邦訳, p.13, pp.109-110, p.305, Ansoff, 1988：邦訳, pp.146-150）は、③戦略的意思決定に関連して、**成長ベクトル**（Growth Vector Components）という製品市場戦略フレームワークを提唱することとなった。すなわち、成長ベクトルとは、アンゾフが提唱したフレームワークで、縦軸に市場（既存市場と新規市場）、横軸に製品（既存製品と新規製品）をとった4つのセルから構成され、自社の戦略をポジショニングする経営戦略手法である（図表6-2）。

　左上のセルは、市場浸透戦略であり、既存市場で既存製品のまま、新規顧客を獲得し、市場占有率を拡大していこうとする戦略である。右上のセルは、製品開発戦略であり、既存市場のまま、新規製品を開発し、新規顧客を獲得し、市場占有率を拡大していこうとする戦略である。左下のセルは、市場開拓戦略であり、既存製品のまま、新規市場を開拓し、新規顧客を獲得し、市場占有率を拡大していこうとする戦略である。右下のセルは、多角化戦略であり、新規市場の開拓と新規製品の開発の両方を実施し、新規顧客を獲得し、

図表6-2. 成長ベクトル

| | | 製品 | |
		既存	新規
市場	既存	市場浸透	製品開発
	新規	市場開拓	多角化

（出所）Ansoff, 1965, pp.108-109：邦訳, p.137より筆者作成。

市場占有率を拡大していこうとする戦略である。

2）SWOT分析とPPM分析

SWOT分析は、「スタンフォード研究所（Stanford Research Institution, 現SRIインターナショナル）のハンフリー（A. S. Humphrey）が提唱したフレームワーク（SOFT分析）で、1964年にSWOT分析に改称されることとなった」、あるいは、「ハーバード・ビジネス・スクール（Harvard Business School）のミンツバーグ（H. Mintzberg）が提唱したフレームワークで、Harvard Business Schoolのアンドリュース等（K. R. Andrews, et al.）によって、SWOT分析と類似の分析手法として広く普及することとなった」など諸説あり、起源については明確でない。

SWOT分析とは、上述の通り、ハンフリー、あるいは、ミンツバーグが提唱したフレームワークで、縦軸に**環境分析**（チャンスと脅威）、横軸に**自社分析**（強みと弱み）をとった4つのセルから構成され、自社の戦略をポジショニングする経営戦略手法である（図表6-3）。

左上のセルは、**積極的攻勢戦略**であり、自社の内部環境（市場占有率や経営資源など）に強みがあり、社外の外部環境（世界情勢や市場動向など）がチャンスのため、強みを活かしてチャンスを捉え、積極的に攻めていこうという戦略である。左下のセルは、**差別化戦略**であり、自社の内部環境（市場占有率や経営資源など）に強みがあるが、社外の外部環境（世界情勢や市場動向など）が脅威のため、強みを活かして脅威を乗り切り、差別化を図っていこうという戦略である。右上のセルは、**段階的施策戦略**であり、自社の内部環境（市場占有率や経営資源など）に強みがないが、社外の外部環境（世界情勢や市場動向など）がチャンスのため、弱みを改善してチャンスを捉え、段階的に施策を講じていこうという戦略である。

図表6-3. SWOT分析

		自社分析	
		強み	弱み
環境分析	チャンス	積極的攻勢	段階的施策
	脅威	差別化	専守防衛／撤退

（出所）経済産業省, 2004より筆者作成。

右下のセルは、**専守防衛／撤退戦略**であり、自社の内部環境（市場占有率や経営資源など）に強みがなく、社外の外部環境（世界情勢や市場動向など）も脅威のため、弱みを改善して脅威を乗り切り、最悪の事態を回避すべく徹底的に防衛策を講じていくか、思い切って撤退しようという戦略で

ある。

PPM（Product Portfolio Management）**分析**（図表6-4）は、1970年にボストン・コンサルティンググループ（BCG）の創始者のヘンダーソン（B. D. Henderson）が提唱したフレームワークで、縦軸に**市場成長率**（製品ライフサイクル）、横軸に**相対的市場占有率**（経験曲線効果）をとった4つのセルから構成され、自社の製品とサービスをポジショニングする経営戦略手法である。

図表6-4. PPM分析

		相対的市場占有率	
		高い	低い
市場成長率	高い	☆ 花形	問題児 ？
	低い	金のなる木	負け犬
		¥	×

（出所）塩次等, 2009, p.99より筆者作成。

　右上のセルは、問題児事業であり、市場成長率は高いが、市場占有率が低い事業である。導入期にあり、市場占有率を拡大できれば花形事業になるが、市場成長率が低下すると負け犬事業になってしまう。左上のセルは、花形事業であり、市場成長率が高く、市場占有率も高い事業である。成長期にあり、圧倒的な競争優位を獲得すれば金のなる木へと移行し、市場占有率をいかに維持するかが問題となる。左下のセルは、金のなる木であり、市場成長率は低いが、市場占有率が高い事業である。成熟期にあり、売上は大きいが、衰退期に差し掛かっているため、獲得した資金は問題児事業や花形事業に充てられる。右下のセルは、負け犬事業であり、市場成長率が低く、市場占有率も低い事業である。衰退期にあり、減損などを最小限に抑えるためにも、撤退のタイミングを計る必要がある。

3）SCP戦略とRBV戦略

　これまでの全社的な戦略フレームワークに代わって、1980年代には、ポーター（1980）によって、競争戦略論が体系化されることとなった。ポーターは、市場の業界構造（Structure）が市場の企業行動（Conduct）を不可逆的に規定し、企業行動が成果（Performance）を不可逆的に規定していくという伝統的な産業組織論における**SCPモデル**の影響を受ける一方、低コスト低価格（量的優位）と差別化高品質（質的優位）による市場占有率の拡大によって、参入障壁を構築するような状態（伝統的な産業組織論が問題視する独占状態）へと業界構造を逆行的に変革していくことが競争戦略（SCP戦略）だと考えた。ポーター（1980）は、

140

図表6-5．5つの競争要因（ファイブフォース分析）

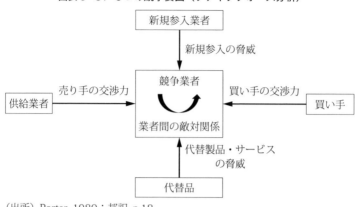

（出所）Porter, 1980：邦訳, p.18。

業界構造や企業行動に影響を及ぼす**5つの競争要因**として、①新規参入の脅威、②業者間の敵対関係、③代替製品・サービスの脅威、④売り手の交渉力、⑤買い手の交渉力を提示して、業界構造分析を行った（図表6-5）。

　ポーター（1980）は、業界構造を独占状態へと導き、競争優位（圧倒的な技術力や収益力）を獲得するために、**3つの基本戦略**を提唱した（図表6-6）。

　右上のセルは、低コスト低価格戦略（コスト・リーダーシップ戦略）であり、圧倒的な市場占有率によって低コスト低価格を実現する業界トップ企業（マーケット・リーダー）による量的優位な戦略である。

　左上のセルは、差別化高品質戦略であり、業界トップ企業との差別化によって差別化高品質を目指す業界2番手3番手の企業（マーケット・チャレンジャー）による質的優位な戦略である。

　下のセルは、資源集中戦略であり、上位企業には到底及ばず小さな特定セグメント（ニッチ市場）に特化（経営資源を配置）するしかない中小企業（マーケット・ニッチャー）による特定市場集中戦略である。

　このように、ポーターのSCP戦略は、5つの競争要因（ファイブフォース分析）によって規定される業界構造のなかで（相対的に優位なセグメントに）自社を位置づけ、選択と集中によって、最適な戦略を選択するポジショニング・アプローチである。

　ここで、**選択と集中**とは、①ドラッカー（Drucker, 1964）によると、業務の選

択と集中、すなわち、「生産的な
業務と生産的でない業務の選択と
生産的な業務への資源の集中」の
ことであるが、ポーター（1996：
邦訳, p.62, 76）によると、製品の選
択と集中、すなわち、「低コスト
低価格と差別化高品質の選択か特
定市場（ニッチ市場）への資源の集
中」のことであり、バーニー

図表6-6.　3つの基本戦略

		戦略の有利性	
		顧客から特異性が認められる	低コスト地位
戦略ターゲット	業界全体	差別化 高品質	低コスト 低価格
	特定セグメント	資源集中	

（出所）Porter, 1980：邦訳, p.61。

(1991, p.112) によると、事業領域の選択と集中、すなわち、「コア事業とノンコ
ア事業の選択とコア事業への資源の集中」のことである。たとえば、製品の選
択と集中について、バブル（地価や株価といった実体のない資産価格）崩壊前は、日
本の企業は、世界でもトップレベルの企業であり、低価格で高品質な製品を製
造でき、低コスト低価格と差別化高品質の両方を実現できていたが、バブル崩
壊後は、欧米や新興国の企業も、低価格で高品質な製品を製造できるように
なったため、現在、日本の企業の株式時価総額（株価×発行済株式総数）は、トヨ
タ自動車を除いて、世界の上位100社以内にもランクインされなくなってし
まった。そのため、ポーター（1996）は、もはや、日本の企業は、国内の有力
企業にあっても、低コスト低価格と差別化高品質の両方ではなく、いずれかを
選択、それ以外の中小企業にあっては、特定市場（ニッチ市場）へ資源を集中さ
せることしかできないと指摘している。

　つぎに、ポーター（1980）は、産業構造だけでなく、企業行動も詳細に分析
し、一見非合理的な行動をとっている企業が高い業績を上げていることも明ら
かにした。その結果、**伝統的な産業組織論**は、ゲーム理論などを応用した新し
い産業組織論へと進化することとなった（淺羽, 1992, p.96）。

　その後、ポーター（1985）は、業界構造を分析するフレームワークではなく、
企業自体が価値を創出して競争優位を獲得するフレームワークとして、**バ
リューチェーン（価値連鎖）**という概念を提唱した（図表6-7）。バリューチェー
ンは、①購買物流、製造、出荷物流、販売・マーケティング、サービスから構
成される主活動と②全般管理、人事・労務管理、技術開発、調達活動から構成

図表6-7．価値連鎖の基本形

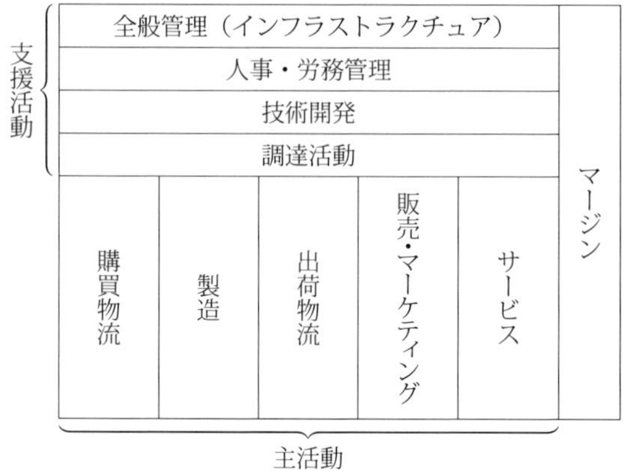

（出所）Porter, 1985：邦訳, p.49。

される支援活動から構成される。企業が価値を創出するためには、各活動、能力、資源が緊密に連携した組織（システム）としての**適合性**が、各活動を相互に補完させ、最強度に連結した強力なバリューチェーンを生み出し、模倣者への参入障壁を構築する必要がある。すなわち、ポーターにとって、戦略とは、企業の活動間の適合性を確立することでもある。

　一方、ポーターのSCP戦略は、同じ外部環境や業界にあっても、企業の戦略が異なる理由を説明できないため、業界構造が企業行動を規定するという因果関係に矛盾が生じることになる。

　ペンローズ（1959：邦訳, pp.48-51, 119-122）は、企業を単に資本と労働を投入して製品・サービスを産出するブラックボックスではなく、資源の集合体（束）と捉え、資源と組織の相互依存関係から企業が成長していくことを説いたが、ワーナーフェルト（1984）は、こうした資源を経営資源（Firm Resources, 人的資源、物的資源、財務資源、組織資源）と捉え、RBV理論に基づくRBV戦略を展開することとなった。すなわち、RBV戦略は、個々の企業によって経営資源が異なる**資源の異質性**（Heterogeneity of Firm Resources）と複製コストが高額、あるいは、供給が非弾力的な**資源の固着性**（Immobility of Firm Resources）という前提の下に、経営資源の配置を構築し、他社からの模倣を回避し、参入障壁を構築するポジショニング・アプローチである（Wernerfelt, 1984, p.71, Barney, 2002：邦訳, pp.242-

243）。バーニー（1991, 2002）は、こうした RBV に基づいて、経済価値（Value）があり、希少性（Rarity）があり、不完全な模倣可能性（Imperfect Imitability）、あるいは、模倣困難性（Inimitability）があり、不完全な代替可能性（Imperfect Substitutability）がある経営資源を所有（配置）、あるいは、活用する能力（ケイパビリティ）を備えた組織（Organization）に持続的な競争優位（Competitive Advantage）の源泉があるとして、経営資源の活用を考える **VRIO フレームワーク**（VRIO Framework）を提唱することとなった（Barney, 1991, pp.106-114, Barney, 2002：邦訳, pp.250-271, 280-290）。また、バーニー（2002）は、こうした経営資源については、コア・コンピタンスやケイパビリティなど、多様な呼称があるが、コア・コンピタンスについては、多角化戦略の概念化や実行の際に限定し、ケイパビリティについては、経営資源を組み合わせたり活用したりする能力として経営資源の同義語として取り扱っている（Barney, 2002：邦訳, pp.244-245）。

　このように、ワーナーフェルトとバーニーの RBV 戦略は、競争優位の源泉を業界構造ではなく、経営資源に求める資源ベース・アプローチであるため、同じ外部環境や業界にあっても、企業の戦略が異なる理由を説明できるようになった。

　一方、業界構造や事業領域を所与とした SCP 戦略や RBV 戦略には、社外資源の活用（**オープンイノベーション**＝Open Innovation）や異なる事業領域への経営資源の組み換え直し（**再配置＝再編成**）といった概念がないため、急速に変化する環境の下での競争優位の獲得維持には限界が生じるのである（Barney, 2002：邦訳, pp.287）。

4　世界最先端の経営戦略

1）ダイナミック・ケイパビリティ戦略

　⑴　**ダイナミック・ケイパビリティの定義と体系化**　　こうしたなか、RBV 戦略を基盤としながらも、それを補完すべく動学的な理論として、ティース等（1997）によるダイナミック・ケイパビリティ戦略が登場することとなった。ダイナミック・ケイパビリティ戦略は、シュムペーター（1912, 1942）の経済理論（イノベーション理論）やボウモル（Baumol, 1968, pp.65-67, Baumol, 2002：邦訳, p.7, pp.10-11, p.20, pp.47-49, pp.198-199）の経済理論（イノベーション理論）、ポーター

(1980, 1985) の競争戦略論（SCP 戦略）やバーニー（1991）の競争戦略論（RBV 戦略）、ウィリアムソン（1975）の取引コスト理論やジェンセン＝メックリング（Jensen and Meckling, 1976）のエージェンシー理論を出発点とするティース型、ネルソン＝ウィンター（Nelson and Winter, 1982：邦訳, pp.16-17）の進化理論を出発点とするアイゼンハート＝マーチン（Eisenhardt and Martin, 2000）によるアイゼンハート型が代表的であるが、ここでは、RBV 戦略を基盤理論としつつも、外部環境の変化に適応して競争優位の獲得維持を追求するティース型のフレームワークに限定する。また、イノベーション理論や競争戦略論は価値の創造獲得に関する問題、取引コスト理論やエージェンシー理論は価値の保護分配に関する問題を取り扱っており、環境の変化に応じた競争優位の獲得維持（企業の存続）に関する問題を十分に考察している理論は、競争戦略論、とくに、ダイナミック・ケイパビリティ戦略だけである（Teece, 2012：邦訳, p.xxxii）。

　ティース等（1997）は、ダイナミック・ケイパビリティを「急速に変化する環境に対応するために、組織内外のコンピタンスを統合（Integrate）、構築（Build）、再配置（Reconfigure）する企業・経営者の能力」と定義づけた（Teece, et al., 1997, p.516, Teece, 2011：邦訳, p.xvii）。また、経済産業省・厚生労働省・文部科学省の『2020年版ものづくり白書』による訳語では、「企業変革力」となっている（経済産業省等, 2020, p.3, 42）。

　つぎに、ティース（2007）は、ダイナミック・ケイパビリティを「急速に変化する環境に対応するために、競争優位を獲得維持する企業・経営者の能力」と再定義したうえで、①変化を感知・具体化する能力（Capacity to Sense and Shape）、②機会を捕捉する能力（Capacity to Seize Opportunities）、③有形・無形資産（資源）を強化、結合、保護、再配置する能力（Capacity to Enhance, Combine, Protect and Reconfigure）に分解し（Teece, 2007, p.1319, 1341, Teece, 2009, pp.88-89）、それぞれの能力をミクロ的に基礎づけ戦略手法を具体的に体系化することとなった（Teece, 2007, pp.1322-1329, 1334-1336）。また、こうした能力を発揮するためには、不適切会計、粉飾決算、不正会計などの**財務上の不正行為**（Financial Malfeasance）よりも、感知、捕捉、再配置の側面でケイパビリティを十分発揮できない経営者の怠業である**戦略上の不正行為**（Strategic Malfeasance）を防止するために、組織を大胆に変革する必要があり、ティースは、こうした経営者の

裁量を保証するような**コーポレート・ガバナンス**の必要性を説くこととなった（Teece, 2007, pp.1339-1341）。

土屋（2006, pp.162-166, 207-218）によると、かつての日本の優良企業は、ボトムアップ型経営の下、現場と本業を重視した過半数以上の社内取締役からなる取締役会による強い業務執行能力とそれを活かした戦略策定を重視することによって、戦略構想能力と戦略執行能力を強化する中長期的な成長を目指す一方、トップダウン型組織の下、ステークホルダーを重視した過半数以上の社外監査役からなる監査役会による社内取締役の監督と執行の体制を補完することによって、取締役会と監査役会による二重のチェック体制を構成してきた。すなわち、企業内部に熟知した社内取締役による監督と執行を重視する一方、社内取締役による監督に対しては、過半数以上の社外監査役による監督が補完することによって、二重のチェック体制を整備することができるためである（日隈, 2015, p.83）。第4章でも解説したが、ステークホルダーとは、企業を取り巻く利害関係者であり、従業員、顧客、取引先、株主、金融機関、地域社会、地域住民、従業員の家族、労働組合、行政機関、政府などから構成される。

（2）　イノベーション、戦略およびコーポレート・ガバナンスの主軸

ティースのダイナミック・ケイパビリティ戦略には、イノベーション（オープンイノベーション）、戦略（**経営資源の再配置**と**共特化**）およびコーポレート・ガバナンス（組織の変革）という3つの柱がある（Teece, 2009：邦訳, pp.46-50）。ここで、経営資源の再配置とは、同じ事業領域へ経営資源を配置するだけでなく、異なる事業領域へ経営資源を組み換え直すことであり、共特化とは、複数の経営資源を結合する（組み合わせる）ことによって、新たな価値を創出したり、相乗効果を発揮したりすることである。

ワルラス（Walras, 1874-1877：邦訳, p.44,『純粋経済学要論』）が想定する自己調整的で静学的な経済理論（新古典派経済学と呼ばれる主流派経済学）では、均衡は市場メカニズムによって導かれ、完全競争状況の下で、すべての企業の利潤はゼロになるが、シュムペーター（Schumpeter, 1912：邦訳, pp.180-185, Schumpeter, 1942：邦訳, pp.130）やカーズナー（Kirzner, 1973）の動学的な経済理論では、均衡は革新的な企業家によって破壊され、不完全競争状況の下で、すべての企業の利潤がゼロになることはない。ティース（2009, p.204）によると、シュムペー

ター的な企業家は、イノベーションによって均衡を破壊し（**創造的破壊**）、カーズナー的な企業家は、破壊された均衡を新たな均衡へと導くことになる。ティースのダイナミック・ケイパビリティ戦略は、こうしたシュムペーターやボウモルの動学的なイノベーション理論を起源としており、イノベーションの主軸は、チェスブロウ（H. W. Chesbrough）のオープンイノベーションである。

　ティースは、超過利潤（レント）の獲得方法を分類し、①ポーターのSCP戦略では、参入障壁や移動障壁を伴う独占状況からレントを獲得し（ポーター・レント）、②ワーナーフェルトとバーニーのRBV戦略では、経済価値があり、希少性があり、模倣困難性がある資源の所有からレントを獲得することになるが（リカード・レント）、③ティースのダイナミック・ケイパビリティ戦略では、イノベーションによる資源の**新結合**（モノと力の結合の変更＝非連続的な変化）からレントを獲得することになると指摘している（シュムペーター・レント, Teece, 2009：邦訳, p.50）。

　ポーターのSCP戦略は、競争優位の源泉を業界構造に求めるポジショニング・アプローチであり、ワーナーフェルトとバーニーのRBV戦略は、競争優位の源泉を経営資源に求めるポジショニング・アプローチであるが、SCP戦略もRBV戦略も、業界構造や事業領域を所与としており、社外資源の活用（オープンイノベーション）や異なる事業領域への経営資源の組み換え直し（再配置）といった概念がないため、急速に変化する環境の下での競争優位の獲得維持について説明することができない。すなわち、急速に変化する環境の下では、ポーターが重視する製品の選択と集中による3つの基本戦略ではなく、イノベーションが重要であり、ワーナーフェルトやバーニーが重視する事業領域の選択と集中による経営資源の所有（配置）ではなく、経営資源の再配置が重要となるのである。そのために、感知、捕捉、再配置の側面でケイパビリティを十分発揮する経営者のインセンティブの継続的な整合化と戦略上の不正行為の防止によって、レント消失を回避するような戦略が重要となるのであり、戦略の主軸は、資源の再配置と共特化である。

　取引コスト理論（企業の契約理論）を展開する新制度学派取引コスト経済学者のウィリアムソン（1975）やエージェンシー理論（企業の契約理論）を展開する新制度学派金融経済学者のジェンセン＝メックリング（1976）は、戦略上の不正

行為の防止よりも、財務上の不正行為の防止を重視しているが、社外資源の活用（オープンイノベーション）や異なる事業領域への経営資源の組み換え直し（再配置）がないため、急速に変化する環境の下での競争優位の獲得維持について説明することができない。すなわち、急速に変化する環境の下では、ウィリアムソンが重視する取引コスト（費用面）ではなく、イノベーション（収益面）が重要であり、ジェンセン＝メックリングが重視する財務上の不正行為の防止ではなく、戦略上の不正行為の防止が重要となるのである。そのために、組織を大胆に変革する経営者の裁量を保証するようなコーポレート・ガバナンスが重要となるのであり、コーポレート・ガバナンスの主軸は、組織の変革である。

（3）**ナレッジ・マネジメント**　　ティースは、オープンイノベーションや資源の再配置と共特化によって企業業績が向上する一方、**知的財産権**を保護することも重視している。

野中・竹内（Nonaka and Takeuchi, 1995：邦訳, p.93）によると、マニュアル化されていない**暗黙知**（数値や文字で表現できない無意識的な知識）を表出化しながら、マニュアル化された**形式知**（数値や文字で表現できる意識的な知識）へと転換したり、形式知を内面化しながら暗黙知へと転換したりする変換過程であるナレッジ・マネジメントによって、知識創造や知識共有が促進されていく。野中（2019）は、無意識のうちに身体が危険を感じ取り、何とか危険を回避できた経験から、人間が生きるための本能と経験の集積体としての無意識の身体知が人間としての自然の姿だとし、こうした無意識的な知識（暗黙知）と意識的な知識（形式知）との関係を研究している。ティースは、こうして形成された知的財産権を保護することも重視している。

（4）**イノベーション、戦略およびコーポレート・ガバナンス上の負の側面**
急速に変化する環境に対応するためには、ダイナミック・ケイパビリティ戦略が重要となるが、既存の資源を抱える既存企業には、多くの問題が残る。たとえば、自動車の電動化の側面においても、ガソリン車（Gas Vehicle＝GV）から電気自動車（Electric Vehicle＝EV）へシフトする際には、多額の減損、大幅な人員削減、事業撤退のタイミングなど、新興企業にはない多くの問題がある。そのため、ティース（2007, p.1328）自身も指摘しているように、既存の資源を抱える既存企業は新興企業よりも、比較的にリスク回避的になる可能性がある。

　以前にも指摘した通り、①新規事業の探索（たとえば、電動化）に伴う**イノ
ベーション上の負の側面**への対処（生産性の低い部門の労働者の一時的な失業問題に
対処するために、イノベーションの普及を早め、生産性の低い部門から生産性の高い部門へ
の労働移動を促進する制度の構築）、②新規事業の探索（たとえば、電動化）に伴う**戦
略上の負の側面**への対処（脱炭素という経営環境の変化に対処するために、GVからハイ
ブリッド車〔HV〕、燃料電池車〔FCV〕、プラグイン・ハイブリッド車〔PHEV〕、EVへのシ
フトに伴う多額の減損を処理したり、大幅な人員を削減したり、事業撤退のタイミングを
図ったりする問題）および③新規事業の探索（たとえば、電動化）に伴う**コーポレー
ト・ガバナンス上の負の側面**への対処（不相応不適正な報酬による経営者のインセン
ティブの低下を防ぐだけでなく、イノベーション上の負の側面をチェックしたり、戦略上の
負の側面に対処したりする柔軟で臨機応変な組織の変革）という電動化に伴う3つの課
題が残る（日隈, 2015, p.84, 日隈, 2023, p.118）。

2）オープンイノベーション戦略

　オープンイノベーションとは、社内外のアイデアや資源を有機的に結合させ、
自社の既存ビジネスに他社のビジネスを活用することによって、価値を創造す
ることである（Chesbrough, 2003：邦訳, p.8, pp.13-17, p.76）。また、利益を獲得す
るだけでなく、イノベーションを創出するためにも、オープンイノベーション
は重要な戦略となる。

　たとえば、電動化や自動化の側面においても、自動車メーカー（たとえば、本
田技研工業）と電機メーカー（たとえば、ソニーグループ）が異業種提携（社外資源を
活用）することによって、EVや自動運転車（Autonomous Car＝AC）を開発するこ
とが可能となる。また、社外のアイデアや資源を活用するだけでなく、社内の
アイデアや資源、たとえば、知的財産権を社内で管理するだけでなく、社外に
開放する（他社に利用させる）ことによって、利益を獲得する**ビジネスモデル**（利
益を獲得する仕組み）を構築することも重要である。

　たとえば、トヨタ自動車は、自社の特許（特許書類）であるハイブリッド用の
電動技術（トヨタハイブリッドシステム）を他社に無償で提供（特許技術は有償）する
ことによって、ハイブリッド市場を拡大させるだけでなく、関連部品を外販す
ることによって、関連部品の需要を増加させ、製造コストを低下させたり、主
要部品を共通化（**デファクト・スタンダード**から**プラットフォーム**へ拡大）したりする

ことによって、競争力を強化している。

　このように、トヨタ自動車は、ハイブリッド車に応用可能な情報も積極的に開示（ライセンスアウト）する一方、他社の情報も獲得（ライセンスイン）することによって、ビジネス・エコシステム（Business Ecosystem）を構築している。ビジネス・エコシステムとは、ビジネス上の産業生態系であり、業界業種を越えて連携する仕組みである。

3）プラットフォーム戦略

　プラットフォームとは、言語、金融、テクノロジー、文化などにおける共通の行動基準となるデファクト・スタンダード（業界上の標準）、共通の場（ビジネスの土台）であり（Ohmae, 2000：邦訳, p.59, p.61, pp.57-121）、エヴァンズ等（Evans, et al., 2006, pp.1-15）によると、経済やエコシステムの中核となる①ソフトウェアプラットフォーム（OS の Windows, モバイル OS の Android など）であり、②オンラインプラットフォーム（検索エンジンの Google, SNS の Facebook, ソーシャルメディアの Youtube など）、③コンテンツプラットフォーム（コンテンツ配信型の Google Play、音楽配信の iTunes Store など）とともに、デジタルプラットフォームを構成する見えざるエンジンである。

　プラットフォームを狭義、広義、さらに広義のプラットフォームに分類すると、狭義のプラットフォームとは、自動車のシャシーなど、自社の製品に対して基盤となる共通部品であり、広義のプラットフォームとは、記憶媒体の USB メモリなど、他社の製品に対しても基盤となる共通製品であり、さらに広義のプラットフォームとは、インターネットのサイトなど、個人、企業、政府・自治体などの業界業種を越えた諸要素の連携コミュニティ（ビジネス・エコシステム）のサービスに対して基盤となる共通サービスである。

　つぎに、プラットフォーム戦略（全社戦略）とは、関係する企業を共通の場（プラットフォーム）に乗せ、新しい事業のビジネス・エコシステムを構築する戦略である（平野・ハギウ, 2010, pp.1-2, 6-7）。

　たとえば、上述のさらに広義のプラットフォーム（インターネットのサイトなど）のうち、デジタルプラットフォームを構成するものの１つである②オンラインプラットフォームを事例に挙げると、1995年にオンライン書店の新興企業として操業開始したインターネット経由の小売業の Amazon. com は、現在

では、世界の**プラットフォーマー**の1つとして成長を遂げることとなった。すなわち、Amazon. com 自体は、とくに生産活動を行っているわけではないが、自社のインターネットサイト（プラットフォーム）上に世界中の売り手と買い手を乗せて、書籍だけでなく、食料品や洋服などのあらゆる日用品を売買（取引）させ、手数料を徴収するだけでなく、独自の物流拠点を整備することによって、配送サービスを行うほか、多業種巨大企業の**コングロマリット**（Conglomerate）として巨大な利益を獲得する仕組み（ビジネスモデル）を確立することとなった。

　ガワー＝クスマノ（Gawer and Cusumano, 2002：邦訳, p.i, 5, pp.9-10, p.21, 50）は、プラットフォーム戦略を達成維持するためには、**プラットフォーム・リーダーシップ**が必要だと指摘し、そのためのフレームワークとして、プラットフォーム・リーダーシップの4つのレバーを挙げている。プラットフォーム・リーダーシップとは、広範な産業レベルにおける特別な基盤技術の周辺で、補完的なイノベーションを創出するように他企業を動かす4つの能力（企業の範囲、製品化技術、外部の保管業者との関係、内部組織）である。

コラム

世界の勝ち組企業と資本主義

　バブルが崩壊する前には、株式時価総額上位100社に日本企業が多く登場していたが、近年では、トヨタ自動車しか残っていない。

　近年の巨大IT企業群には、GAFAM（Google, Apple, 旧Facebook, Amazon. com, Microsoft）、あるいは、MATANA（Microsoft, Amazon. com, Tesla, Alphabet, NVIDIA, Apple）やBATH（Baidu, Alibaba, Tencent, Huawei）、あるいは、TMD＋X（Toutiao, Meituan-Dianping, DiDi＋Xiaomi）と呼ばれる米国や中国のプラットフォーマーがあるが、いずれも私営企業（少なくとも経済的な側面では利益を追求する資本主義システムを採用している企業）である。

　プラットフォーマーとは、前述の通り、プラットフォーム（基盤となる共通部品・製品・サービス）を提供する企業のことであり、プラットフォームには、狭義のプラットフォーム、広義のプラットフォーム、さらに広義のプラットフォームがあった。

　ウェーバー（Weber, 1920：邦訳, p.55, 366）にとって、資本主義とは、利益を追求するシステムそのものであるが、資本主義の先には平等で格差のない社会があるのか。たしかに、資本主義の行き過ぎは、経済学的にも、社会学的にも、経営学

的にも、独占や格差、孤独やストレス、不正や粉飾といったさまざまな弊害をもたらすことになるが、少なくとも、企業は唯一の生産主体であり、利益を獲得することによって、従業員には生活費（賃金や給与）を支給し、顧客には製品・サービスを供給し、地域社会にはヒト（自社の人材など）・モノ（自社の製品など）・カネ（自社の資金など）・情報（自社の技術など）による支援をして、株主には配当金を支払い、金融機関には利子を支払い、政府や地方自治体には税金を支払うなど、あらゆるステークホルダーに利益を還元することによって、社会から存続が許される（存在理由がある）のである。

引用参考文献

Ansoff, H. I. (1957), "Strategies for Diversification," *Harvard Business Review*, 35(5), pp.113-124.

Ansoff, H. I. (1965), *Corporate Strategy*, McGraw-Hill.（広田寿亮訳『企業戦略論』産業能率短期大学出版部, 1969。）

Ansoff, H. I. (1979), *Strategic Management*, Macmillan.（中村元一監訳『アンゾフ戦略経営論』中央経済社, 2007。）

Ansoff, H. I. (1988), *The New Corporate Strategy*, The SANNO Institute of Management Publications Department.（中村元一・黒田哲彦訳『最新・戦略経営―戦略作成・実行の展開とプロセス―』産能大学出版部, 1990。）

Barnard, C. I. (1938), *The Functions of the Executive*, Harvard University Press.（山本安次郎・田杉競・飯野春樹訳『新訳　経営者の役割』ダイヤモンド社, 1968。）

Barney, J. B. (1986a), "Strategic Factor Markets : Expectations, Luck, and Business Strategy," *Management Science*, 32(10), pp.1231-1241.

Barney, J. B. (1986b), "Types of Competition and the Theory of Strategy : Toward an Integrative Framework," *Academy of Management Review*, 11(4), pp.791-800.

Barney, J. B. (1991), "Firm Resources and Sustained Competitive Advantage," *Journal of Management*, 17(1), pp.99-120.

Barney, J. B. (2002), *Gaining and Sustaining Competitive Advantage 2nd Edition*, Prentice hall.（岡田正大訳『企業戦略論（上）基本編―競争優位の構築と持続―』ダイヤモンド社, 2003。）

Baumol, W. J. (1968), "Entrepreneurship in Economic Theory," *American Economic Review*, 58(2), pp.64-71.

Baumol, W. J. (2002), *The Free-Market Innovation Machine : Analyzing the Growth Miracle of Capitalism*, Princeton University Press.（足立英之監訳『自由市場とイノベーション―資本主義の成長の奇跡―』勁草書房, 2010。）

Boyd, J. R. (1987), "A Discourse on Winning and Losing," *A Collection of Unpublished*

Briefings and Essays, Air University Library, Document No. M–U 43947.

Chandler, A. D. Jr. (1962), *Strategy and Structure : Chapters in the History of the American Industrial Enterprise*, MIT Press. (有賀裕子訳『組織は戦略に従う』ダイヤモンド社, 2004。)

Chandler, A. D. Jr. (1977), *The Visible Hand : The Managerial Revolution in American Business*, Harvard University Press. (鳥羽欽一郎・小林袈裟治訳『経営者の時代』東洋経済新報社, 1979。)

Chandler, A. D. Jr. (1990a), *Scale and Scope : The Dynamics of Industrial Capitalism*, Harvard University Press. (安部悦生・川辺信雄・工藤章ほか訳『スケール・アンド・スコープ─経営力発展の国際比較─』有斐閣, 1993。)

Chandler, A. D. Jr. (1990b), "The Enduring Logic of Industrial Success," Harvard Business Review, March–April, 1990, pp.1–11. (編集部訳「米英独200大企業の歴史研究が明かすスケール・アンド・スコープ　産業成長の論理」『DIAMOND ハーバード・ビジネス・レビュー』2007年2月号, pp.118–134。)

Chandler, A. D. Jr. (1992), "Organizational Capabilities and the Economic History of the Industrial Enterprise," *Journal of Economic Perspectives*, 6(3), pp.79–100.

Chesbrough, H. W. (2003), *Open Innovation : The New Imperative for Creating and Profiting from Technology*, Harvard Business School Press. (大前恵一朗訳『OPEN INNOVATION』産業能率大学出版部, 2004。)

Clower, R. W. and Howitt, P. W. (1996), "Taking Markets Seriously : Groundwork for a Post Walrasian Macroeconomics," *Beyond Microfoundations : Post Walrasian Macroeconomics*, edited by Colander, D., Middlebury College.

Coase, R. H. (1937), "The Nature of the Firm," *Economica*, 4(16), pp.386–405, in Coase, R. H. (1988), *The Firm, the Market, and the Law*, University of Chicago Press. (宮沢健一・後藤晃・藤垣芳文訳『企業・市場・法』東洋経済新報社, 1992, pp.39–64。)

Drucker, P. F. (1964), *Managing for Results*, Harper & Row. (上田惇生訳『ドラッカー名著集6　創造する経営者』ダイヤモンド社, 2007。)

Eisenhardt, K. M. and Martin, J. A. (2000), "Dynamic Capabilities : What are they?," *Strategic Management Journal*, 21(10–11), p.1105.

Evans, D. S., Hagiu, A. and Schmalensee, R. L. (2006), *Invisible Engines: How Software Platforms Drive Innovation and Transform Industries*, MIT Press.

Fayol, J. H. (1917), *Administration Industrielle et Générale*, Edition presentee par P. Morin, Dunod. (佐々木恒男訳『産業ならびに一般の管理』未来社, 1972。)

Gawer, A. and Cusumano, M. A. (2002), *Platform Leadership : How Intel, Microsoft, and Cisco Drive Industry Innovation*, Harvard Business School Press. (小林敏男訳『プラットフォーム・リーダーシップ─イノベーションを導く新しい経営戦略─』有斐閣, 2005。)

Jensen, M. C. and Meckling, W. H. (1976), "Theory of the Firm : Managerial Behavior, Agency Costs and Ownership Structure," *Journal of Financial Economics*, 3(4), pp.305–360.

Kirzner, I. M. (1973), *Competition and Entrepreneurship,* The University of Chicago.（田島 義博監訳『競争と企業家精神―ベンチャーの経済理論―』千倉書房, 1985。）

Lawrence, P. R. and Lorsch, J. W. (1967), *Organization and Environment : Managing Differentiation and Integration,* Harvard Business Review Press.（吉田博訳『組織の条件適 応理論―コンティンジェンシー・セオリー―』産業能率短期大学出版部, 1977。）

Learned, E. P., Christensen, C. R. and Andrews, K. R. et al., (1965), *Business Policy: Text and Cases,* Harvard Business School.

Marshall, A. (1890), *Principles of Economics,* Macmillan.（永沢越郎訳『経済学原理　序説』 岩波ブックセンター信山社, 1985。）

Nelson, R. R. and Winter, S. G. (1982), *An Evolutionary Theory of Economic Change,* MA : Belknap Press.（後藤晃・角南篤・田中辰雄訳『経済変動の進化理論』慶應義塾大学出版 会, 2007。）

Nonaka, I. and Takeuchi, H. (1995), *The Knowledge-Creating Company : How Japanese Companies Create the Dynamics of Innovation* (*English Edition*), Oxford University Press. （梅本勝博訳『知識創造企業』東洋経済新報社, 1996。）

Ohmae, K. (2000), *The Invisible Continent : Four Strategic Imperatives of the New Economy,* Nicholas Brealey Publishing.（吉良直人訳『大前研一「新・資本論」―見えない経済大陸 へ挑む―』東洋経済新報社, 2001。）

Penrose, E. T. (1959), *The Theory of the Growth of the Firm,* Oxford University Press.（日髙 千景訳『企業成長の理論（第 3 版）』ダイヤモンド社, 2010。）

Porter, M. E. (1980), *Competitive Strategy : Techniques for Analyzing Industries and Competitors,* New York Press.（土岐坤・中辻萬治・服部照夫訳『競争の戦略』ダイヤモン ド社, 1995。）

Porter, M. E. (1985), *Competitive Advantage : Creating and Sustaining Superior Performance,* New York : Free Press.（土岐坤・中辻萬治・小野寺武夫訳『競争優位の戦略―いかに高業 績を持続させるか―』ダイヤモンド社, 1985。）

Porter, M. E. (1996), "What is Strategy," *Harvard Business Review,* November / December, 1996, pp.37-55.（編集部訳「新訳　戦略の本質」『DIAMOND ハーバード・ビジネス・レ ビュー』2011 年 6 月号, pp.60-89。）

Richards, C. W. (2004), *Certain to Win : The Strategy of John Boyd, Applied to Business,* The English Agency (Japan) Ltd.（原田勉訳『OODA LOOP』東洋経済新報社, 2019。）

Schumpeter, J. A. (1912), *Theorie der Wirtschaftlichen Entwicklung,* 2. Aufl., 1926.（塩野谷 祐一・中山伊知郎・東畑精一訳『経済発展の理論（上）』岩波文庫, 2004。）

Schumpeter, J. A. (1942), *Capitalism, Socialism and Democracy,* The President and Harvard College.（中山伊知郎・東畑精一訳『資本主義・社会主義・民主主義』東洋経済新報社, 1995。）

Taylor, F. W. (1903), "Shop Management," *Transactions of the American Society of Mechanical Engineers,* 24, pp.1337-1480.（上野陽一訳「工場管理法」『科学的管理法』 産業能率短期大学出版部, pp.37-202. 1957。）

Teece, D. J., Pisano, G. and Shuen, A. (1997), "Dynamic Capabilities and Strategic Management," *Strategic Management Journal*, 18(7), pp.509–533.

Teece, D. J. (2007), "Explicating Dynamic Capabilities : The Nature and Microfoundations of (Sustainable) Enterprise Performance," *Strategic Management Journal*, 28(13), pp.1319–1341.

Teece, D. J. (2009, 2011, 2012), *Dynamic Capabilities & Strategic Management : Organizing for Innovation and Growth*, Oxford University Press.（谷口和弘・蜂巣旭・川西章弘ほか訳「ペーパーバック版への序文」「日本語版への序文」「本文」『ダイナミック・ケイパビリティ戦略─イノベーションを創発し、成長を加速させる力─』ダイヤモンド社, 2013。）

Walras, M. E. L. (1874–1877), *Éléments D'Économie Politique Pure, Ou, Théorie de La Richesse Sociale*, Hachette Livre BNF.（久武雅夫訳『純粋経済学要論─社会的富の理論─』岩波書店, 1983。）

Weber, M. (1920), "Die Protestantische Ethik und der 'Geist' des Kapitalismus, *Gesammelte Aufsatze zur Religionssoziologie*," Bd. 1, SS. 17–206.（大塚久雄訳『プロテスタンティズムの倫理と資本主義の精神』岩波文庫, 1989。）

Wernerfelt, B. (1984), "A Resource–Based View of the Firm," *Strategic Management Journal*, 5(2), pp.171–180.

Williamson, O. E. (1975), *Markets and Hierarchies*, The Free Press.（浅沼萬里・岩崎晃訳『市場と企業組織』日本評論社, 1980。）

淺羽茂（1992），「競争戦略論と産業組織論の相互作用─競争優位維持可能戦略の研究のための文献サーベイ─」『学習院大学経済論集』29(1), pp.95–110。

大西淳也・福元渉（2016），「PDCA についての論点の整理」『PRI Discussion Paper Series』No.16A–09, https://dl.ndl.go.jp/view/prepareDownload?itemId＝info%3Andljp%2Fpid%2F11350436&contentNo＝1, 2023年3月21日アクセス。

経済産業省（2004），『マンガでわかる「SWOT 分析」』経済産業省 https://mirasapo–plus.go.jp/hint/16748/, 2023年9月30日アクセス。

経済産業省・厚生労働省・文部科学省（2020），『2020年版ものづくり白書』経済産業省 https://www.meti.go.jp/report/whitepaper/mono/2020/honbun_pdf/pdf/all.pdf, 2023年9月30日アクセス。

古森重隆（2013），『魂の経営』東洋経済新報社。

塩次喜代明・高橋伸夫・小林敏男（2009），『経営管理（新版）』有斐閣アルマ。

十川廣國（2006），『経営学イノベーション1　経営学入門』中央経済社。

田中靖浩（2016），『米軍式　人を動かすマネジメント─「先の見えない戦い」を勝ち抜く D–OODA 経営─』日本経済新聞出版社。

土屋勉男（2006），『日本ものづくり優良企業の実力─新しいコーポレート・ガバナンスの論理─』東洋経済新報社。

名和高司（2021），『パーパス経営─30年先の視点から現在を捉える─』東洋経済新報社。

野中郁次郎（2017），「野中郁次郎の『OODA ループ』とは」プレジデント編集部『PRESIDENT MOOK　この先30年生き抜く勉強法』プレジデント社, pp.20–23。

野中郁次郎（2019），「私の履歴書」『日本経済新聞』日本経済新聞社。

日隈信夫（2015），「長期的なイノベーション戦略とコーポレート・ガバナンスの課題―革新的企業を事例として―」『経営行動研究年報』24, pp.81-86。

日隈信夫（2023），「本田技研工業とソニーグループの異業種提携 EV 戦略―短期的管理（戦略上の不正行為）と経営戦略―」『中央学院大学商経論叢』37(2), pp.97-118。

平野敦士カール（2015），『カール教授のビジネス集中講義　経営戦略』朝日新聞出版。

平野敦士カール・ハギウ，アンドレイ（2010），『プラットフォーム戦略―21世紀の競争を支配する「場をつくる」技術―』東洋経済新報社。

練 習 問 題

1．経営戦略とは何か、また、経営戦略を３つに分類しなさい。

2．組織形態について、テイラーを起源とする職能別組織とチャンドラーを起源とする事業部制組織の違いを説明しなさい。

3．ティースのダイナミック・ケイパビリティ戦略のポイント（３つの柱）を記述し、それぞれの主軸も記述しなさい。

第7章　マーケティング

1　マーケティングの基礎

1）マーケティングの本質

マーケティングとは何か。コトラー（P. Kotler）によると「ニーズに応えて利益を上げること」である（Kotler and Keller, 2006：邦訳, p.6）。また、ドラッカー（P. F. Drucker）によると、販売とマーケティングが異なると言及するなかで「マーケティングの理想は、販売を不要にすることである。マーケティングが目指すものは、顧客を理解し、製品とサービスを顧客に合わせ、自ら売れるようにすること」である（Drucker, 1973：邦訳, p.78）。

　より厳密には、AMA（American Marketing Association）の定義ではつぎの通りである。「マーケティングとは、顧客、クライアント（得意先）、パートナー、そして社会全体にとって価値のある提供物を、創造し、伝達し、提供し、交換するための活動であり、一連の制度であり、プロセスである」（Marketing is the activity, set of institutions, and processes for creating, communicating, delivering, and exchanging offerings that have value for customers, clients, partners, and society at large〔Approved 2017〕）（AMA, 2017）。

　マーケティングにおける基本的な考え方に「ニーズ」（必要）、「ウォンツ」（欲求）、「デマンド」（需要）がある。ニーズとは人間の基本的要件であり、何らかの不足を感じている状態である。また、ニーズがそれを満たす特定の物に向けられるとウォンツとなる。さらに、特定の製品に対するウォンツがデマンドであり、支払い能力に後押しされる（Kotler and Keller, 2006：邦訳, p.31）。なお、事業領域を狭く捉え過ぎて本質的なニーズやウォンツを取り違え、市場機会を逃すことをマーケティング・マイオピア（マーケティング近視眼）と呼ぶ。このように、既存の、あるいは潜在的なニーズを汲み取ってウォンツを充足するようプ

ロモーションしデマンドに応じることによって、「ニーズに応えて利益を上げる」マーケティングが実現する。

　マーケティングの対象となるのは、財、サービス、イベント、経験、人、場所、資産、組織、情報、アイディアの10種類である（Kotler and Keller, 2006：邦訳, p.9）。消費対象となる有形財やサービスのほかに、イベント、経験、人、場所を価値として創造し、提供する。また、資産は不動産や金融資産の所有権である。組織は企業のみでなく非営利組織等を含めて、イメージを創造し印象づける。情報は伝達し流通させる。アイディアは様々な提供物の原形であり、提供するのである。

2）マーケティング・コンセプト

　マーケティング・コンセプトとは、**消費者ニーズ**を満たすことにより企業の利益を増大させるマーケティング活動の基本的な考え方（理念）である。マーケティング・コンセプトには、生産志向、製品志向、販売志向、顧客志向、社会志向がある（図表7－1）。

　生産志向は、製品の生産量や生産効率に着目した考え方であり、製品の供給に対して需要が上回る場合や生産コストを削減しなければならない場合にとるコンセプトである。消費者側では、選択肢は限られたもののみとなる。

　製品志向は、製品の品質や性能等に着目した考え方であり、市場が拡大した飽和状態において製品の差別化を図る場合にとるコンセプトである。消費者側では多様な選択肢があるため、企業間の競争は激化する。

　販売志向は、消費者への積極的な販売活動に着目した考え方であり、製品の需要に対して供給が上回る場合の既存の生産品の販売においてとるコンセプト

図表7-1．マーケティング・コンセプト

コンセプト	重点	背景や課題	スタンス
生産志向	製品の生産量や生産効率	需要過剰、生産コストの削減	プロダクト・アウト／シーズ志向
製品志向	製品の品質や性能等	飽和市場、企業間の競争激化	
販売志向	積極的な販売活動	供給過剰、販路・流通経路の開拓・拡大	
顧客志向	顧客のニーズや欲求	顧客ニーズ等の充足による企業目標の達成	マーケット・イン／ニーズ志向
社会志向	企業の社会的責任	持続可能な企業の発展	

である。企業側では、相当なプロモーションと売り込みが行われる。

　顧客志向は、標的市場における顧客のニーズや欲求を満たすことに着目した考え方であり、ニーズや欲求を調査し、それを満たすことが企業目標の達成となる場合にとるコンセプトである。

　社会志向は、標的市場における顧客のニーズや欲求を満たすことにより企業の利益を実現することに加えて、企業の社会的責任に着目した考え方である。環境問題や貧困問題等の社会的課題への取り組みを通じて社会的責任を果たすことが求められる場合にとるコンセプトである。

　生産志向、製品志向、販売志向では、企業側が主体となって製品を生産し販売するプロダクト・アウトという考え方に基づき、企業の内側から外側へ向けたシーズ志向によるアプローチである。他方、顧客志向、社会志向では、消費者ニーズや社会的ニーズを起点としたマーケット・インという考え方に基づき、企業の外側から内側へ向けたニーズ志向によるアプローチである。前3者とは大きく異なる志向である。

3）マーケティング・ミックス

　マーケティング・ミックスとは、マーケティング戦略における目標を実現するためのマーケティング諸要素の最適な組み合わせのことである。その要素は、企業側の視点による「製品」（Product）、「価格」（Price）、「チャネル」（Place）、「プロモーション」（Promotion）であり、**4 P**という。

　製品は、企業が提供する製品（サービスを含む）の開発活動である。新製品のみでなく既存製品の品質、機能、デザイン、ブランド、保証、返品について検討する。価格は、製品の価格設定である。コスト、需要、競争状態、品質、流通段階等を考慮して価格を決定する。チャネルは、製品の流通経路の決定である。完成品のみでなく原材料の調達を含めて、消費者の手元に届くまでのチャネルの長さ・段階と、チャネルの幅（広狭）を選択する。プロモーションは、消費者に対する広告・販促活動である。広告、人的販売、販売促進、広報等の製品の購買意欲を促すための活動を行う。

　他方、前述の企業側の視点による4 Pに加えて、ターゲットである顧客のニーズやウォンツに適合することが、真にマーケティング戦略の目標を実現する最適な組み合わせとなりうると捉えられるようになった。そこで、企業側の

160

視点による4Pに対応づけた要素が、顧客側の視点による「顧客価値」(Customer Value)、「顧客コスト」(Customer Cost)、「利便性」(Convenience)、「コミュニケーション」(Communication) であり、4Cという。

　顧客価値は、顧客にとっての企業が提供する価値であり、顧客が得るベネフィット、デザイン、ブランド、保証等の体験価値である。「製品」と対応づいている。顧客コストは、顧客の負担するコストであり、製品を購入するために支出する費用、時間等である。「価格」と対応づいている。利便性は、顧客の製品やサービスの入手や決済のしやすさの程度であり、製品の入手プロセスや場所、決済手段の種類等である。「チャネル」と対応づいている。コミュニケーションは、企業と顧客の間の情報伝達や意思疎通であり、企業側からの情報伝達に加えて、顧客側の声を反映させる双方向な仕組みである。「プロモーション」と対応づいている（図表7-2）。

4）戦略的マーケティング

　第6章で様々な経営戦略を取り上げたが、ここでは、PPMとポーター (M. E. Porter) の差別化戦略を応用したコトラーの競争地位別戦略を取り上げる。競争地位別戦略では、標的市場における企業の地位としてリーダー、チャレンジャー、フォロワー、ニッチャーによって企業を分類する。

　リーダーは、業界で最大の市場シェアを誇り、価格変更、新製品導入、流通範囲、プロモーションの側面で他社をリードし、市場全体の40%のシェアを占

図表7-2．マーケティング・ミックス

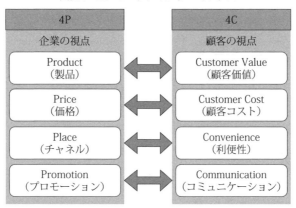

める企業である。他方で、市場で
の地位を維持するために、総市場
の拡大、市場シェアの防衛と拡大
に努めなければならない。

　チャレンジャーは、業界で2・
3位の市場シェアを有する2番手
企業であり、市場シェアの拡大の
ために果敢にリーダーを攻撃する
か、あるいは下位層の企業のシェ
アを奪うかの姿勢をとる、市場全
体の30％のシェアを占める企業である。

図表7-3. 競争地位の類型化

| 経営資源 | 経営資源力（量） ||
	大	小
経営資源独自性（質）　高	リーダー	ニッチャー
経営資源独自性（質）　低	チャレンジャー	フォロワー

（出所）嶋口, 1986, p. 99。

　フォロワーは、リーダーやチャレンジャーを模倣して製品の開発・製造のリスクやコストを低く抑えることによって、市場シェアを維持し、上位層に協調的に追随する、市場全体の20％のシェアを占める企業である。

　ニッチャーは、競合他社との競争を避け、業界で大企業が関心をもたない小規模市場（ニッチ市場）に対象を絞り、専門化した資源を活かして特定市場でのリーダーを目指す、市場全体の10％のシェアを占める企業である。

　さらに、このような市場地位の分類を踏まえて、嶋口充輝によって経営資源の量と質の2つの軸に基づいた競争戦略がモデル化されている（図表7-3）。リーダーは、経営資源力が大きく、経営資源独自性が高い。チャレンジャーは、リーダーに準ずる経営資源力があって意欲は高いが、経営資源独自性は低い。フォロワーは、経営資源力と経営資源独自性のともに他社に及ばない。ニッチャーは、リーダーやチャレンジャーに及ぶほどの経営資源力はないが、経営資源独自性に優れている、と捉えるものである。

2　マーケティング・マネジメント

1）マーケティング・マネジメント・プロセス

　マーケティング・マネジメント・プロセスとは、企業を取り巻く環境要因を分析し、マーケティング戦略を効果的に実施し、評価する一連の活動である。マーケティング・マネジメント・プロセスの構成要素と全体の流れは、①調査

図表7-4. R・STP・MM・I・C サイクル

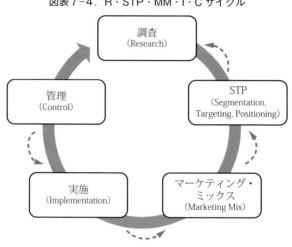

（Research）、②STP（Segmentation, Targeting, Positioning）、③マーケティング・ミックス（Marketing Mix）、④実施（Implementation）、⑤管理（Control）、となる（Kotler, 1999：邦訳, pp.46-47）。

①調査は、自社の事業及び経営資源並びに組織能力、自社を取り巻く市場や要因を明確にするために、外部環境分析や内部環境分析といったマーケティング環境分析を行うことである。顧客のニーズと自社の経営資源等を適合させて、マーケティング戦略において競争優位を確立するためである。内部環境分析はPPM分析やVRIO分析であり、外部環境と内部環境を分析するものはSWOT分析である。また、マクロ環境分析として成長機会を評価する成長ベクトルがある。これらの詳細については、第6章を参照されたい。

②STPは、次項以降で詳説する。③マーケティング・ミックスは、前節で取り上げた通りである。④実施は、マーケティング・ミックスを実行に移し、⑤管理は、実行内容を評価し、フィードバックする。フィードバックは、サイクル全体へのフィードバックループとなる。これらの一連のプロセスを、R・STP・MM・I・Cサイクルという（図表7-4）。

2）セグメンテーション

セグメンテーションとは、不特定多数の消費者を同質的あるいは類似ニーズを有するグループに分類し、市場を細分化することである。消費者ニーズの異

同を把握し、多様なニーズを識別するためである。

　市場を細分化する程度は、すべての消費者を対象とする最大規模のマス・マーケティング、1つ又は複数のセグメントを対象とするセグメント・マーケティング、小規模で競争を回避するニッチ・マーケティング、特定の個人を対象とするミクロ・マーケティング（ワントゥ・ワン・マーケティング）、に分類される。

　市場を細分化する基準をセグメンテーション変数といい、地理的変数、人口統計的変数、心理的変数、行動的変数がある（図表7-5）。地理的変数とは、市場を地理的単位に分割する考え方である。具体的には、地域、都市の人口規模、人口密度、気候等の単位である。

　人口統計的変数とは、市場を人の社会経済的な特質の単位に分割する考え方

図表7-5．セグメンテーション変数

分類	セグメント	具体例
地理的変数	地域	太平洋沿岸、大西洋沿岸、山岳部
	都市の人口規模	4,999人以下、5,000〜19,999人、20,000〜49,999人、50,000〜99,999人
	人口密度	都市、郊外、地方
	気候	北部、南部
人口統計的変数	年齢	6歳未満、6〜11歳、12〜19歳、20〜34歳、35〜49歳、50〜64歳、65歳以上
	性別	男性、女性
	所得	100万円未満、100〜300万円未満、300〜500万円未満、500〜1,000万円未満、1,000万円以上
	職業	専門職・技術職、経営者・役員、事務員・販売員、退職者、学生、主婦、無職
	学歴	中卒以下、高校中退、高卒、大学中退、大卒
	世代	ベビーブーム世代、X世代、Y世代、Z世代、アルファ世代
心理的変数	ライフスタイル	文化志向、スポーツ志向、アウトドア志向
	パーソナリティ	神経質、社交的、権威主義的、野心的
行動的変数	ベネフィット	品質、サービス、経済性、迅速性
	利用水準	ライト・ユーザー、ミドル・ユーザー、ヘビー・ユーザー
	ロイヤルティの程度	なし、中程度、強い、絶対的
	製品に対する態度	熱狂的、肯定的、無関心、否定的、敵対的

（出所）Kotler and Keller, 2006：邦訳, p.307を一部改変して筆者作成。

である。具体的には、年齢、性別、所得、職業、学歴、世代等の単位である。

心理的変数とは、市場を消費者の心理面の要因の単位に分割する考え方である。具体的には、ライフスタイル、パーソナリティ等の単位である。

行動的変数とは、市場を消費者の製品やサービスに対する行動パターンや反応の単位に分割する考え方である。具体的には、求めるベネフィット、利用水準、ロイヤルティ（特定のブランドへのコミットメント）の程度、製品に対する態度等の単位である。

3）ターゲティング

ターゲティングとは、セグメンテーションによって細分化された市場を評価し、自社が標的とする対象範囲を決定することである。自社の経営資源を効率的・効果的に活用し、消費者ニーズを充足する価値を提供するためである。

対象範囲とする市場を選定する考え方を市場カバレッジ戦略という。この選定方法には、無差別型マーケティング、差別型マーケティング、集中型マーケティングの３つのパターンがある。無差別型マーケティング、差別型マーケティングはすべての市場を対象とし、集中型マーケティングは特定の市場を対象とする。

無差別型マーケティングとは、すべての市場あるいは市場全体を１つのセグメントと捉えて、単一のマーケティング・ミックスを提供する戦略である。市場の消費者ニーズの共通性を重視し、規模の経済性を活用するため、製品生産コスト、市場調査コスト、広告コストを削減し、効率的にマーケティングを行うことができる。図表７-６の①市場のフルカバレッジのことである。

差別型マーケティングとは、市場全体を複数のセグメントに分割し、セグメントごとに異なるマーケティング・ミックスを提供する戦略である。市場の消費者ニーズの相違性を重視し、豊富な製品ラインを取り揃えて多様なニーズを充足するため、市場に浸透するマーケティングを行うことができる。

集中型マーケティングとは、市場をセグメントに分割し、そのうちの単一もしくは少数を対象として適合したマーケティング・ミックスを提供する戦略である。市場や製品を特定してマーケティング活動に注力するため、マーケティング活動の成果を高め、自社の優位性を確立することができる。この戦略は、図表７-６の②③④⑤のようにいくつかのケースに分けることができる。②市

図表7-6. ターゲティングのパターン

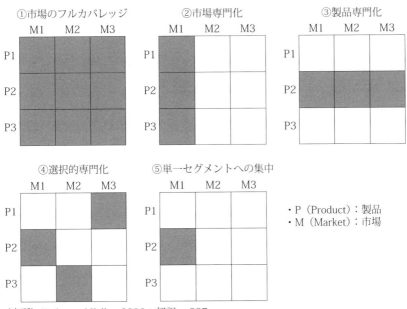

（出所）Kotler and Keller, 2006：邦訳, p.327。

場専門化は、特定の市場における多数のニーズを満たすために複数の製品を提
供する。③製品専門化は、1種類の製品に特化して複数のセグメントを選択す
る。④選択的専門化は、市場や製品を限定せずに複数のセグメントを選択する。
⑤単一セグメントへの集中は、市場と製品を特定してセグメントを選択する。

4）ポジショニング

　ポジショニングとは、自社の製品やサービスの特徴とイメージ等を明確にし、
ターゲットにおける位置づけを決定することである。自社の製品やサービスに
関して、競合他社との差別化を図り、競争優位を確立するためである。

　ポジショニングのコンセプトには7つのコンセプトがあり、消費者の視点に
立脚することが肝要となる。1つに、製品属性に基づくポジショニングであり、
製品を特定する性質である。2つに、ベネフィットに基づくポジショニングで
あり、製品が満たすニーズや提供する便益である。3つに、用途・目的に基づ
くポジショニングであり、製品を使用する理由や場面である。4つに、利用者
に基づくポジショニングであり、利用者の層や集団を特定することである。5

図表7-7．自動車の知覚マップ

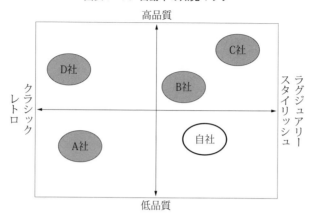

つに、競合他社に基づくポジショニングであり、他社と比較した場合の製品の
優位性である。6つに、製品カテゴリーに基づくポジショニングであり、同一
製品を異なる製品カテゴリーに位置づけることである。7つに、品質・価格に
基づくポジショニングであり、製品価値を評価する重要な要素である。

　ポジショニングにおいては、消費者のイメージ等を視覚的に明確にするため、
知覚マップ（ポジショニング・マップ）という二次元のグラフが用いられる。自社
と競合他社の製品を比較するために、消費者の購買決定要因（Key Buying Factor）
のうち2つを設定し、縦軸と横軸の2軸に分割された4つの領域に自社と競合
他社の製品をマッピングし、自社のポジションを可視化するものである。

　図表7-7は、自動車の知覚マップの例である。ターゲットが重視する想定
として、縦軸に品質、横軸にデザインという購買決定要因を設定し、自社と競
合他社A・B・C・D社を位置づけ、ターゲットがどのように製品を知覚してい
るかを示すものである。

3　消費者行動分析

1）消費者と消費者行動

　消費者とは、ニーズやウォンツを満たすために製品やサービスを購入し、使
用し、廃棄する者のことである。また、消費者行動論において、消費者とは個
人や世帯としての最終消費者のことをいう。流通過程の各段階にある卸売業者

や小売業者のことではない。なお、購買者が企業となる生産財消費者に関しては、組織購買行動論が展開されている。

消費者行動とは、ニーズやウォンツを満たすために製品やサービスを購入し、使用し、廃棄する過程で行う活動であり、消費行動、購買行動、購買後行動の3つに分類される。消費行動は、所得の貯蓄と消費への配分、消費に配分された所得の支出への配分等である。購買行動は、購入品である製品の選択、購入場所である店舗の選択、購入銘柄であるブランドの選択、購入価格や購入量、購入時期や購入回数の決定等である。購買後行動は、製品の使用、収納や保管、修繕、廃棄、リサイクル、評価等である。

消費者の購買行動をモデル化したものに、ルイス（E. St. E. Lewis）による AIDA モデルがある。消費者の反応を認知段階、感情段階、行動段階の3つに区分する。認知段階では消費者の注目（Attention）を引き出し、感情段階では製品に対する関心（Interest）を高め、欲求（Desire）を喚起し、行動段階では購買への行動（Action）に結びつける、というプロセスで消費者の反応を捉えるものである。このモデルから派生して、ホール（S. R. Hall）による AIDMA モデル、㈱電通による AISAS モデル等が提唱されている。

消費者行動論では消費者行動を精緻に捉えることを重視するが、消費者の心理は複雑であり、多様な行動パターンがあるため、平均的な消費者を想定する。また、個々の消費者間の行動の異質性はセグメントの違いと捉え、特定のセグメント内における消費者行動は同質的であると想定する。こうした消費者行動の分析においては、消費者行動を仮説的なモデルに基づいて捉えるが、様々な状況における複雑な消費者行動であるがゆえに、複数の多様なモデルを用いた検証が効果的とされる。以下では、消費者行動を分析する複数のモデルを取り上げることとする。

２）消費者の購買意思決定プロセス

消費者が製品やサービスを購入するまでには、様々な情報を探索し、選択し、購入を決定し、その後に評価を行うように、いくつかの段階を経る。これらの一連の過程を**購買意思決定プロセス**という。購買意思決定プロセスには CDP（Customer Decision Process）モデルがあり、①問題認識、②情報探索、③代替製品の評価、④購買決定、⑤購買後の行動の5段階を経る（図表7-8）。

図表7-8. CDP モデル

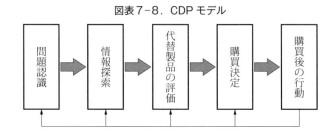

①問題認識は、内部や外部から刺激を受け、理想と現実の差異ないしギャップを知覚することであり、ニーズを認知することである。

②情報探索は、問題を解決するために環境を探索することである。記憶のなかの知識を引き出す内部探索とそれでも不足する場合の外部探索があり、情報収集を行って購買の準備を行う。

③代替製品の評価は、探索において収集した選択肢を評価することである。ニーズを満たすベネフィットを提供する属性に着目して価値判断をする購買前の評価である。

④購買決定は、選択肢を選択し購買するか否かを決定することである。購買することを決定した場合には、購買時期と購買チャネルを選択する。いつ、どのように製品やサービスを購買するかを決定する。続いて、選択した購買チャネル内において購買対象の製品やサービス、購買量、支払方法を選択する。

⑤購買後の行動は、製品やサービスを経験する消費を行い、その結果として満足・不満足や好意的・非好意的といった購買後評価を行い、廃棄することである。また、購買後評価における評価結果は、問題認識、代替製品の評価、購買決定へフィードバックし、さらに、情報探索の内部探索における知識へ蓄積することを通して次期以降の**購買意思決定**に影響を与えることとなる。

3）モダン・アプローチ

消費者行動分析は、多様な消費者行動を理解するために、心理学、社会学、経済学、文化人類学等の様々な分野から研究アプローチが展開されてきている学際的な分野である。それらを2つに区分した場合に、モダン・アプローチは実証主義的・客観主義的な方法によって認知的・分析的な視点から消費者行動を捉える。一方で、ポストモダン・アプローチは、解釈主義的・主観主義的な

方法によって情緒的・経験的な視点から消費者行動を捉えるものである。

　モダン・アプローチにおける代表的な購買意思決定プロセスのモデルを取り上げる。1つは、S-O-Rモデル（刺激〔Stimulus〕、生体・生活体〔Organism〕、反応〔Response〕）である。従来のS-R（刺激〔Stimulus〕、反応〔Response〕）モデルが刺激と反応の間における心理的プロセスをブラック・ボックスとしていたものを解明し、消費者が刺激を受けて受動的に行動することを前提とする。これに基づいているのが、ハワード＝シェス（J. A. Howard and J. N. Sheth）によるハワード・シェス・モデルである（図表7-9）。

　2つに、ベットマン（J. R. Bettman）による消費者情報処理モデルである（図表7-10）。消費者を情報処理者として捉え、消費者が自ら情報収集して能動的に行動することを前提とする。このモデルは消費者の情報処理能力の違いを含めて、消費者の購買意思決定プロセスを包括的に捉えるものである。

　3つに、ペティ＝カシオッポ（R. E. Petty and J. H. Cacioppo）による精緻化見込モデルである（図表7-11）。消費者情報処理モデルに基づいて、消費者が情報を解釈し態度を形成する過程を捉える。消費者が情報を精緻化する動機を有する

図表7-9. ハワード＝シェスのS-O-Rモデル

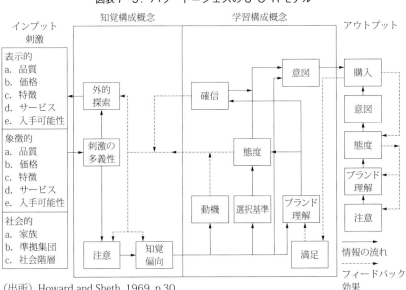

（出所）Howard and Sheth, 1969, p.30.

図表7-10. 消費者情報処理モデル（Bettman モデル）

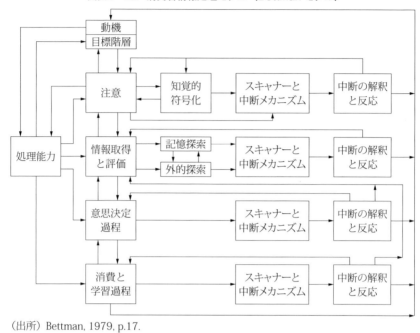

（出所）Bettman, 1979, p.17.

か否かによって、中心的ルート又は周辺的ルートを通る。消費者が情報に高い
関与を示せば中心的ルートを通り、慎重な検討のうえで形成された消費者の態
度は変容しにくいが、消費者が情報に低い関心を示せば周辺的ルートを通り、
多くの情報を収集せずに直感的に形成された消費者の態度は容易に変容すると
される。

4）ポストモダン・アプローチ

　ポストモダン・アプローチにおける代表的な購買意思決定プロセスのモデル
を取り上げる。1つは、消費経験論である。消費者情報処理モデルを拡張して、
購買意思決定後の感情を伴う消費として経験を捉える。消費者が製品の使用に
よる経験から得られた感情的な反応に着目するものである。

　2つに、ハーシュマン＝ホルブルック（E. C. Hirschman and M. B. Holbrook）によ
る快楽的消費である。消費経験論における1つの分類に位置づけられるもので
あり、消費すること自体が目的であって快楽であると捉える。購買後の使用行

図表7-11. 精緻化見込モデル

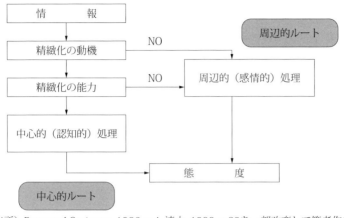

（出所）Petty and Cacioppo, 1986, p.4, 清水, 1999, p.89を一部改変して筆者作成。

動等を重視し、主観的経験や感情、イメージを分析対象とする。

　3つに、シュミット（B. H. Schmitt）による経験価値マーケティングである。消費者は機能的価値を超える経験価値を求めるものとして、Sense（感覚的経験価値）、Feel（情緒的経験価値）、Think（創造的・認知的経験価値）、Act（身体的経験価値）、Relate（所属集団や文化との関係的経験価値）という5つの経験価値に対する消費者の反応を捉える。提供された経験価値を消費者が理解し自らにおいて意味づけるときに消費者行動をもたらすものとなる。

　なお、これまでのように企業から提供された価値を享受するのみでなく、企業とともに消費者が価値を創造する価値共創という考え方等がある。また、脳科学を活用した消費者行動分析であるニューロ・マーケティングもスーパーモダン・アプローチとして展開されている。

4　マーケティング・プログラム

1）製品戦略

　マーケティングにおいて、**製品**とは、消費者ニーズを充足するために提供されるものであり、有形財、サービス、イベント、人、場所、組織、情報、アイディア等がある。

　製品は3つのレベルに分けて捉えることができる。第1のレベルは中核部分

であり、顧客が得る基本的なサービスやベネフィットである。第2のレベルは製品の形態であり、特徴、品質、デザイン、ブランド名、パッケージである。第3のレベルは製品の付随機能であり、取付け、配送、クレジット対応、保証、アフター・サービスである。

　製品の分類基準にはいくつかの基準がある。1つは、製品の耐久性に基づき、耐久財と非耐久財に分類される。耐久性とは長期的な使用に耐えうることである。2つに、製品の利用目的に基づき、消費財と生産財（産業財）に分類される。最終消費者が個人的に消費する目的である消費財と、企業等が製造工程への投入や事業活動のために使用する生産財（産業財）である。なお、消費財は購買習慣に基づき、さらに最寄品、買回品、専門品、非探索品に区分される。

　製品ミックスとは、消費者に提供する製品ラインと製品アイテムの組み合わせのことである。製品ミックスは、幅、深さ、長さ、整合性の4つの次元で捉えられる。幅と深さは製品ラインの次元であり、幅は製品ラインの数、深さは1つの製品ラインに含まれる製品アイテムの数である。長さは製品ミックスに含まれる製品アイテムの数である。整合性は製品ラインが用途やチャネルの面で一致している程度のことである。これらの最適な組み合わせによって複数の製品を提供することとなる。

　新製品開発のプロセスは8つの手順を経る（図表7-12）。1. アイディア創出では、検討の価値のあるアイディアかを模索し、アイディアを生み出す。2. アイディア・スクリーニングでは、製品アイディアが企業の目的、戦略、資源に見合ったものかを検討する。3. コンセプト開発とテストでは、消費者が買いたいと思う製品コンセプトが見つかるかを検討する。4. マーケティング戦略の立案では、コスト効果が高く利用可能なマーケティング戦略が見つかるかを検討する。5. 事業分析では、製品が利益目標に合致するかを検討する。6. 製品開発では、技術的かつ商業的に健全な製品かを検討する。7. 市場テストでは、試験的な製品販売の売上高が期待通りであったかを確認する。8. 商品化では、検証結果を踏まえた実際の製品販売の売上高は期待通りかを検討する。そして、8つ目の手順までクリアできる場合は、将来計画を決定する。ただし、プロセスの途中で目標を達成できない場合には、前段階へ戻って検討し直す、又は廃棄することとなる（Kotler and Keller, 2006：邦訳, p.798）。

図表7-12.　新製品開発の意思決定プロセス

（出所）Keller and Keller, 2006：邦訳, p.798を一部改変して筆者作成。

2）価 格 戦 略

　マーケティングにおいて、**価格**とは、製品やサービスが提供する便益と消費者が充足するニーズを対比した場合の消費者側の判断尺度である。一方、企業側では製品やサービスの提供によって実現する利益水準の尺度である。

　価格設定のプロセスは6つの手順を経る（図表7-13）。1. 価格設定目的の選択では、企業は価格設定を通じて、5つの主目的のいずれかを追求する。生き残り、最大経常利益、最大市場シェア、最大上澄み吸収、製品品質のリーダーシップである。2. 需要の判断では、各価格水準とそれに対応する需要との関係を検討する。企業が製品に付すことのできる価格の上限が需要である。3. コストの評価では、製品の生産コスト、流通コスト、販売コスト、これらに要する労力やリスクに対する見返りを考慮する。企業が製品に付すことのできる価格の下限がコストである。4. 競合他社のコスト、価格、オファーの分析では、

図表7-13. 価格設定のプロセス

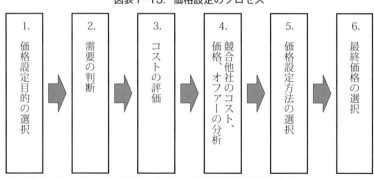

| 1.
価格設定目的の選択 | 2.
需要の判断 | 3.
コストの評価 | 4.
競合他社のコスト、価格、オファーの分析 | 5.
価格設定方法の選択 | 6.
最終価格の選択 |

（出所）Kotler and Keller, 2006：邦訳, pp.542-562より筆者作成。

需要やコストによって決定される可能な範囲で競合他社の反応を考慮する。5.
価格設定方法の選択では、コストは価格の下限、競合他社の価格等は調整点、
製品独自の特徴に対する顧客の評価は価格の上限、という3つから1つ以上を
含む価格設定方法を選択する。6. 最終価格の選択では、価格設定方法によって、
他のマーケティング活動や価格設定方針等の要素を考慮して、最終価格を決定
する（Kotler and Keller, 2006：邦訳, pp.542-562）。

このような価格設定のプロセスにおける価格設定の方法には、コスト、需要、
競争の3つの視点がある。コストに基づく価格設定では、コストに一定の利益
率を加えるコスト・プラス法、収益から費用を差し引いた差額がゼロとなる損
益分岐点による方法がある。需要に基づく価格設定では、消費者の価格に対す
る反応を調査する方法や消費者の購買意思に影響する製品の要素を調査する方
法、販売価格を変化させて動向を観察する価格実験がある。競争に基づく価格
設定では、競合他社の価格に基づく現行価格設定、複数業者から請負業者を決
定する際の競合他社の提示価格の予想に基づく入札価格設定がある。

加えて、新製品を市場に導入する場合の価格設定では、製品を市場に浸透さ
せるために低価格を設定し、早期に市場シェアの獲得を狙う市場浸透価格設定
と、価格にそれほど敏感でない高所得者層を対象として高価格を設定し、順次
価格を引き下げる上澄み吸収価格設定がある。

3）チャネル戦略

マーケティングにおいて、（流通）**チャネル**とは、企業から提供される製品や

サービスが消費者へ移転する経路であり、価値を媒介とした段階的な仕組みである。流通機関は、製造業者、卸売業者、小売業者、消費者である。

　チャネルの機能は3つ挙げられる。1つは、企業から顧客への前方向フローを構成する機能であり、製品を輸送し保管する物流、製品の所有権の移転、製品のプロモーションである。2つに、顧客から企業への後方向フローを構成する機能であり、製品の注文、注文代金の支払いである。3つに、双方向の機能であり、情報の収集と伝達、取引条件の合意を形成する交渉、チャネル業務の資金調達のファイナンス、チャネル業務のリスク負担である（Kotler and Keller, 2006：邦訳, pp.586-587）。

　チャネルは、段階数、広狭、強弱の3つの基準によって分類される。チャネルの段階数は流通業者が介在する程度をいい、チャネルの長さのことである。製造業者が消費者に直接取引し販売することを0段階チャネルという。他方、製造業者と小売業者が直接取引し、消費者に間接販売する1段階チャネル、卸売業者や仲買人を介して製造業者と消費者が間接取引する2段階チャネルや3段階チャネルがある（図表7-14）。

　チャネルの広狭は製造業者が使用する流通業者の範囲をいい、チャネルの幅のことである。より多くの小売業者との取引を通じて自社商品を市場に開放す

図表7-14. チャネルの段階数（消費財）

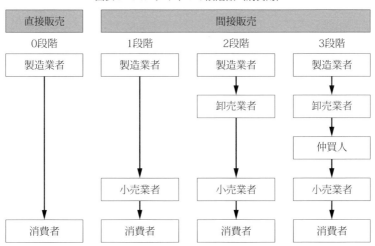

（出所）Kotler and Keller, 2006：邦訳, p.588を一部改変して筆者作成。

る開放的チャネル、一定の基準によって選択した卸売業者や小売業者との取引を通じて自社商品の流通を図る選択的チャネル、特定の地域もしくはごく少数の流通業者との取引を通じた独占的販売とする排他的（専売的）チャネルに区分される。

　チャネルの強弱はチャネルを構成する流通業者同士の関係の程度をいい、チャネルの統合度合いのことである。伝統的マーケティング・チャネルは、製造業者、卸売業者、小売業者が個々に自律的な意思決定を行い、他の主体との統制関係はない。他方、垂直的マーケティング・チャネルは、製造業者、卸売業者、小売業者が互いに協力関係を築いて統合された組織であり、企業型、管理型、契約型に区分される。

　これらの3つの基準に基づいて、標的市場と経営資源を識別し、自社に適合するチャネルを設計し構築する。その後、チャネル・パワー（組織における影響力や統制能力）を有するチャネル・リーダーの位置づけを考慮し、流通業者間で生じるチャネル・コンフリクトを調整して、チャネルの管理を行うこととなる。

4）プロモーション戦略

　マーケティングにおいて、**プロモーション**とは、売り手が製品やサービスの情報を提供し、買い手に対して購買行動を促す販売努力である。一方、売り手と買い手の双方向の情報伝達や意思疎通の行為である。このようにプロモーションの役割は、製品やサービスの販売促進を図る側面と、企業と消費者の間のコミュニケーションを図る側面との両方の役割がある。

　プロモーションの対象は3つに区分される。1つは企業内部や関係機関に対するものであり、企業内部の各部門等と調整・協力して全社的なプロモーションを行う。2つに販売業者に対するものであり、販売業者へ様々に販売活動を援助し協力が得られるように方向づけることによってプロモーションを行う。3つに消費者に対するものであり、消費者へ関心を促し需要を喚起することによってプロモーションを行う。

　プロモーションの具体的な手段には様々な種類がある（図表7-15）。広告（Advertisement）は、製品やサービス等に関する情報を伝達するために広告主によって有料かつ非人的に行われる宣伝・伝播のことである。販売促進（Sales Promotion）は、製品やサービスに関する情報を直接提供して購入を促進するた

図表7-15.　プロモーションの種類

広告	販売促進	PR	人的販売	ダイレクト・マーケティング
印刷広告、放送広告 パッケージ・デザイン パッケージ内の広告 映画 パンフレット、チラシ ポスター、ビラ 名簿、名鑑 広告の転載 ビルボード広告 ディスプレイ広告 店頭ディスプレイ 視聴覚資料 シンボル、ロゴ ビデオテープ	コンテスト、ゲーム、賞金、くじ プレミアム、景品 サンプリング 見本市、トレード・ショー 製品発表会 デモンストレーション クーポン リベート 低利の融資 接待 トレードイン・アロウワンス コンティニュイティ・プログラム 抱き合わせ販売	プレスキット 講演 セミナー 年次報告書 慈善的寄付 刊行物 コミュニティ・リレーションズ ロビー活動 アイデンティティ媒体 機関誌	実演販売 販売会 インセンティブ・プログラム サンプル 見本市、トレード・ショー	カタログ 郵便 テレマーケティング ネット通販 テレビ・ショッピング FAX 電子メール ボイスメール

（出所）Kotler and Keller, 2006：邦訳, p.665を一部改変して筆者作成。

めの短期的な動機づけのことである。PR（Public Relations）は、企業がステークホルダーに対して企業情報等を提供してイメージ効果を高めて適切な関係の構築を目指す広報のことである。パブリシティ（Publicity）は、製品やサービス、事業に関する情報を報道機関が取り上げるように働きかけることである。公共性の高い客観的な情報として評価される。人的販売（Personal Selling）は、販売員が対面の接触によって製品やサービスに関する情報を直接提供して購入までをサポートすることである。ダイレクト・マーケティング（Direct Marketing）は、直接的な対話を行い、反応や応答を求めることである。

　プロモーション活動を実施するに当たっては、目的・目標を設定し、予算の範囲で適切なプロモーション手段を組み合わせたプロモーション・ミックスによって戦略を実現する。また、最適なプロモーション・ミックスを統合して一貫性をもたせ、相互作用によって効果的なプロモーション活動を実施することを統合型マーケティング・コミュニケーションという。これらの活動結果を測

定し評価することによってマネジメントする。

── コ ラ ム ──

マーケティング5.0

　マーケティングの思想は、時代背景、世代、技術によって変化する市場に適合するように変化してきた。そして今後も変化し続けてゆくであろう。コトラーによると、現在は「マーケティング5.0」の時代といわれる。マーケティングの思想は、つぎのように変遷してきた（図表7-16）。

　マーケティング1.0は、1950年代から1990年代における、大量生産・大量消費を前提とした製品中心のマーケティングである。マーケティング2.0は、1980年代から2000年代における、消費者のニーズやウォンツに焦点を当てた顧客中心のマーケティングである。マーケティング3.0は、2000年代から2020年代における、企業

図表7-16. マーケティング思想の進化

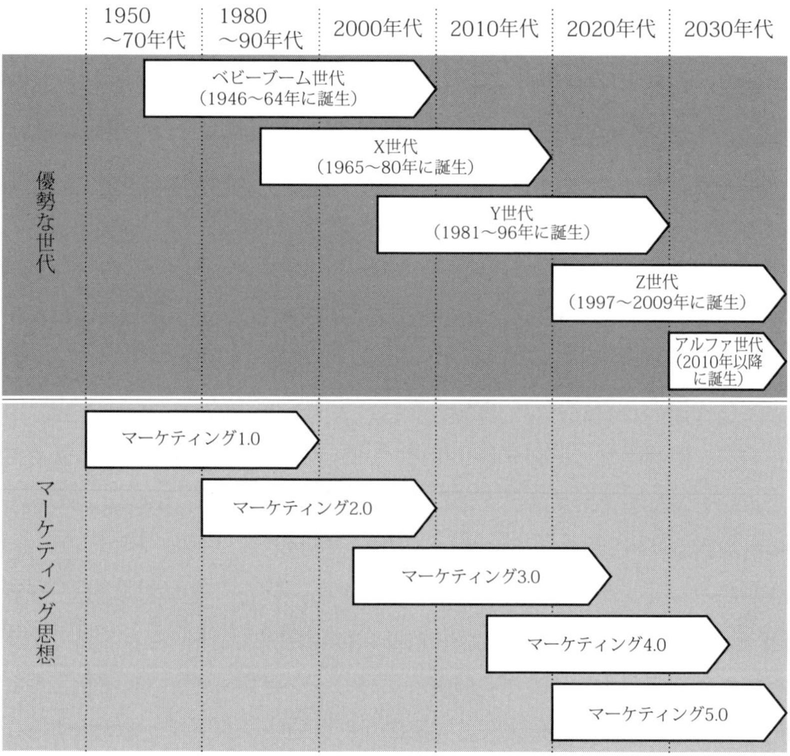

（出所）Kotler, et al., 2021：邦訳, p.63。

の社会的責任を果たす人間中心のマーケティングである。マーケティング4.0は、2010年代から現在における、オムニチャネルによるデジタル型のマーケティングである。マーケティング5.0は、2020年代から現在以降における、人間生活の質向上と技術進歩を融合する人間のためのテクノロジーのマーケティングである。これは、マーケティング3.0とマーケティング4.0を統合したものである。

引用参考文献

American Marketing Association（2017）, Definitions of Marketing, https://www.ama.org/the-definition-of-marketing-what-is-marketing/, 2023年6月11日アクセス。

Bettman, J. R.（1979）, *Information Processing Theory of Consumer Choice*, Addison-Wesley Publishers Company.

Drucker, P. F.（1973）, *Management : Tasks, Responsibilities, Practices*, Harper & Row.（上田惇生訳『ドラッカー名著集13　マネジメント―課題、責任、実践―（上）』ダイヤモンド社, 2008。）

Howard, J. A. and Sheth, J. N.（1969）, *The Theory of Buyer Behavior*, John Wiley & Sons.

Kotler, P.（1999）, *Kotler on Marketing : How to Create, Win, and Dominate Markets*, Free Press.（木村達也訳『コトラーの戦略的マーケティング―いかに市場を創造し、攻略し、支配するか―』ダイヤモンド社, 2020年第25刷〔2000年第1刷〕。）

Kotler, P. and Keller, K. L.（2006）, *Marketing Management 12th Edition*, Prentice Hall.（恩藏直人監修、月谷真紀訳『コトラー＆ケラーのマーケティング・マネジメント（第12版）』丸善出版, 2014。）

Kotler, P., Kartajaya, H., and Setiawan, I.（2021）, *Marketing 5.0 : Technology for Humanity*, Wiley.（恩藏直人監訳、藤井清美訳『コトラーのマーケティング5.0―デジタル・テクノロジー時代の革新戦略―』朝日新聞出版, 2022。）

Petty, R. E. and Cacioppo, J. H.（1986）, *Communication and Persuasion : Central and Peripheral Routes to Attitude Change*, Springer Verlag.

嶋口充輝（1986）,『統合マーケティング―豊饒時代の市場志向経営―』日本経済新聞社。

清水聡（1999）,『新しい消費者行動』千倉書房。

練 習 問 題
1．マーケティング・コンセプトについて、それぞれのコンセプトの特徴を説明しなさい。
2．マーケティング・ミックスについて、4Pと4Cの対応関係を説明しなさい。
3．マーケティング・マネジメント・プロセスについて、STPのそれぞれの意義を述べなさい。

第 8 章　国際経営

　国際経営とは国境を越えて行われる経営である。より具体的には、企業がヒト、モノ、カネ、情報などの経営資源を異なる国や地域に移動させるだけでなく、異なる国や地域のヒト、モノ、カネ、情報などの経営資源を獲得し、それらを自社の経営資源と結合し価値創造を行うことである。現代において、企業の国境を越えた事業展開は一般的なものとなっており、国際経営論は経営学の重要な領域として存在感をもつようになってきた。本章では、企業の国境を越えた事業活動を理解し、分析するための諸理論およびフレームワークについて解説する。

1　多国籍企業の経営

1）多国籍企業とは？

　国際経営の担い手となるのが**多国籍企業**（Multinational Corporation＝MNC）である。多国籍企業とはどのような企業か。たとえば、トヨタ自動車は日本を代表する企業であると同時に、世界屈指の巨大多国籍企業でもある。つまり、多国籍企業とはどこかの国に本拠地をもつ企業であると同時に、多くの海外子会社の国籍を保有する企業でもある。

　代表的な2つの先行研究における多国籍企業の定義を確認してみよう。ダニング（Dunning, 1993）によれば、「多国籍企業とは、**海外直接投資**を行い、1カ国以上において付加価値活動を所有もしくはコントロールする企業」である。一方、バーノン（Vernon, 1971）は、「多国籍企業は大企業であり、輸出や技術ライセンシングなどの国際経営活動を行うだけではなく、海外生産も遂行し、海外子会社は地理的にかなり広範囲に分布し、多くの海外子会社を1つの共通の経営戦略の下で統括し、親会社と海外子会社は資金、技術、人材、情報、販売網、トレードマークなどの共通の経営資源を利用する企業」と定義している。

以上の代表的な先行研究の定義を整理すると、多国籍企業は、共通の経営戦略の下、共通の経営資源を利用し、本国を含めて2か国以上の拠点で付加価値活動を行う企業であるといえる。

また、多国籍企業の多くは、多角化企業である。多角化企業とは複数の事業分野で経営活動を行う企業を指す。一方、1つの事業分野だけで活動している企業は専業企業である。たとえば、日本の代表的多国籍企業であるキヤノンは基幹技術である光学技術を中心として、カメラ、コピー複合機、プリンター、半導体、医療機器などを手掛ける多角化企業である。そして日本最大の多国籍企業であるトヨタ自動車は、売上高の9割を自動車部門が占める自動車の専業企業である。

2）セミ・グローバリゼーションにおける国際経営—CAGEフレームワーク—

グローバリゼーションが進展する現代において、世界の一体化が進み、国・地域間に存在する隔たり（Distance）は縮小している一方で、「国境」は厳然として存在する。ゲマワット（Ghemawat, 2001）はそうした世界を**セミ・グローバリゼーション**（Semi-Globalization）と表現している。企業は国境を越えることで、依然として、経済的、政治的、文化的、そして地理的な多様性に直面し、それらの隔たりを無視することは不可能である。また、数多くの海外子会社を抱える多国籍企業自身が組織内部に多様性を抱える存在ともいえる。

こうした国・地域間の隔たりが大きな障害となり、多国籍企業の経営を複雑かつ困難なものにすることも少なくない。ゲマワット（Ghemawat, 2001）は、文化（Culture）、制度・政治（Administration and Policy）、地理（Geography）、そして経済（Economy）の4つの要素が隔たりを生む要因であると考えた。これら4つの要素から国・地域の隔たりを分析する枠組みである **CAGE フレームワーク**（CAGE は、文化〔C〕、制度・政治〔A〕、地理〔G〕、経済〔E〕の頭文字をとったものである）を提唱した（図表8-1）。

CAGE フレームワーク[1]を利用すれば、文化的、制度的、地理的、経済的な4つの側面から国・地域間の隔たりを洗い出し、把握することで、これらの隔た

1　CAGE フレームワークは、国際経営に限らず、国内経営にも活用できる。同一国内においてもさまざまな隔たりが存在しているからである。また、産業間の隔たりにも活用することができる。

図表8-1．CAGE フレームワーク

	文化的隔たり	制度的隔たり	地理的隔たり	経済的隔たり
隔たりの要因	言語的違い	歴史的関係の有無	物理的距離	所得水準
	民族的違い	自由貿易協定の有無	国境を接しているか否か	天然資源
	宗教的違い	安全保障連携の有無	時差	人的資源／人材
	価値観、規範的違い	政治的有効度	気候	インフラ（電力、水、港湾、道路、空港）の質
			疾病環境	経済規模

（出所）Ghemawat, 2001より筆者作成。

りを克服することができる。

　また、CAGEの4要素を利用できることも多国籍企業の強みである (Ghemawat, 2001)。CAGE を利用することで、たとえば安価な労働力が豊富な国で工業製品を生産することでコスト削減を実現し規模の経済を享受することが可能となる、あるいは先端科学技術が発展している国に研究開発拠点を置くことで、革新的な新製品を開発することが可能となるだけではなく、開発スピードを高めることができる。つまり、隔たりをうまく利用し、ビジネスに活かすことで成長に繋げることも可能である。CAGE フレームワークは多国籍企業が克服するべき課題を浮かび上がらせるだけではなく、新しいビジネスの可能性の手掛かりを見出すうえでも有効なフレームワークといえる。

3）なぜ企業は国境を越えるのか

　CAGE フレームワークが示すように、企業は国境を越えることで、国・地域間の隔たりがもたらすリスクと困難に直面する。それにもかかわらず、なぜ企業は海外進出するのだろうか。

　企業が海外進出を行う主な理由はつぎの3点であろう。第1の理由は、海外市場の獲得である。世界市場は当然のことながら国内市場よりも大きい。日本は世界第3位の国内総生産（GDP）の規模を誇るものの、日本の世界の GDP シェアは3.8％（2022年）に過ぎない (IMF, 2023)。つまり、日本国外に、大きな市場が存在しているということである。また、2022年の日本の経済成長率は、年率1.0％であるのに対し、世界全体は年率3.5％、新興国は4.0％で成長を続

けている。企業が成長し続けるためには、世界市場、とくに高い成長率で成長する新興国が提供する機会を獲得するために海外進出は不可欠であるといえる。

　第2の理由は、経営資源（ヒト、モノ、カネ、情報）の獲得である。海外に進出することで、安価かつ優秀な労働力（ヒト）、安価で良質な原材料や部品（モノ）、海外の株式市場に上場することで、より多くの資金を調達する（カネ）、製造施設の買収など有形資産の獲得、特許などの技術、マーケティング・ノウハウ等の無形資産（情報や知識）を獲得する可能性は大きくなる。

　また、海外市場における競合企業との競争から学習する「**学習のための国際化**」（中川等, 2015, pp.10-11）という動機もある。現代は、知識経済（ナレッジ・エコノミー）の時代であり、とりわけ知識は企業の競争優位を左右する経営資源となっており、世界に分散する知識を獲得し、価値創造をすることは多国籍企業の戦略的課題となっている。

　第3点目は、政治的・経済的情勢による望まざる理由での海外進出である。1970年代、1980年代の日本企業の海外進出の動機は、国際政治・経済情勢による**仕方なしの海外進出**（あるいは「仕方なしの現地生産」）であった（吉原, 2021, p.59, 吉原等, 2013, p.29）。トヨタ自動車など日本の自動車企業が北米で海外生産を開始した理由は、日米貿易摩擦回避という国際政治事情によるものであった。また、エレクトロニクス企業の東南アジアへの進出理由も、1985年プラザ合意[2]以降の急速な円高や日本国内の人件費高騰のため、国内工場のコスト競争力が大きく低下したことによる、消極的な理由によるものだった（安保等, 1991）。

　最近でも、新興国による輸入代替工業化政策の下での現地化政策（ローカル・コンテンツ規制）や外国為替規制、先進諸国の保護主義、あるいは自由貿易協定をベースとした地域経済のブロック化によって、企業が海外進出を余儀なくさ

2　1985年9月22日、先進5か国（G5）財務大臣・中央銀行総裁会議で合意した為替レートの安定化策を指す。プラザ合意という名称は、会議の会場となった米国ニューヨーク州ニューヨーク市のプラザホテルにちなんでいる。この合意に基づき、レーガン政権下のアメリカ経済の苦境を救済するため、各国の外国為替市場への協調介入によって、ドル高を是正し、米国の貿易赤字を削減すること、とくに日本の対米貿易黒字の削減が主目的であった。プラザ合意後、1ドル＝240円台から1ドル＝200円に一気にドル安・円高状況となった。

れることは少なくない。

2　企業の海外進出と海外直接投資

本節では、企業の海外進出モードと海外直接投資について解説する。

1）海外進出モード

企業の海外への進出モードは、(1)輸出、(2)海外生産の２つのモードに大別できる。そして、海外生産は、海外直接投資を伴わないケースと、海外直接投資を伴うケースのタイプに分けることができる（図表8-2）。

（1）**輸　　　出**　輸出が海外進出モードの最初の段階である。輸出には**間接輸出**と**直接輸出**がある。間接輸出は、生産者が専門商社や総合商社などの自国の輸出代行業者、現地代理店に委託手数料を支払って、製品を輸出する方法である。間接輸出のメリットは、投資コストを節約でき、輸出代行業者が保有する海外現地に関する知識を利用できる点である。デメリットは、海外現地市場に関する情報、知識そして経験が自社に蓄積されない点、現地での委託業者は競合他社の製品も扱っているため、必ずしも自社の製品の売上が伸びるとは限らない点である。

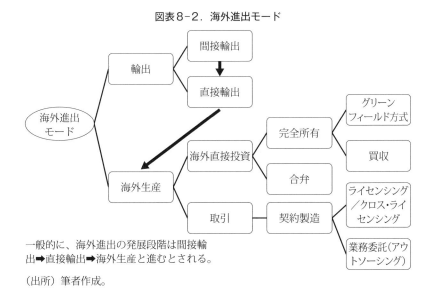

図表8-2．海外進出モード

一般的に、海外進出の発展段階は間接輸出➡直接輸出➡海外生産と進むとされる。

（出所）筆者作成。

　直接輸出は、社内に輸出販売部門を設置し、生産業者が自ら輸出する方法である。自社の輸出担当者が現地の販売業者と交渉し、取引を行う。間接輸出と比べ、海外市場の情報や知識が入手しやすくなるため、現地市場の動向に合わせた対応も可能になる。

　輸出には、国内に生産を集中することで規模の経済を享受でき、海外での生産活動に伴うコストが生じないというメリットがある。輸出は自国の生産コストが高い場合や輸出先に関税障壁がある場合は、経済的なデメリットが大きくなり、製品によっては輸送コストも膨大になる可能性がある。デメリットが大きくなる場合は、企業は海外での現地生産を模索するようになる。

　(2)　**海 外 生 産**　　海外で現地生産を行う場合にはいくつかの方法がある。大別すると、海外直接投資を伴わない場合と伴う場合がある。

　まず、海外直接投資について説明しておきたい。企業が行う海外投資には、海外直接投資と海外間接投資の２種類がある。海外直接投資とは、外国の企業を長期にわたって経営することを目的として行われる海外投資である。一方、**海外間接投資**は、外国の企業の経営には直接関与せず、配当や利子を得るために外国企業の株式や社債を取得することであり、海外証券投資とも呼ばれる。

　一般的には外国企業の株式を10％以上保有した場合、海外直接投資とみなされる。海外直接投資では、カネ（資金）だけではなく、ヒト、モノ、情報という国際的な経営資源の移動が生じる。

　海外直接投資を伴わない**現地生産**もある。契約製造[3]は、自社の海外製造拠点をもたずに現地生産を行う方法で、海外企業に自社の製品を現地製造するように委託する方法である。委託方法には、現地企業に製造をすべて委託する場

3　サービス企業の海外進出の場合は、フランチャイジング方式がとられる。フランチャイジングとは、ライセンシングと同様に、海外のフランチャイジーに商標やブランドの使用を許可する代わりに、現地の運営に関して細かな規則を課す方式である。マクドナルドがその好例である。マクドナルドは世界中の企業にブランドを使用する権利を与えるが、世界的に標準化したメニュー、調理方法、サービスの内容、ブランドロゴをフランチャイジーに使用するよう求めている。フランチャイジングのメリットは、ライセンシングと同様に、海外進出に伴うコストとリスクを負わなくてよい点にある。他方、デメリットは、海外のすべてのフランチャイジーのサービスや品質管理を完全にコントロールすることが難しく、海外のフランチャイジーがサービスや品質管理で問題を起こした場合、企業のブランドに傷がつくことがある点である。

合もあれば、部品の組み立てだけを委託する場合もある。契約製造にはライセンシングを伴う場合もある。ライセンシングとは、ある企業がほかの企業にある一定期間、特許や技術ノウハウ、商標、著作権などの無形資産に対する使用権を付与する契約である。ライセンシングのメリットは、ライセンスを付与され、製造を受託する側であるライセンシーが現地生産に関する設備や資金を調達するため、ライセンスを付与し、製造を委託する側であるライセンサーは資金的な負担を追わずに済む点である。一方、デメリットは、ライセンシーへの管理が十分にできない点である。また、もう1つのデメリットとして、ライセンスを現地企業に付与することが、結果的に現地に潜在的競合相手の育成に繋がる可能性をもつことがある。潜在的な競合相手を育成する可能性に対処する方法として、クロス・ライセンシング契約がある。クロス・ライセンシングは、相互に無形資産を供与し合う方法である。また、ライセンス契約と同時に以下で説明する合弁方式を実施するという方法もある。

　海外直接投資を伴う場合は、大別して2つの方法、完全所有子会社方式と合弁（ジョイントベンチャー）方式である。

　完全所有子会社方式は、海外現地に完全所有子会社を保有し、そこで生産活動を行う方法である。一から自前で完全所有子会社を設立する**グリーンフィールド方式**と、現地企業を買収する方式（**ブラウンフィールド方式**）の2種類がある。グリーンフィールド方式は、事業立ち上げまで時間がかかるというデメリットがあるものの、海外での事業を自社でコントロールできるというメリットが大きい。他方、ブラウンフィールド方式は、既存の企業あるいは製造設備などを買収するため、事業立ち上げまでの時間を大幅に節約できるものの、企業の統合にかかるコストが大きい点がデメリットである。

　合弁方式は、2社以上の複数企業が企業を設立する方法である。現地企業と合弁を設立する場合と、現地以外の国の企業同士が合弁を設立する場合がある。合弁方式のメリットは、リスクやコストを分散することができる点がある。現地企業と合弁を設立するメリットとしては、現地の知識・ノウハウへアクセスがあること、現地政府による現地化要請・規制に対応することができるし、現地政府からの処遇がよいことなどがある。合弁のデメリットは、自社の技術の管理の一部を合弁相手の企業に渡してしまうことによるリスク（ライセンシング

と同様、潜在的な競合企業を育成することに繋がる可能性がある）、マネジメントに関してコントロールが自由にできず、相手企業との意見の相違からくる衝突が生じやすいなどがある。また、リスクやコストが分散されるように、利益も分配しなければならず、その分配率も必ずしも思い通りのものではない可能性があることもある。

　ダニング（Dunning, 1993）によれば、海外進出の段階は、一般的に一連の発展段階をたどる。図表8-2のように、間接輸出から直接輸出に移行し、海外生産段階に至る。そして海外生産段階も部品の現地組み立てから始まり、新製品の現地生産段階へと移行する。そして、海外進出の段階は、地域・グローバル統合と進展していく。本格的な海外段階は新製品の現地生産の段階からであるとされ、地域・グローバル統合段階に入ると、海外では生産だけではなく、研究開発といった高付加価値活動も行われるようになる。地域・グローバル統合段階では、海外市場は地域ないしグローバル単位で捉えられるようになる。

2）海外直接投資の目的別分類

　ダニング＝ルンダン（Dunning and Lundan, 2008）によれば、海外直接投資はその目的によって主に4つのタイプに分類される。

　第1のタイプは**市場探求型**である。市場探求型海外直接投資の目的は、人口規模が大きい、高い経済成長を続けているなど、市場規模の大きさや成長性を取り込むために、現地生産を行い、当該市場を開拓することである。

　第2のタイプは、**効率探求型**である。効率探求型海外直接投資は、たとえば賃金水準が低く、労働力が豊富な国で効率的な生産を行い、本国や第三国に輸出するというような、各国の生産要素の差異を利用して、経営効率を高めることを目的とする直接投資である。

　第3のタイプは**戦略的資産探求型**である。戦略的資産探求型海外直接投資は、自社に欠けており、また本国では入手困難な技術やノウハウ、知識などといった無形の経営資源の獲得を目指し、それらの経営資源が存在する国に進出する直接投資である。

　第4のタイプは**天然資源探求型**である。天然資源が豊富な国において現地生産および販売を行い、天然資源を安定的に確保し、その供給を目指して行われる投資である。

　日本企業の海外進出についても、上記の4つの類型を使って説明することが可能である。日本企業が海外進出をする契機は1985年のプラザ合意以後の急速な円高と日本国内の賃金水準の上昇であり、多くの日本企業はコスト削減を目的として東南アジア諸国および中国へ低賃金労働力を求めて進出した（＝効率探求型）。そして、高度経済成長を続けるアジアを中心とした新興国の現地市場開拓を目的とした海外直接投資も増えている（＝市場探求型）。また、ITやバイオなどの先端科学知識および技術の獲得を目的とした欧米諸国における企業の買収と合併（M&A）は戦略的資産探求型投資である。中東やオーストラリアなどに対しては、原油、鉄鉱石、石炭、そしてレアアースなどの天然資源を求めて海外直接投資を行っている（＝天然資源探求型）。

　以上の通り、海外直接投資の4つの類型は企業の海外展開の目的を理解するうえで有用である。

3）企業の優位性と内部化理論

　多国籍企業は海外市場で大きな利益を見込めると判断すれば、海外進出を行うが、海外進出に際して、現地の言語、経済、商慣行、法制度、流通システムなど現地の情報に詳しくないため、現地企業に対して不利な立場に置かれる。さらに、多国籍企業は為替変動のリスクにも直面するほか、進出国政府から差別的な規制を受けることもあり、制度的にも現地企業との競争において不利な立場になることがある。

　ハイマー（Hymer, 1976）によれば、海外直接投資の目的はコスト削減、新しい市場および経営資源の獲得だけではなく、企業がもつ優位性を活用することにある。海外直接投資とは、本国でのビジネスで築き、それを支えてきた強み、すなわち優位性を海外子会社に移転することである。海外市場において、多国籍企業が現地企業との競争で打ち勝つには、現地企業が保有していない独自の優位性を本国から現地国へ移転しなければならない。

　企業の優位性とは、資金力、研究開発能力、製造能力、マーケティング・ノウハウなどであり、それらの優位性は業界や企業によって異なる。しかしながら、そのような優位性を競合企業が保有しておらず、また競合企業に簡単に模倣されないような経営資源であれば、多国籍企業は、その優位性を武器に海外市場における不利な立場を克服し、経営成果を生み出すことができる（Barney,

2002)。

　多国籍企業は海外進出の際、優位性をどのように活用するのかを検討し、最適なモードで海外に進出することを決定する。たとえば、関税や輸送費がほとんどかからない場合は輸出が選択される。進出先のほうが本国よりも生産コストが低い場合は、海外直接投資か、あるいはライセンシング契約の下での契約製造（委託製造）が候補として検討される。

　上述の海外進出モードのなかから、自社にとってどの形態を利用することが最適であるかを、それぞれの形態の**取引コスト**（取引費用）と比較して決める。取引コストとは、一般的には、取引相手の探索や情報収集、また契約交渉や締結、契約開始後の監視や強制にかかるコストなど、取引を成立させ、契約を履行する際にかかる諸コストを指す。

　たとえば、自社の製造技術を進出先の現地企業にライセンシングする場合を想定してみよう。製造技術をライセンシングすることは、市場で製造技術を取引することを意味する。まず、現地で自社の製造技術をライセンシングする取引企業を探すための探索コストが必要となる。そして、取引企業（ライセンシー）を見つけ、ライセンシング契約をする段階において、契約が自社にとって不利にならないように交渉を進めるための交渉コストがかかる。さらに、ライセンシング契約が成立した後は、ライセンシーが契約通りに行動しているかを監視する履行監視コストがかかる。

　なぜ、以上のような取引コストが発生するのだろうか。それは取引企業が自社の利益を追求しようとする機会主義的行動をとる可能性が存在しているためである。

　機会主義的行動とは、企業や個人が自らの利益を追求するために、自分に有利な情報や相手に不利な情報を相手から隠す、裏切るといった取引当事者の利己的な行動である。製造技術をライセンシングする場合、危惧される機会主義的行動の１つがライセンシーによる技術流出である。技術流出を防ぐために、契約内容を詰めておく必要はもちろんのこと、ライセンシーが契約に違反する行動をとらないように監視する必要がある。

　しかしながら、仮にクロス・ライセンシングなど、自社と取引企業の双方にとって不利益が生じない完全な契約を成立させたとしても、ライセンシーを常

に監視し続けることは不可能に近く、機会主義的行動を完全に排除することは困難である。

　一方、直接投資を選択した場合はどうであろうか。自前でゼロから海外子会社を設立し、本国本社から優位性を移転して現地生産と販売に乗り出した場合（完全所有方式）、海外子会社の運営コストがかかる。企業が国境を越え、組織を拡大すると、企業内部の情報は多様化し、その量も膨大になる。それらの情報を処理するための運営コストも当然のことながら増大する。しかしながら、ライセンシングと比較すると、海外子会社が本国親会社を裏切るという機会主義的行動をとったとしても、海外子会社の利益は増えにくいし、本国本社から海外子会社への製造技術の移転に関しても、交渉や監視の必要性は少ない。多国籍企業の本国本社と海外子会社の関係においては、一貫した指揮命令系統の下で機会主義的行動は抑制される。つまり、海外直接投資を実施し、自らの組織を拡大する方法で海外展開を行えば、取引企業による機会主義行動を回避し、取引コストを削減することが可能となる。

　内部化理論は、各海外進出モードの取引コストを比較し、取引コストが低く、より効率的なモードを選択することを推奨する。ライセンシングより海外直接投資の取引コストが低いと判断されれば、海外直接投資での海外進出が望ましいと判断される。企業は取引コストを最小化するモードを選択することで、効率的な海外進出を進めることができる（図表8-3）。輸出やライセンシングによる取引コストの発生を抑えるために、多国籍企業が海外直接投資を行い、海外事業を自社の内部で行うことを論じたのが内部化理論である（Rugman, 1981）。

4）OLIパラダイム

　海外進出をするに当たって、どの国に進出するかという立地の選択の問題がある。たとえば、市場探求型海外直接投資を行う場合、各国の所得水準、市場規模と市場の成長率に注目する必要があるだろう。また、現地生産する場合は、人件費や入手可能な部材の質にも注目する必要がある。国によっては、外資系企業に対し優遇税制などの優遇措置をとっている場合もあれば、外資系企業の活動に規制を設けている国もあるため、制度的な側面にも注意を向ける必要がある。

　以上のように、多国籍企業の海外事業が成功するか否かは、現地国の立地に

図表8-3. 海外進出モードと取引コスト

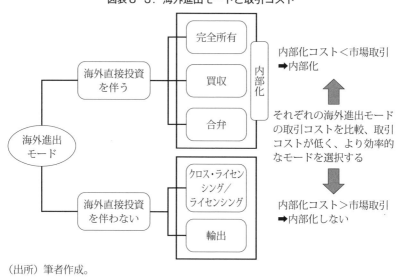

（出所）筆者作成。

関する特徴から影響を受ける。各国の立地に関する特徴を立地の優位性という（Dunning and Lundan, 2008）。立地の優位性には、資本、労働、土地、天然資源といった各国の生産要素の違いから生み出される優位性のことである。立地の優位性の主な要素は図表8-4である。多国籍企業は、各国の立地の優位性に基づいて進出先を決定し、海外子会社を設立した場合は、現地の立地の優位性を最大限活用することが重要な課題となる。

　効率探求型海外直接投資の場合は、安価な労働力や部材が利用でき、大量生産による規模の経済が発揮できる国への進出が望ましい。戦略的資産探求型の場合は、企業が重点を置く技術分野において本国よりも優れた研究が存在すること、現地企業の買収に関する規制が厳格でないことなどが重要となる。天然資源探求型の場合は、利用可能な天然資源の豊富さのみならず、輸送インフラの整備状況や優遇税制の存在にも関心を払う必要がある。

　ここで、企業が海外進出するうえで検討すべき点を整理したい。まず、海外市場における不利な立場を克服できうるだけの優位性を保有しているかどうか、つぎにいかなるモードで海外進出を行うのか、そして最後にどのような国に進出するのか、の3点が重要である。ダニング（Dunning, 1988）は、これら3点の

図表8-4．立地の優位性の主な要素

進出先の政策的要素	・政治・経済・社会情勢の安定性 ・政府の政策の透明性 ・法制度の整備度 ・外資系企業への優遇措置 ・競争政策 ・投資へのインセンティブや投資後の必要条件 ・産業集積の発展度
進出先の経済的要素	・天然資源の豊富さ ・市場規模の大きさ ・地価と建設費 ・人件費や労働者の質 ・部材の費用と質 ・文化的・地理的隔たり ・優れた研究者の豊富さ ・グローバル市場へのアクセス

（出所）Dunning and Lundan, 2008, pp.324-325より筆者作成。

問題を折衷し、海外進出のパターンを包括的に説明しようとするフレームワーク、**OLIパラダイム**（折衷パラダイム）を提唱した。

　企業が進出した海外市場で現地企業に対抗するために十分な経営資源を有している必要がある。**所有の優位性**（Ownership Specific Advantages）、これらの所有の優位性は主に無形資産という形態、少なくとも一定期間は排他的、または特別にその企業が所持するものを指す。所有の優位性が満たされたうえで、これらの優位性を所有する企業が、その優位性を外国企業に販売、もしくはリースするよりもその優位性を自ら使用することに利益があるとき＝優位性を内部化することに利益があるとき、**内部化の優位性**（Internalization Advantages）をもっているとき、そして所有の優位性と内部化の優位性が満たされたうえで、本国以外の国で少なくとも何らかの投入要素（天然資源を含む）とともに、これらの優位性を使用することが企業にとって利益になるとき。さもなければ外国市場は輸出によってまかなわれ、国内市場は国内生産によってまかなわれる。進出先国が**立地の優位性**（Location Advantages）をもっているとき、つまり３つの条件が満たされるとき、特定の国に対して直接投資が行われる。

　所有の優位性（O）、内部化の優位性（I）、立地の優位性（L）の頭文字をとってOLIパラダイムと呼ばれる（図表8-5）。

図表8-5．OLI パラダイム

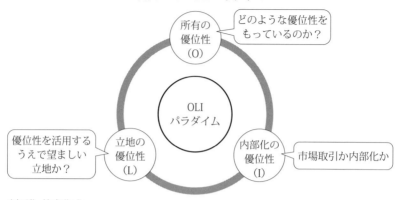

（出所）筆者作成。

　企業の優位性は、立地に制約されることが多く、本国のやり方のすべてを「適用」するのではなく、現地に合わせて「適応」するのが一般的とされる。たとえば、日本企業の米国工場の運営は、日本的な部分（適用）と米国的な部分（適応）のハイブリッドが多いということが明らかにされている（安保等，1991）。本国の強み（企業の優位性）のうち、現地で優位を生むと思われるものを見極め、移転することが求められる。

　OLI パラダイムでは本国で築いた所有の優位性を海外直接投資の前提条件としているが、近年は所有の優位性をもっていない企業が、海外に進出することで新たな優位性を得ることを目的とした海外直接投資が注目されている。中国やインドの新興国企業が先進国企業を買収するなどして、優位性の獲得と構築に繋げている現象が増えている。これらの直接投資は、ダニング＝ルンダンの４つの類型に従えば、戦略的資産探求型の直接投資に該当する。戦略的資産探求型直接投資によって、海外の知識や情報などの優位性の源泉となる経営資源を得ようとする企業を**メタナショナル**（Metanational）**企業**と呼び、そうした企業の行っている経営を**メタナショナル企業経営**[4]と呼ぶ（Doz, et al., 2001）。

4　メタナショナル企業経営の事例については、浅川（2022）を参照されたい。

3　国際経営組織

1）海外進出段階と組織の関係

　チャンドラー（Chandler, 1962）は、企業の戦略に変更があった場合、戦略に合った組織形態に変える必要があるという、「**組織は戦略に従う**」という命題を提唱したが、多くの企業が海外進出に伴い、経営活動が多国籍化するに従って、経営組織を発展させてきた。

　多国籍企業の多くが多角化企業であることはすでに述べたが、多角化企業が採用する一般的な組織が**事業部制**である。事業部制では、それぞれの事業部は生産、販売など企業として基本的な機能あるいは職能をもつ。

　海外進出モードの最も初期の段階は、間接輸出である。間接輸出は、商社を通じて行われるため、間接輸出の段階においては、輸出に関する特別な組織を企業内に設置する必要がない。直接輸出の段階になると、企業内に輸出部門が設置され、輸出部によって輸出が行われるようになる。

　つぎに海外生産の段階に入ると、**国際事業部**が新たに設置される。国際事業部は、海外生産子会社の管理を行うことを目的としている。やがて、国際事業部が海外生産以外の、輸出や技術移転など国際経営活動全体を管理するようになる。この段階において国際経営活動は国際事業部で行われ、国内は事業部で行うというように、国内と海外で組織上分業されており、一体化していない（大木, 2017, pp.78-79）。

　海外生産が本格化され、海外生産の重要度が増してくると、海外組織と国内組織の連携の必要性が高まり、国内と海外の事業を一体的に管理するようになる。この段階で設置される2つの組織形態が**世界的製品別事業部制**と**地域別事業部制**である（大木, 2017, p.80）。

　図表8-6は世界的製品別事業部制と地域別事業部制の特徴をまとめている。世界的製品別事業部制は、海外における製品の多角化を進める段階において採用される組織である。世界的製品別事業部制のトップは製品に責任をもつ事業部長であり、製品の根幹にある技術の方向性を重視する。そして組織全体として、現地ニーズより製品の技術を重視する。技術を重視し、技術をもとに新製品を投入し続けるには、製品別で組織を管理し、研究開発の規模の経済性を追

196

図表8-6. 世界的製品別事業部制と地域別事業部制の特徴

	世界的製品別事業部制	地域別事業部制
事業部のトップ	製品・技術に責任を持つ事業部長	地域に責任を持つ事業部長
優先される目標	技術の発展・コントロール 規模の経済の発揮	地域の売り上げ最大化 現地ニーズへの適用
適合した戦略	海外での製品多角化	海外での売り上げ増大

（出所）中川等, 2015, p.68。

求するほうが効率的あるため、製品多角化度が高く、研究開発投資比率が高い企業は、世界的製品別事業部制の採用が適しているといえる。世界的製品別事業部制は、現地の需要に合った製品を導入することよりも、技術を発達させ、新製品を継続的に投入することを重視する（大木, 2017, p.82）。

　一方、地域別事業部制は、現地ニーズを重視する組織で、海外での売上高を重視する戦略をとる企業が採用する組織である。事業部のトップは地域に責任をもつ事業部長であり、その地域で売れる製品であれば技術の方向性が本社の方向性と異なっているとしても、社内で対応し、現地ニーズを反映した製品を開発し、導入する。現地のニーズを把握し、それを反映した製品を導入するため、海外売上高の上昇に繋がる。地域別事業部制を採用する企業は海外売上高比率が高い傾向にある。地域別事業部制は、各地域が、地域のニーズを考慮し、自由に技術管理を行うため、技術開発が重複し、技術の多様性も増大し、本社および他の海外拠点間との技術の共有や技術の移転が困難となるといった技術の統一性が失われ、結果として多国籍企業としての効率性も失われるという問題を抱える（大木, 2017, p.83）。

　そして、最終的に多国籍企業は、製品の多角化と海外売上高の増大を両立することを目標とするようになる。この段階に入ると、グリッド組織（あるいはグローバル・マトリックス組織）を採用するようになる。

　図表8-7のように、グリッド組織とは、世界的製品別事業部と地域別事業部が等しく海外事業の経営責任を分担するという組織である。世界的製品別事業部からの技術的な要望と地域別事業部からの市場対応の要望を両立させるために考え出された組織であり、1人の上司という従来の原則を放棄して、2人以上の上司という多元的な命令系統をもつ。

現地への適応に傾斜した組織である地域別事業部制、グローバル統合、標準化に適した組織である世界的製品別事業部制、それぞれの偏りを矯正すべく工夫されたマトリックス組織となり、地域軸と製品軸を50％ずつかけ合わせた組織となっている（図表8-8）。

各事業部とも単独で意思決定することができず、常に地域部門との折衝のもと決定される。各レベルには2人の上司が存在しており、常に両方に報告しなければならないし、2人の上司の意見の相違が頻繁に生じるという内部矛盾を抱えている。海外子会社マネジャーは、1つの意思決定を行うために、製品別事業部長と地域別事業部長

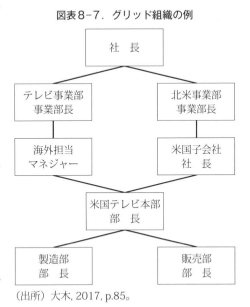

図表8-7．グリッド組織の例

（出所）大木, 2017, p.85。

図表8-8．製品と地域のマトリックス組織のモデル図

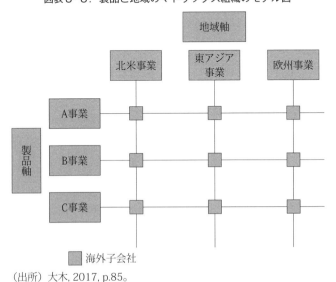

海外子会社

（出所）大木, 2017, p.85。

の2人の許可をとらなければならない。そして、両者の意見が異なった場合、両者が納得する形へ落とし込む必要がある。つまり、グリッド組織においては、調整コストが高くなる。調整コスト以上のメリットを期待して、この組織体制を採用するが、実際にこうした体制を導入すると、意思決定の際の混乱や内部権力の争いが発生し、失敗に終わることも多い。

2）地域統括組織

　欧州連合（EU）、北米自由貿易地域（NAFTA）、南米のメルコスール、そして東南アジアのアセアン自由貿易地域（AFTA）、そして近年では環太平洋パートナーシップ協定、地域的な包括的経済連携協定（RCEP）、インド太平洋経済枠組み（IPEF）など、地域ごとに経済をブロック化する動きが増大している。こうした地域経済圏に対応するために、地域統括組織を採用する企業が増加している。地域統括会社には、実質的に地域別事業部と同様に地域における事業責任をもつものもあれば、法務・財務・人材教育など共通サービスのみの提供を行うだけのものもある。本社、地域統括会社、海外子会社の3つが互いに役割を分担していくことが求められるが、間に入る地域統括部門・地域統括会社の位置づけは各社によって異なる。

3）海外子会社の役割

　以下では、海外子会社の役割について見ていこう。海外子会社は、現地の会社法に基づいた法人格を取得し設立されるため、海外現地法人とも呼ばれる。海外子会社は、多国籍企業の一部であると同時に、海外現地においては現地企業である。

　親会社は海外子会社が立地する国の事情に詳しいとは限らず、親会社が海外子会社に適切な経営を指示することは難しい。そのため、海外子会社が現地環境に適した経営を行うためには、親会社は海外子会社にある程度経営を委ねる必要がある。しかしながら、多国籍企業全体の戦略を正しく実行するためには、海外子会社は親会社の経営戦略に基づいて経営を行う必要もある。

　これは、多国籍企業における集権化と分権化の問題である。集権化とは、親会社に権限を集中させることであり、分権化とは主要な意思決定を海外子会社に権限委譲することを指す。一般的に、多国籍企業全体の戦略・組織、あるいは海外進出・撤退、新規事業への進出などといった戦略や方針に関する意思決

定は集権化、現地事業のわずかな変更、現地向けの生産・マーケティング、現
地人材の雇用など現地での実際の業務や管理に関する意思決定は分権化するの
が望ましいとされている。しかしながら、多国籍企業の意思決定は非常に複雑
な問題であり、どこまで集権化し、分権化すべきなのかについては、企業に異
なり、その程度も多様である。

　海外子会社は、多国籍企業の内部と現地環境という2つの環境に存在してお
り、海外子会社は本国とは異なる経営資源を生み出した現地環境に立地してお
り、現地の経営資源を直接活用し、異なる経営資源を生み出し、既存の経営資
源を強化できる可能性をもっている。

　海外子会社には多様な役割が与えられる。販売に特化した販売子会社、生産
に特化した生産子会社、研究開発（R&D）に特化したR&D子会社があるし、以
上の機能をすべて担う海外子会社も存在する。

　バートレット＝ゴシャール（Bartlett and Ghoshal, 1989）は、機能面とは別に、
海外子会社の役割を①現地環境の戦略的重要性と②海外子会社の能力・経営資
源の2軸によって、4つの類型に分類している（図表8-9）。

　戦略的リーダーとは、戦略的に重要性が高い現地環境に立地し、高いレベル
の能力と経営資源を保有する海外子会社である。貢献者は、現地環境の戦略的
重要性は低いものの、高いレベルの能力と経営資源を有する海外子会社である。
実行者は、現地環境の戦略的重要性が低く、保有する能力や経営資源のレベル
も低い海外子会社である。そして、ブラックホールは現地環境の戦略的重要性
は高いにもかかわらず、保有する能力と経営資源のレベルは低い海外子会社である。

　以上4つの類型のなかで、親会社は海外子会社がブラックホールの状況になるのだけは避ける必要がある。そのためには、海外子会社の成長を促し、その能力を構築する必要がある。

図表8-9．海外子会社の役割の類型

現地環境の戦略的重要性 高	ブラックホール（Black Hole）	戦略的リーダー（Strategic Leader）
低	実行者（Implementer）	貢献者（Contributor）
	低	高

海外子会社の能力・経営資源
（出所）Bartlett and Ghoshal, 1989より筆者作成。

　海外子会社の意思決定がその海外子会社の成長を決定するとしても、上述の通り多国籍企業の一部である以上、すべての意思決定を海外子会社に任せるわけにはいかない。海外子会社は多国籍企業内部と現地環境という2つの環境に属しているが、この2つの環境要因が成長の制約要因になることもあれば、成長のエンジンとなる場合もある。バーキンショー＝フッド（Birkinshaw and Hood, 1998）は、海外子会社の役割変化や成長は、①本国親会社による役割指定、②海外子会社による意思決定、③現地環境要因の相互作用によって生じるとしている（図表8-10）。

　海外子会社の成長のためには、親会社は海外子会社に役割を付与するだけではなく、適切な意思決定ができるように、海外子会社に権限を委譲する必要もある。これらの3つの要因はいずれが欠けても、海外子会社の成長は難しくなる。

　海外子会社が成長する方法は、①親会社が主導して、海外子会社の成長を促す方法と②海外子会社が主導して権限を拡大あるいは強化することで自ら成長を遂げる方法である（中川等, 2015）。①の方法は、親会社が意図的に子会社を成長させる方法である。たとえば親会社が各国のコストや政策など諸条件を考慮し、最も適切な国に立地する海外子会社に生産機能の役割を付与し、その海外子会社は生産機能という新たな役割を得て、成長する。

　②の方法では、海外子会社が現地市場のチャンスを発見し、そのチャンスを活かすために、自力で必要な能力や経営資源を構築し、そして親会社に働きかけて権限拡大を要請する。親会社が権限拡大を承認すれば海外子会社は新たな役割を得て成長する。②では、海外子会社が自ら多角化を図る、あるいは新規事業に挑戦することにより、その経営能力と経営資源を強化し、成長する。

　多国籍企業の優位性の構築に貢献するような海外子会社も存在する。それに関する議論として、**グローバル・マンデート**と**センター・オブ・エクセレンス**（Center of Excellence, 以下COE）

図表8-10. 海外子会社の役割の決定要因

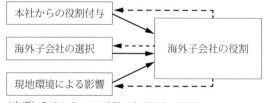

（出所）Birkinshaw and Hood, 1998, p.775.

がある。

グローバル・マンデート（Global Mandate）とは、「世界規模の製品開発・マーケティングに関する権限」のことであり、海外子会社にもかかわらず世界中に投入される製品の開発を行っている海外子会社を指す。上述のバートレット＝ゴシャール（Bartlett and Ghoshal, 1989）の海外子会社の役割の4類型の戦略的リーダーに相当する。

一方、COE とは、もともと「世界的な活動に付加価値を提供できる戦略的重要性の高い海外子会社」と定義されていた。しかし、海外子会社のなかの製造のような一部の機能だけが、世界レベルの貢献をしていることもあるため、「企業の価値創造の重要な源泉であると明確に認識されている諸能力のセットを保有した社内ユニットであり、かつその諸能力は社内他部門へ移転したり活用したりできる」と定義されている（Frost, et al., 2002）。

COE は現地市場のみならず多国籍企業全体の事業に貢献するような海外子会社であり、親会社の投資が COE としての海外子会社を育成するうえで重要であるとされている。海外子会社を育成するうえで、親会社は「口を出さずに、カネを出す」ようなサポート役に徹するほうがよいとされる（Frost, et al., 2002）が、ただ投資をすればよいというわけではなく、適切に評価して投資を行うことが望ましい。

4　国際経営の戦略的課題

1 ）グローバル統合とローカル適応—I-R フレームワーク—

第1節で見たように、各国・地域間には文化的、制度的、地理的、そして経済的隔たりが存在している。経済のグローバル化の進展で各国間の経済格差は縮小しているが、依然として各国・地域間の経済規模や技術能力の格差は残ったままである。このような隔たりが存在しているため、多国籍企業がもつ本国で築いた優位性を進出先にそのまま移転するだけでは、必ずしもうまくいかない。

多国籍企業の国際的な事業展開を考えるうえで、考慮すべき基本的枠組みがI-R フレームワークである。同フレームワークは、**グローバル統合**（Global Integration）と**ローカル適応**（Local Responsiveness）の程度を分析する（図表8-11）。

図表8-11. I-Rフレームワーク

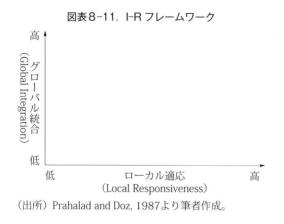

（出所）Prahalad and Doz, 1987より筆者作成。

統合（Integration）と適応（Responsiveness）の頭文字をとって、**I-Rフレームワーク**（またはI-Rグリッド）と呼ばれる。

　グローバル統合とは事業をグローバル規模で「標準化」することによって効率性を追求することを指す。世界で事業や製品を標準化して展開すれば、大規模生産や販売が可能になる。大量生産や大量販売によって、製品単位当たりの平均コストが低減する「規模の経済」がグローバル統合の1つ目のメリットである。

　また、事業の標準化によって、より広範囲の顧客を対象に事業を行うことが可能となり、マーケティングやアフターサービスの必要性も増大し、事業範囲もグローバル規模で拡大する。結果的に、事業間で経営資源の共通利用が可能になることで相乗効果も生まれやすくなる。すなわち、企業が複数の事業を同時に行うことでそれぞれの事業を別々に営む場合よりコストが低くなる経済効果である「範囲の経済」が2つ目のメリットである。

　IT産業など顧客ニーズが世界標準化されつつある産業では、いかに世界規模で規模の経済や範囲の経済を実現するかが重要となっており、グローバル統合を図ることは望ましい産業であるといえる。

　他方、ローカル適応とは進出先の政府の政策、市場ニーズなど現地特有の環境に適応することである。本節の冒頭で述べた通り、各国・地域間の隔たりは依然として存在し、各国・地域に固有の社会的規範、生活様式、消費パターンといった文化的隔たりは小さくない。標準化された製品よりも、現地ニーズにきめ細やかに対応した製品のほうが顧客に選択されやすいケースも少なくない。食品や生活消費財産業はローカル適応が求められる産業である。

　グローバル統合とローカル適応は二律背反の関係にある。つまり、事業を標

準化してグローバル統合を重視することは、各国・地域への環境に適応するローカル適応を実行することは難しくなる。一方、徹底的なローカル適応を図れば、グローバル統合は困難になる。しかしながら、I-R フレームワークは、どちらか一方を重視するのではなく、両者のバランスをとることが重要であることを説いている。多国籍企業にとって、統合と適応のバランスをどのようにとるかは非常に難しくかつ高度な戦略的課題であるといえる。

２）国際経営の４つのタイプ

多国籍企業の国際経営のタイプとその組織を、グローバル統合とローカル適応の程度によって、I-R フレームワークに落とし込むと、図表8-12の通り、4つのタイプに分類することができる。

まずグローバル経営は、I-R フレームワーク上では、最もグローバル統合度が高く、ローカル適応度が低いタイプである。世界を１つの市場とみなし、標準化した製品を導入し、生産を最も効率的に行える国・地域に集約し、効率的な生産と供給を実現する体制を構築し、規模の経済や範囲の経済の実現を通じて、コスト面での優位性を築く経営である。逆に、現地環境へのきめ細やかな適応は困難になる。

グローバル経営の組織体制は、重要な意思決定と経営資源は本国に集中させる集権型の組織（グローバル型組織）である。標準化された事業を実行するために、親会社が海外子会社を強力に統制する。

グローバル経営は、日本企業が多く採用しているタイプであるといわれている。

マルチナショナル経営は、グローバル統合が最も低く、ローカル適応が最も高いタイプである。国ごとに対応した製品を開発、生産、マーケティングするタイプである。現地特有の環境に適応することで売上を増大

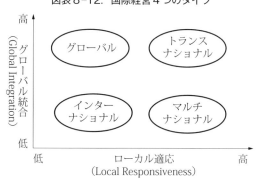

図表8-12．国際経営４つのタイプ

（出所）Prahalad and Doz（1987）およびBartlett and Ghoshal（1989）より筆者作成。

させることができるというメリットがある一方、各国事情に適応し過ぎることで、多国籍企業内での事業の重複が生じやすく無駄が生じやすく、非効率になることもある。

マルチナショナル経営の組織体制は、意思決定の権限や経営資源を海外子会社に分散させる分権型の組織となる。親会社と海外子会社は最低限の財務的統制を除き、緩やかな関係にある。海外子会社に意思決定権限も委譲し、経営資源を分散せることで、現地市場に迅速かつきめ細やかに対応することを可能にする。マルチナショナル経営は欧州企業に多い。

インターナショナル経営は、グローバル統合もローカル適応もいずれも低いタイプである。自社の既存の経営方法を現地でも維持し、本国で生まれた知識や情報などの経営資源を各国に移転し展開する。グローバル統合もローカル適応も試みないため、海外において事業の修正も行わない、つまり優位性をそのまま移転するタイプである。デメリットとしては、世界規模の効率性も追求せず、かといって現地環境への適応も行わないため、グローバル統合のメリットもローカル適応のメリットのいずれも享受することができない点である。

インターナショナル経営の組織体制は、調整型といわれるタイプである。多くの意思決定の権限や経営資源を海外子会社に分散させるが、親会社は要所要所で統制する。親会社から海外子会社への円滑な経営資源の移転と展開は、親会社が主導し調整する。インターナショナル経営は米国企業に多い。

最後の**トランスナショナル経営**は、最もグローバル統合度が高く、ローカル適応度も高いタイプである。標準化できる部分は標準化して世界規模の効率性を追求しながら、各国固有の環境に対しても必要な部分は適応を行い、現地環境が生み出す機会とリスクへ十分に対応できる柔軟性を身につける。トランスナショナル経営では、各国環境への適応を通じて資源や能力を開発し、さらに各国で移転・活用しようとする世界規模の学習を実現することが必要となる。事業のグローバル規模での標準化と各国ごとの適応はトレードオフの関係にあり、両立することはきわめて困難であるが、その困難に挑戦するタイプがこのトランスナショナル経営である。上述の3つのタイプの短所を克服し、長所を取り入れているトランスナショナル経営は国際経営の理想的なタイプといえる。

トランスナショナル型の組織体制は統合ネットワークと呼ばれる。親会社は、

各海外子会社間を調整し、協力を促進する役割を担う。専門的な経営資源と能力を構築し、それを多国籍企業内で分散させる。親会社と海外子会社は、一対一関係ではなく、多国籍企業全体の各拠点はネットワーク上で、複雑かつ密接に連携し、相互依存の関係にある。

　トランスナショナル経営の実現には、統合と適応を調整するための多大なコストと時間が必要となる。この点がトランスナショナル経営の最大のデメリットである。実際に、トランスナショナル経営を実践する企業は存在しておらず、あくまでも理念型であるとされている。

　以上で国際経営の4つのタイプと組織について見てきた。自社にとってどれが最も望ましい経営のタイプかを考える基準の1つとして、産業特性がある。IT産業やエレクトロニクス産業など標準化のメリットが大きい産業であれば、グローバル経営を選択し、食品産業や生活消費財産業のように、各国ごとに嗜好や生活様式の違いが大きいことが明らかである産業は、マルチナショナル経営が適しているといえよう。大量生産も各国ごとのニーズに対応するメリットが乏しい産業、たとえば通信関連産業は先進的な技術を移転・展開しやすいインターナショナル経営が適しているといえる。各タイプにはそれぞれ長所も短所もあるが、産業特性に照らし、長所を最大限活かせるタイプを選ぶことが必要であろう。

３）隔たりを活用する戦略—AAA戦略—

　各国・地域の経営資源により的確に適応し、その一方で集約を図りながら活用し、グローバル規模でネットワーク化していく戦略も不可欠になってきた。どのような市場向けの製品を、どのように共同開発し、どこで生産し、どのように販売し（価格・チャネル、販売促進、等）、さらに管理コストを抑えるために会計・人事等の部門をどの程度、どこの国へアウトソーシングするか、という点が戦略的な課題となる。つまり、現代において、統合と適応のみのアプローチだけでは不十分であり、さらに各国・地域ごとの差異を分析し、その差異をグローバルな視点から統合的に活用していく観点の重要性が高まっている。

　CAGEフレームワーク（Ghemawat, 2001）は、国際経営の難しさの原因を国・地域間に存在する隔たりにあるとした。隔たりがあることで、現地状況が理解できず経営判断を誤り、コミュニケーションや交渉に失敗することがあるよう

に、国・地域間のさまざまな隔たりが多国籍企業の経営をより複雑化している。I-R フレームワークでも見たように、国ごと、地域ごとの隔たりは、産業や製品特性ごとにも存在するため、多国籍企業にとって、CAGE フレームワークからの競争優位性の比較は不可欠であるといえる。

多国籍企業は、市場面と生産面から海外市場の有する特異性への適応と生産の集約による規模の経済性を考慮する必要がある（Ghemawat, 2007, 2018）。ゲマワット（Ghemawat, 2007, 2018）は、これらの2つの要因、**適応**（Adaptation）と**集約**（Aggregation）、そして国ごとの差異を活用する**アービトラージ**（Arbitrage）を統合化した AAA 戦略を提唱した。**AAA 戦略**は、CAGE フレームワークによって、国ごとの差異を認識、それぞれの経営資源をクロスボーダーに移転、再編成しながら活用することによって組織能力を再構築することを目指す。

AAA 戦略の特徴は、CAGE フレームワークによって各国ごとの特殊性と共通性を分析、それによって特殊性への適応と、共通要素の集約を図り、同時に各国ごとの差異を戦略的に活用する点にある。

AAA 戦略は、「適応戦略」「集約戦略」「アービトラージ戦略」の3つの方向性の最適なバランスを検討し、その組み合わせにより市場の多様性から最大限の利益を得るべきというアプローチである。以下ではそれぞれの戦略の概要について簡単に説明しよう。

適応戦略は、各国の特殊性にできる限り適応して、各国の顧客に対する商品の魅力度を最大化させようとする方向性の戦略である。I-R フレームワークのローカル適応の方向性と同じである。集約戦略は、I-R フレームワークのグローバル統合と同様、国際的な運営をできるだけ1つに集約することでそのコストを最小化し、競争優位を生み出そうという方向性の戦略である。そして、アービトラージ戦略は、それぞれの国の間に存在する差異から競争優位を生み出そうとする方向性の戦略である。たとえば、人件費や光熱費などの生産費用の差異の活用を目指し、新興国で生産し、先進国で販売するような形態がアービトラージ戦略に該当する。参入している国や地域の生産費用や販売価格などの大きな差異が存在する場合は、その差異から便益を得ようとするアービトラージ戦略の採用の可能性も検討する必要がある。AAA 戦略は、この3つの要素を組み合わせることにより、最適な国際経営戦略のあり方を導き出す。

— コ ラ ム —

新興国市場戦略

　21世紀に入り、高い成長率で経済成長を続ける中国、インドなど新興国市場に注目が集まっている。これらの新興国は、依然として先進国に比べて所得水準が低いものの、圧倒的な人口と経済成長の潜在的可能性をもっているため、多数の企業が新興国市場に参入し、激しい競争を展開している。

　そのなかで、日本企業は新興国市場でビジネス上の困難に直面し、苦戦している。その理由としては、従来の日本企業の海外進出の戦略や方法とは異なる戦略や方法が新興国市場では求められているからである。

　人口を所得別に分けたときの下層のことをBOP（Base of the Economic Pyramid）と呼ぶ。MOP（Middle of the Economic Pyramid）は中間層を指す。TOP（Top of the Economic Pyramid）は富裕層である。

　急速な経済成長により、新興国ではMOPとTOPの層が成長しており、とくにMOP層の厚みが増している。新興国のMOPは先進諸国の中間層ほど裕福ではないが、先進国企業が提供する製品・サービスを欲する傾向があり、それらの製品やサービスを現実に購入できるようになってきた。また、企業にとっては、購買力の小さいBOP市場に参入するよりも、MOP市場のほうがビジネスとして成立しやすいといえる。

　しかしながら、新興国では依然としてBOP人口が多いため、BOPのニーズを捉えることも、戦略上無視できなくなってきた。日本企業の場合、日本市場、そして先進国である米国や欧州の市場に供給するために、よりよいものを適正な価格でという方針の下、製品の品質の向上と同時に、リーズナブルな製品を供給することを得意としてきた。しかしながら、新興国市場で求められるのは、それなりの品質で、所得水準に合わせた安価な製品である。日本企業の多くは製品を標準化し、規模の経済や範囲の経済を実現することで業績を上げるグローバル経営を採用する企業が多い。つまり、日本企業は、技術や製品開発機能は本社に集約しており、必ずしも現地のニーズに合わせた製品開発に重きを置いていない。つまり、日本企業は標準化に強みはあるが、現地のニーズを製品に反映させる組織体制をとっておらず、現地適応に強みはもっていない。一方で、そのため、マーケティングや技術開発を分散し、現地適応への組織体制を整えてきた欧米企業や、現地のニーズを知り尽くした新興国企業に対して、日本企業は遅れをとっている。日本企業は、自社がもつ優位性の活用方法を見直し、新興国市場に適した製品を生み出すことに繋げていくことが求められている。

　BOPのニーズを捉え、彼らの生活水準を向上させることは、社会貢献の面からも支持されるだけではなく、新しい事業の機会を提供することもある。また、現地環境やニーズを考慮し、ゼロから製品やサービスを開発することは、必ずしも

208

自社の競争優位を無視するということではない。

　新興国に関するビジネスで、近年注目を集めているのがリバースイノベーションである。リバースイノベーションとは、途上国や新興国向けに開発されたプロダクトが「逆」輸入され、先進国の市場で普及する現象を指す（Govindarajan and Trimble, 2012）。従来、イノベーションは先進国において先進国企業が起こし、新たな製品やサービスが新興国市場や途上国市場へ一方向的に浸透していくと考えられていたが、近年、新興国や途上国に開発拠点を設け、現地で生み出された製品やサービスが先進国に浸透し普及する現象が起こっている。I-R フレームワークのマルチナショナル経営では現地環境に適応した製品やサービスの導入によって業績を高めるが、リバースイノベーションは先進国企業による新興国市場向けの現地適応戦略とは質的に異なる戦略である。途上国や新興国の社会課題やニーズにより応えるだけではなく、先進国では生まれにくい新たな製品・サービス、技術を開発でき、製品やサービスを差別化するうえでも有用であるとされる。

引用参考文献

Barney, J. B (2002), *Gaining & Sustaining Competitive Advantage 2nd Edition*, Pearson Education. （岡田正大訳『企業戦略論（上・中・下）』ダイヤモンド社, 2003。）

Bartlett, C. A., and Ghoshal, S. (1989), *Managing Across Borders : The Transnational Solution*. Harvard Business School Press. （吉原英樹訳『地球市場時代の企業戦略』日本経済新聞社, 1990。）

Birkinshaw, J. and Hood, N. (1998), "Multinational Subsidiary Evolution : Capability and Charter Change in Foreign Owned Subsidiary Companies," *Academy of Management Review*, 23(4), pp.773-795.

Chandler, A. D. Jr. (1962), *Strategy and Structure : Chapters in the History of the American Industrial Enterprise*, MIT Press.

Doz, Y., Santos, J. and Williamson, P. (2001), *From Global to Metanational*, Harvard Business School Press.

Dunning, J. H. (1988), *Explaining International Production*, Unwin Hyman.

Dunning, J. H. (1993), *Multinational Enterprises and the Global Economy*, Addison-Wesley.

Dunning, J. H. and Lundan, S. M. (2008), *Multinational Enterprises and the Global Economy 2nd Edition*, Edward Elgar.

Frost, T. S., Birkinshaw, J. M. and Ensign, P. C. (2002), "Centers of Excellence in Multinational Corporations," *Strategic Management Journal*, 23(11), pp.997-1018.

Ghemawat, P. (2001), "Distance Still Matters : The Hard Reality of Global Expansion," *Harvard Business Review*, 79(8), pp.137-147.

Ghemawat, P. (2007), *Redefining Global Strategy : Crossing Borders in a World Where*

Difference Still Matter, Harvard Business School Press.（望月衛訳『ゲマワット教授の経営教室　コークの味は国ごとに違うべきか』文藝春秋, 2009。）

Ghemawat, P.（2018）, *The New Global Map : Enduring Strategies for Turbulent Times*, Harvard Business Review Press.（琴坂将広監訳、月谷真紀訳『VUCA時代のグローバル戦略』東洋経済新報社, 2020。）

Govindarajan, V. and Trimble, C.（2012）, *Reverse Innovation : Create Far from Home, Win Everywhere*. Harvard Business Review Press.（渡部典子訳『リバース・イノベーション―新興国の名もない企業が世界市場を支配するとき―』ダイヤモンド社, 2012。）

Hymer, S. H.（1976）, *The International Operations of National Firms : A Study of Direct Foreign Investment*, MIT Press.（宮崎義一訳『多国籍企業論』岩波書店, 1979。）

IMF（International Monetary Fund）（2023）, World Economic Outlook October 2023, https://www.imf.org/en/Publications/WEO/Issues/2023/10/10/world-economic-outlook-october-2023, 2024年1月17日アクセス。

Prahalad, C. K. and Doz, Y. L.（1987）, *The Multinational Mission : Balancing Local Demands and Global Vision*, Free Press.

Rugman, A. M.（1981）, *Inside the Multinationals*, Colombia University Press.（江夏健一・中島潤・有沢孝義ほか訳『多国籍企業と内部化理論』ミネルヴァ書房, 1983。）

Vernon, R.（1971）, *Sovereignty at Bay: The Multinational Spread of U.S. Enterprises*, Basic Books.（霍見芳浩訳『多国籍企業の新展開―追いつめられる国家主権―』ダイヤモンド社, 1973。）

浅川和宏（2022）,『グローバル経営入門（新装版）』日本経済新聞出版。

安保哲夫・板垣博・上山邦雄ほか（1991）,『アメリカに生きる日本的生産システム―現地工場の「適用」と「適応」―』東洋経済新報社。

大木清弘（2017）,『コア・テキスト　国際経営』新世社。

中川功一・林正・多田和美ほか編著（2015）,『はじめての国際経営』有斐閣ストゥディア。

吉原英樹（2021）,『国際経営（第5版）』有斐閣アルマ。

吉原英樹・白木三秀・新宅純二郎ほか（2013）,『ケースに学ぶ国際経営』有斐閣ブックス。

練習問題

1. 海外展開している日本企業１社を取り上げ、ダニング＝ルンダンの海外直接投資の分類でその目的を分類し、OLI パラダイムを用いて、海外進出を説明しなさい。

2. グローバル統合とローカル適応の度合いの違いと業種の違い（産業特性）の関係について検討し、業種ごとに、日本という市場におけるグローバル統合（標準化）とローカル適応の最適な度合いについて検討しなさい。

3. ある業種の日本企業を想定し、インドと中国に進出する場合、どちらの国へ進出すべきかを、CAGE フレームワークを用いて検討しなさい。

索　引

212

執筆者紹介

日隈信夫　　第4章・第6章
早稲田大学大学院社会科学研究科博士後期課程単位取得退学
中央学院大学商学部准教授
主要著作
『概説経済学』（共著）八千代出版, 2023年。
「本田技研工業とソニーグループの経営戦略とコーポレート・ガバナンス─短期的管理（戦略上の不正行為）とコーポレート・ガバナンス─」『中央学院大学商経論叢』37（2）, pp.119-133, 2023年。

村田大学　　第1章・第2章
創価大学大学院経済学研究科博士後期課程修了
大原大学院大学会計研究科准教授
主要著作
『コーポレート・ガバナンス改革の国際比較』（共著）ミネルヴァ書房, 2017年。
『経営戦略要論（改訂版）』（共著）創成社, 2023年。

長田芙悠子　　第3章・第7章
明治大学大学院経営学研究科博士後期課程修了
中央学院大学商学部准教授
主要著作
「ソフトウェア・ライフサイクル会計─ソフトウェア会計の体系的研究─」（博士論文）明治大学, 2016年。
「持株会社グループの財務分析─純粋持株会社グループのパフォーマンスは優位であるか─」『産業経理』79（4）, pp.146-159, 2020年。

白石弘幸　　第5章
東京大学大学院経済学研究科博士課程単位取得退学
中央学院大学商学部教授
主要著作
『経営学の系譜─組織・戦略理論の基礎とフロンティア─』（単著）中央経済社, 2008年。
『脱コモディティへのブランディング─企業ミュージアム・情報倫理と「彫り込まれた」消費─』（単著）創成社, 2016年。

上池あつ子　　第8章
同志社大学大学院商学研究科博士課程退学
中央学院大学商学部准教授
主要著作
『模倣と革新のインド製薬産業史─後発国のグローバル・バリューチェーン戦略─』（単著）ミネルヴァ書房, 2019年。
「インド製薬企業のメタナショナル経営戦略と吸収能力」『経済学雑誌』123（2）, pp.15-33, 2023年。

経営学総論

2024 年 3 月 25 日　第 1 版 1 刷発行

編著者—日隈信夫
発行者—森口恵美子
印刷所—美研プリンティング（株）
製本所—（株）グリーン
発行所—八千代出版株式会社

〒101
-0061　東京都千代田区神田三崎町 2-2-13

TEL　03-3262-0420
FAX　03-3237-0723

＊定価はカバーに表示してあります。
＊落丁・乱丁本はお取替えいたします。

ISBN978-4-8429-1866-2